Flo von Schreitter

Die Macht der Bildung

FLO VON SCHREITTER

Die Macht der Bildung

Warum wir dringend ein neues Bildungsideal brauchen

Aus Verantwortung für die Umwelt hat sich der Autor zu einer nachhaltigen Buchproduktion verpflichtet. Der bewusste Umgang mit Ressourcen, der Schutz des Klimas und der Natur sind dem Autor sehr wichtig.

Bibliografische Information der Deutschen Bibliothek.
Die Deutsche Bibliothek verzeichnet diese Publikation in der Deutschen Nationalbibliografie; detaillierte bibliografische Daten sind im Internet unter https://dnb.de abrufbar.

Erstausgabe 2022

© 2022 Florian Schreitter Ritter von Schwarzenfeld
Alle Rechte vorbehalten

Redaktion und Beratung: Carola Kupfer, Regensburg
Korrektorat: Sonja Rose, Monschau
Umschlagsgestaltung: Julia Huber, Köln
Satz: Wolfgang Schröck-Schmidt, Altlußheim
Druck und Bindung: CPI books GmbH, Leck
Printed in Germany
ISBN 978-3-949977-00-8

www.flovonschreitter.de
Dieses Buch ist auch als E-Book erhältlich.

Für
meine Frau Lena,
meinen Bruder Christian,
meine Eltern Martina und Wolfgang

INHALTSVERZEICHNIS

GENDERCLAIM

Aus Gründen der besseren Lesbarkeit wird in diesem Buch auf die gleichzeitige Verwendung männlicher und weiblicher Sprachformen verzichtet. Sämtliche Personenbezeichnungen gelten gleichwohl für beiderlei Geschlecht und diverse Identitäten. Lediglich an Stellen mit historischem Kontext wird für einen korrekten inhaltlichen Bezug manchmal die männliche Form verwendet.

Ich habe mich bemüht, die Dinge, für die ich in diesem Buch plädiere, sofort umzusetzen und auszuprobieren, den Perspektivenwechsel gleich aufzunehmen und meine Haltung – auch in der Art, wie dieses Buch geschrieben ist – zu adaptieren und auszubalancieren. Es war nicht immer leicht, sind wir alle doch so an die männliche Dominanz in unserem Sprachgebrauch gewöhnt. Ein Beispiel: Die ausschließlich weiblichen Mitglieder eines Chors, sagen wir 250, würden wir als Sängerinnen bezeichnen, während wir bei 249 Sängerinnen und einem Sänger in der Gesamtheit von Sängern sprechen würden.

Ich freue mich daher sehr, wenn Sie mein kleines Experiment aufmerksam und wohlwollend begleiten – respektiere aber auch, wenn Sie am Ende zu der Erkenntnis kommen, dass es eine andere Lösung von gendergerechter Sprache braucht. Ich habe mir noch keine abschließende Meinung gebildet.

Der US-amerikanische Philosoph John Rawls prägte im 20. Jahrhundert den Begriff der „realistischen Utopie". Er beschreibt einen Denkansatz, der zwischen der Ist-Welt und der Soll-Welt vermittelt. In Rawls Sinne ist dieses Buch der Versuch einer realistischen Utopie – wahrscheinlich mit mehr Realismus als Utopismus.

PERSÖNLICHES VORWORT

Mein Freund Katsche hat mich dazu inspiriert, dieses Buch zu schreiben. Denn seine Kompetenz, Menschen zusammenzubringen, Freunde zum Lachen zu bringen und Empathie für andere aufzubringen, imponiert mir sehr.

Kompetenzen, die ich ihm sehr gönne – und gerne in gleichem Maße selbst hätte. Mich beschäftigt die Frage, ob er diese Kompetenzen *trotz* oder gerade *aufgrund* von fehlendem Abitur und Studium erlangen konnte? Oder weitergedacht: Wie kann es uns als Gesellschaft gelingen, dass sich mehr Menschen wie Katsche aktiv für die Gemeinschaft einsetzen, statt nur an sich selbst zu denken? Und warum kann ich das alles nicht, obwohl doch mein Bildungsstand mit einem universitären Abschluss dem Bildungsideal unserer Gesellschaft vermeintlich näherkommt?

Ich frage das nicht aus Neid, sondern weil ich glaube, dass das, was Katsche kann, mindestens genauso viel wert ist wie das, was ich kann. Deshalb wünsche ich mir, dass es uns als Gesellschaft gelingt, unser unterschiedliches Können nicht in ein hierarchisches Verhältnis zu setzen. Denn weder das eine noch das andere Extrem ist ideal. Wir benötigen die Vielfalt, die Pluralität, um die Zukunft als Gesellschaft in unserem Sinne aktiv zu gestalten. Und genau dafür sollten wir mehr Menschen wie meinen Freund Katsche in unseren Fokus holen:

mit dem Herzen am rechten Fleck und in meinem Bildungsideal hochgebildet.

Dafür brauchen wir einen Perspektivwechsel. Wir sollten unsere Komfortzone verlassen. Und uns unbequeme Fragen stellen. Wenn Sie Lust auf diese gedankliche Reise haben, lesen Sie unbedingt weiter. Sie werden erkennen, was in unserem Bildungsverständnis fehlt. Und sich fragen, warum wir das nicht ändern. Und verstehen, warum es dringend notwendig ist, eine grundsätzliche Bildungsdebatte zu entfachen.

In Zeiten von Klimawandel, alternativen Lebensformen, digitalen Wissensdatenbanken, globalen Netzwerken und einer Bevölkerungsexplosion bilden wir uns mit Pauken und Trompeten an der Realität vorbei. Denn unser Bildungsverständnis baut auf völlig veralteten Vorstellungen und Werten auf.

Zur Erinnerung: In Deutschland gilt seit 1919 die allgemeine Schulpflicht. Kinder sitzen beispielsweise in Nordrhein-Westfalen während der Schulzeit 265 Jahreswochenstunden bis zum Abitur in der Schule - unabhängig von G8 oder G9. Das sind insgesamt 11.130 Stunden[1]. Die Weiterbildungen in Universität oder Ausbildung kommen zusätzlich dazu. Wir verbringen demnach mit dem, was in unserer Gesellschaft unter „höherer Bildung" verstanden wird, einen substanziellen Teil unseres Lebens. Wir investieren dazu Ressourcen in Form von Zeit und Geld. Auch die Gesellschaft lässt sich das viel kosten: im Jahr 2019 an allgemeinbildenden Schulen durchschnittlich 8.900 Euro je Schülerin im Jahr[2].

Doch was ist Bildung eigentlich? Und welches Ziel hat sie oder sollte sie im Idealfall haben? Gibt es Kompetenzen, die für die Menschen und die Gesellschaft so relevant sind, dass sie gefördert werden sollten? Und wenn ja, welche? Sind es jene, die unser Bildungssystem derzeit ausmachen?

Diese Grundsatzfragen werden in der öffentlichen Debatte kaum diskutiert. Stattdessen gibt es immer wieder Studien, die ein nationales oder internationales Ranking aufzeigen – retrospektiv anstatt mit Blick auf die Herausforderungen der Zukunft. Das Problem: Der Begriff *Bildung* wird synonym mit *Wissen* und den Bildungsinstitutionen wie Schule und Universität verwendet. Wer viel weiß, darf später studieren und hat eine entsprechende Karriere vor sich. Menschen, deren Wissensschatz und akademischer Abschluss den anderer übersteigen, setzen sich im Wettbewerb durch und nehmen die wichtigsten und am besten dotiertesten Positionen innerhalb der Gesellschaft ein – nicht nur in der Wirtschaft, sondern auch in der Politik. So haben zum Beispiel im Deutschen Bundestag im Jahr 2020 aktuell 82 Prozent der Mitglieder einen akademischen Abschluss. In der Gesamtbevölkerung sind es lediglich 18 Prozent. Das ist umso erstaunlicher, da doch der Bundestag den Anspruch der Repräsentativität erhebt!

Dahinter steckt ein Dilemma, das sich anhand eines Musikmischpults für die Ausbalancierung von Höhen und Tiefen anschaulich illustrieren lässt: Wird ein Regler ganz nach oben oder nach unten geschoben, ist am Ende der Klang nicht gut. Das klingt banal, hat es aber in sich. Denn genau dieses Phänomen beschreibt den Sound unseres aktuellen Bildungsverständnisses: unausgewogen und verzerrt. Unser Optimierungsdrang hat den Regler „Wissen" bis zum Anschlag hochgeschoben. Das Resultat ist ein nicht ausbalancierter Sound Mix, der vielleicht reich, aber nicht glücklich macht. Und wer auf Dauer die Maximierung des Einkommens der Balance von individuellem und kollektivem Glück vorzieht, lebt nachfolgenden Generationen fragwürdige Ziele und Ideale vor.

Der Unterschied zwischen Bildung und Wissen wird in diesem Buch genau analysiert. Das Wissen allein wird dabei zu einem Baustein eines ganzheitlichen und zukunftsorientierten Bildungsideals degradiert – nicht mehr und nicht weniger. Schonungslos, fokussiert und anhand vieler praktischer Beispiele formuliert dieses Buch die Notwendigkeit, neu über Bildung zu denken. Denn die Zukunft der Menschen braucht auch ein zukunftsfähiges Bildungsideal! Dazu müssen wir unser heutiges von Wissen dominiertes Bildungsverständnis überarbeiten.

Wenn Sie glauben, dass alles bestens und unser Bildungsideal zukunftsfähig ist, dann lesen Sie nicht weiter.

Wenn Sie aber der Meinung sind, dass wir eine grundlegende Überarbeitung des Bildungsideals brauchen, um für die Zukunft gewappnet zu sein, oder Sie einfach nur neugierig geworden sind, dann lesen Sie unbedingt weiter! Denn dieses Buch wurde für Menschen geschrieben, die sich zu Recht Sorgen machen. Für Menschen, die nach überzeugenden und umsetzungsfähigen Alternativkonzepten suchen. Und die gerade die Vielfalt der menschlichen Kompetenzen wertschätzen.

Teil 1

WORUM ES GEHT

- Was sind die Grundlagen unseres Bildungsideals?
- Wieso orientiert sich Bildung so stark an der Vergangenheit?
- Warum ist ein zukunftsfähiges Bildungsideal so wichtig?

EINE KETZERISCHE EINFÜHRUNG IN EIN HEILIGES THEMA

Deutschland im Jahr 2030. Der Industriestandort boomt. Fast überall haben Rechner und Maschinen die Aufgaben von Menschen übernommen – schneller, zuverlässiger und gewinnbringender. Auch in Verwaltung und Dienstleistung wurden Menschen durch Programme und Maschinen ausgetauscht, um die Wettbewerbsfähigkeit aufrechtzuerhalten. Denn die Maschine ist dem Menschen inzwischen in allen regelbasierten Tätigkeiten weit überlegen – insbesondere in standardisierten Prozessen.

Und was machen die vielen freigestellten Menschen mit der gewonnenen Zeit? Wovon leben sie? Was erfüllt sie? Welche Ziele haben sie nun, da Karriere am Arbeitsplatz für die meisten entfällt? Vermutlich langweilen sich viele von ihnen. Spielsucht und Abhängigkeiten steigen sprunghaft an. Soziale Konflikte gären und werden von neuen radikalen Parteien zusätzlich geschürt. Vielleicht entstehen daraus sogar Kriege, während im Hintergrund die industrielle Produktion gewinnorientiert weiterläuft.

Ein Horrorszenario? Möglicherweise. Um es abzuwenden, sollten wir uns jetzt ehrlich fragen: Was müssen wir ändern, damit dieser

Albtraum nicht Realität wird? Und welche Kompetenzen müssen wir uns heute aneignen, damit wir als Menschen den Maschinen auch im Jahr 2030 noch die Stirn bieten können?

Zurück in die Gegenwart: Eine Marketing-Professorin steht im Hörsaal der Universität. Jedes Jahr hält sie die gleiche Vorlesung darüber, wie man mit zielgruppenorientierter Kommunikation Menschen dazu motiviert, Produkte und Dienstleistungen zu kaufen. Wie man Emotionen hervorruft, um ein absolutes Kaufverlangen zu stimulieren. Ein Kaufverlangen für Produkte, die der Mensch eigentlich nicht braucht, um glücklich zu sein. Die jedoch vom produzierenden Unternehmen verkauft werden müssen, um Gewinne zu erzielen, Arbeitsplätze zu erhalten und den Börsenkurs zu steigern. Produkte, deren Kaufpreise durch Ratenoptionen auch für geringere Einkommen attraktiver gemacht werden sollen – und dazu dienen, den eigenen Status zu untermauern.

Jedes Jahr die gleiche Vorlesung. Seit vielen Jahren. Ein Blick durch den Hörsaal zeigt, dass die sozialen Medien auf den Smartphones der Studierenden interessanter sind, als das gebetsmühlenartige Ablesen von Präsentationsfolien der Professorin. Ohne jegliche Pointierung, ohne jeglichen Enthusiasmus. Doch es hört sowieso schon lange keiner mehr zu. Das ist auch nicht nötig, die Studierenden prägen sich später irgendwann in der Bibliothek die Mantras der Professorin ein. Sie gelten schon seit Jahrzehnten und werden in den Prüfungen stets abgefragt, wie praktisch. So lernen die Studierenden einfach die Folien auswendig – wortwörtlich und ohne eigene Gedanken dazu. Sie wollen besser sein, als ihre Mitstudierenden. Müssen besser sein. Denn die Universität lehrt sie, dass die Besten auch die erfolgversprechendsten Jobs bekommen und somit auch die höchsten Einkommen erzielen werden. Also wird auswendig gelernt, bis ins kleinste Detail.

So läuft das in unserem System. Jedes Jahr dieselben Inhalte. Offenes Diskutieren? Fehlanzeige. Es interessiert auch niemanden, weder die Mitstudierenden, noch die Professorin. Wozu auch? Allein die

Prüfungen zählen – und die Inhalte definiert der Lehrkörper. Das ist allgemeiner, wissenschaftlicher Konsens.

HOMO OECONOMICUS – ZUM ARSCHLOCH VERKOMMEN

Häufig geht es bei den Studierenden – und damit den Führungskräften von morgen – auch ums Geld. Sie sind ganz typische Vertreterinnen des *Homo oeconomicus*. So wird in der Wirtschaftswissenschaft ein Modell des Menschen bezeichnet, dessen Entscheidungen stets zur Maximierung seines Nutzens getroffen werden. Das ist praktisch, denn dadurch ist der *Homo oeconomicus* berechenbar. Auf ihn werden wir noch häufiger in diesem Buch zurückkommen.

Doch der *Homo oeconomicus* hat auch eine Kehrseite. Denn viele dieser Spezies haben heute den Nutzen anderer Menschen oder die Folgen ihres eigenen Handelns für ihre Umwelt nicht mehr im Sinn. Sie frönen dem Prinzip Egoismus – und genau so lernen angehende Wirtschaftswissenschaftlerinnen auch zu denken. Sie lernen, dass die rationale Entscheidung, die den eigenen Nutzen maximiert, die Beste ist. Der *Homo oeconomicus:* ein gewinnorientiertes Arschloch?

Nein, so war das ursprüngliche Modell des *Homo oeconomicus* nicht gedacht. Im Gegenteil, der Psychologe Eduard Spranger definierte ihn 1914 als ökonomischen Menschen, der „im allgemeinsten Sinne (...) derjenige (sei), der in allen Lebensbeziehungen den Nützlichkeitswert voranstellt. Alles wird für ihn zu Mitteln der Lebenserhaltung, des naturhaften Kampfes ums Dasein und der angenehmen Lebensgestaltung." Spranger war ein deutscher Psychologe, Philosoph und Pädagoge, der zu den modernen Klassikern der Pädagogik zählt.

Er etablierte den Begriff *Dritter Humanismus*. Das Zitat stammt aus seinem Werk „Psychologie der Typenlehre". Für ihn war das Ziel einer umfassenden Bildung die innere Formung des Menschen.

Von Gewinnmaximierung auf Kosten anderer und rein egoistischem Denken und Handeln ist hier nicht die Rede.

Zurück zu den Studierenden: Waren wir Menschen nicht schon viel weiter? Wir wissen doch – nicht erst seit der Corona-Pandemie – dass unser eigener Nutzen auch immer vom Nutzen anderer abhängt. Dass viele Dinge einander bedingen, ja wir als Menschheit und als Natur voneinander abhängig sind: Wir leben in einem globalen Ökosystem. Unser Planet kann in der heutigen Form nicht erhalten werden, wenn über 7,5 Milliarden Menschen wie ein *Homo oeconomicus* entscheiden – so wie die Studierenden in der Vorlesung der Marketingprofessorin. Und sie sind nur ein Beispiel von vielen.

Keine Frage: Wir sollten unser Bildungsideal von Grund auf verändern, um auf die Herausforderungen im Anthropozän, dem Zeitalter des Menschen, vorbereitet zu sein. Dieses Zeitalter, in dem wir Menschen einen exponentiellen Einfluss auf die natürlichen Prozesse der Erde genommen haben, hat für uns Folgen: Denn das Anthropozän ist durch uns auch zu einem Zeitalter geworden, in dem wir Menschen die Existenz zukünftiger Generationen durch die ökologischen und sozialen Folgen unseres eigenen Handelns gefährden. Unsere Welt verändert sich mit einer hohen Geschwindigkeit – und mit disruptiven Auswirkungen auf das menschliche Leben.

Daran sind wir selbst schuld. Viel zu lange haben wir unseren Kindern Dinge beigebracht, die längst überholt sind. Haben an Maximen festgehalten, die realistische Entwicklungen der Zukunft ausklammern. Und haben in uns den viel zu einseitig interpretierten *Homo oeconomicus* gepflegt, weil es so am bequemsten war. Die Liste der Versäumnisse ließe sich übrigens unendlich fortführen. Zusammengenommen sind sie mitverantwortlich für die Katastrophen, auf die wir gerade zusteuern: Klimawandel, Bevölkerungsexplosion, Migration, technologische Disruption und geopolitische Krisen sind nur einige der vielen Folgen menschlichen Eingreifens in natürliche Prozesse.

HOMO RESPONSIUS – DIE BESSERE ALTERNATIVE

Um das Ruder noch herumreißen zu können, brauchen wir eine große Transformation. Sie beginnt bei uns selbst, indem wir lernen, nicht egoistisch zu entscheiden, sondern verantwortlich. Dazu müssen wir unsere Selbstwirksamkeit begreifen und damit einhergehend verstehen, dass wir eine wichtige Rolle spielen. Wir brauchen also einen *Homo responsius*, einen verantwortlich entscheidenden Menschen, der den nicht mehr zeitgemäßen *Homo oeconomicus* ersetzt. Denn nur wenn wir im Rahmen einer großen Transformation radikale Veränderungen vornehmen, können wir für uns eine gute und ausbalancierte Zukunft gestalten.

Das Prinzip des Egoismus hat uns in die Lage manövriert, in der wir uns heute befinden: mit stets zu maximierenden Zielsetzungen – wie dem Bruttoinlandsprodukt[3] und dem individuellen Einkommen. Es ist verrückt, aber wir setzen uns immer noch monetäre Ziele, obwohl wir eigentlich wissen, dass uns mehr Geld nicht in gleichem Maße glücklicher macht.

Im Gegenteil: Wir haben doch längst erkannt, dass unser eigener Wohlstand auch vom Wohlstand aller abhängt. Denn die natürlichen Prozesse machen keinen Halt an Landesgrenzen. Nur Kollaboration und Vernetzung bieten uns die Chance, die Welt, in der wir leben wollen, zu gestalten. Wir sollten daher das Prinzip Egoismus schnellstmöglich durch unseren Blick auf die Welt, durch gemeinschaftliche Zielsetzungen und das Verständnis über unsere Selbstwirksamkeit ersetzen. Dazu müssen wir im Ursprung der menschlichen Entscheidungen starten: im Charakter und in der Persönlichkeit. Beide verändern sich im Laufe des Lebens – durch die eigene Erfahrung und durch äußere Impulse.

Diese Impulse erwähnt die Professorin in ihrer Vorlesung übrigens auch: Sie nennt sie „Nudges", also kleine Stupse, die menschliches Verhalten beeinflussen. Im Marketing sind sie ein wichtiges Instrument, um Begehrlichkeiten zu wecken und Kaufverhalten zu lenken. Aber nicht nur dort: Auch in der Schule, an der Universität oder im Elternhaus lernen Kinder und junge Menschen durch Nudges und passen ihr Verhalten an die Rahmenbedingungen an. Denn weil sich eine gute Note auch gut anfühlt, lernen die Studierenden aus unserem Beispiel beim nächsten Mal wieder die Foliensätze auswendig, ohne die Inhalte zu verstehen und sie zu hinterfragen. Es stellt sich also die Frage, welche kleinen Stupse sinnvoll sind – und welche nicht.

Persönlichkeit und Charakter eines Menschen haben großen Einfluss auf die Entscheidungen, die er in seinem Leben treffen wird. Die Grundlagen für die Entwicklung von Persönlichkeit und Charakter legt wiederum die Bildung. Wenn wir also in Zukunft Menschen dazu ermutigen wollen, gemeinsinnorientiertere und sinnstiftende Entscheidungen zu fällen, dann sollten wir uns Gedanken über unser Bildungsideal machen.

AUSLAUFMODELL WISSENSIDEAL

Unser seit zwei Jahrhunderten vorherrschendes Bildungsideal ist auf das Wissen fixiert. Unter diesem Ideal fassen wir traditionell zusammen, was Bildung ist und welchem Zweck Bildung dienen soll. Das ist ein schweres Erbe – und leider nicht mehr zeitgemäß. Denn es versetzt uns eben nicht in die Lage, Antworten zu finden, die wir brauchen, um zu überleben und glücklich zu sein. Und es liefert uns auch keine Vorschläge, wie wir das schier unerschöpfliche Potenzial menschlicher Ressourcen ausreichend fördern könnten. Tatsächlich baut das aktuelle Bildungsideal – vielmehr ein Wissensideal – auf die Prämisse des Wachstums auf, ein seit Jahrhunderten geltendes Ideal zur Bewältigung von gesellschaftlichen Herausforderungen. Anderseits zielt es darauf ab, „gute Staatsbürger" heranzuziehen, also Menschen die ihr eigenes Wohl dem Staat unterordnen. Doch brauchen wir in Zukunft nicht etwas ganz anderes? Ein Ideal des selbst denkenden Menschen, um Antworten auf die drängenden Fragen unserer Zeit finden? Der Unterschied ist signifikant, stellt doch ein selbstdenkender Mensch eher die gesamten Ordnungssysteme in Frage – jene Ordnungssysteme wohlgemerkt, die unsere Welt derzeit auf vielfältige Probleme zusteuern lassen.

Wir haben es immer wieder verpasst, unser Bildungsideal hinsichtlich seiner Zukunftsfähigkeit zu prüfen. Stattdessen haben wir es zu einem gesellschaftlichen Selbstzweck verkommen lassen. Einem Zweck, dessen Zielsetzung häufig unklar oder falsch ist. Denn in unserem heutigen Bildungsideal lernen wir Dinge, die wir schneller wieder vergessen, als uns lieb ist – und die wenig Relevanz für unser späteres Leben haben. Bewahren scheint eben leichter zu sein als zu reformieren. Relevanz herzustellen ist schwierig, aber enorm wichtig.

Doch wie kann es anders gehen? Wo müsste eine Reform oder gar Revolution ansetzen? Die Antwort liegt beim Vergleich von *Homo oeconomicus* und *Homo responsius* auf der Hand: Es geht um Bildungskompetenzen, die das bisher gelebte Wissensideal sprengen Nach diesem neuen Verständnis entwickelt sich der menschliche Bildungshorizont durch die Beziehung der unterschiedlichen Bildungsdimensionen zueinander weiter. Dabei geht es natürlich auch um Wissen – aber nur als einem rationalen Faktor neben anderen. Hinzu kommen Know-how, also haptisch oder kognitiv erlernte Vorgehensweisen, emotionale Fähigkeiten und soziale Intelligenz. Und zu guter Letzt geht es um das Verständnis über die eigene Rolle in der Welt.

Nur dann, wenn alle Kompetenzen gleichermaßen entwickelt werden, kann es uns gelingen, unser überholtes Bildungsideal zu reformieren. Die Zeit drängt. Es ist längst überfällig, dass der *Homo responsius* das Ruder in die Hand nimmt und der *Homo oeconomicus* lediglich ein Rechenmodell in den Lehrbüchern bleibt. Im Bildungsideal beginnt der Ursprung allen menschlichen Handelns und aller Entscheidungen. Somit liegt genau hier auch der Ursprung für unsere Zukunft auf diesem Planeten.

Deshalb ist es so wichtig, die Entwicklung eines zukunftsfähigen Bildungsideals nicht in der Vergangenheit zu suchen, sondern in der Zukunft zu verorten. Nur so kann es für uns eine (über-)lebenswichtige normative Lenkungswirkung entfalten. Denn wenn uns das

Anthropozän eines lehrt, dann die Abhängigkeit der Zukunft von menschlichen Entscheidungen in der Gegenwart.

AUTARKIE FÜR FREIHEIT

Wie muss sich also Bildung verändern, damit wir in Zukunft frei leben können? Die Assoziationen, die Menschen mit Bildung in Verbindung bringen, sind meist Schulen, Hochschulen oder Ausbildungsbetriebe. Dieser institutionalisierte und sehr enge Blick auf ein komplexes Thema missinterpretiert sowohl den Zweck von Bildung, als auch die Breite, die ein zukunftsfähiges Bildungsideal abbilden muss. Denn Bildung ist ein nicht endender Weg hin zu einem autarken Menschen – im Sinne von Entscheidungsfähigkeit, Charakter und Selbstwirksamkeit.

Die Charakterbildung ist notwendig, um die Stärken des jeweiligen Individuums zu fördern und die intrinsische Motivation zu stimulieren.

Die Kompetenz zu entscheiden braucht es, um Verantwortung zu übernehmen, selbstständig zu werden und selbstbestimmt zu leben. Und durch das Bewusstsein der eigenen Selbstwirksamkeit weiß ein Mensch, dass er selbst einen Unterschied machen kann, dass er unabhängig ist und die Möglichkeit hat, gewünschte Handlungen auszuführen.

Wenn wir diesen Dreiklang der Autarkie in Zukunft erlernen wollen, müssen wir alle Bereiche gleichermaßen ausbilden und trainieren. Denn sonst bleibt der Mensch in gewisser Weise unfertig. Wohin das führt, zeigt unser Umgang mit natürlichen Lebensmitteln: Die Lehre über die natürliche Produktion von Lebensmitteln und die damit verbundene Abhängigkeit von Jahreszeiten gehörte in den vergangenen Jahrhunderten in Form von Geschichten und Weisheiten zum Kulturgut unserer Gesellschaft. Es hat uns autark gemacht – waren wir doch alle in der Lage, unsere eigene Subsistenz zu erarbeiten. Heute hingegen können viele Menschen in der hochspezialisierten Wissensgesellschaft den Ursprung von Lebensmitteln nicht mehr nachvollziehen, geschweige denn eine traditionelle Verarbeitung von Rohprodukten vornehmen. Die Gesellschaft hat sich an den Konsum von Convenience-Produkten, quasi Fertigessen, gewöhnt und sich so gleichzeitig in eine erlernte Abhängigkeit begeben. Abhängigkeitsverhältnisse stehen der Autarkie konträr gegenüber. Dieses Phänomen wurde auch während der Corona-Pandemie zum globalen Problem. Hier führten die wechselseitigen Abhängigkeiten der Weltwirtschaft zur Unfähigkeit ganzer Kulturnationen, eigenständige Entscheidungen zu treffen. Solche Entscheidungen hängen wiederum eng mit dem Freiheitsempfinden zusammen. Freiheit ist in unserer westlichen Welt ein Grundbedürfnis. Wird unsere individuelle Freiheit von außen beschnitten, reagieren wir empfindlich. Zu Recht – gehört sie doch zum Leben autarker Menschen, und zwar weltweit. Wenn wir also frei leben wollen, müssen wir gebildet leben. Und nur wenn wir gebildet leben, können wir auch frei leben.

SCHWERES ERBE – EIN TRADIERTES BILDUNGSVERSTÄNDNIS

Ein Exkurs zur Herkunft unseres herkömmlichen Bildungsbegriffes macht klar, warum es so mühsam ist, neue Wege einzuschlagen. Unser Verständnis von Bildung leitet sich von dem althochdeutschen Wort *bildunga* ab und bedeutet soviel wie Vorstellungskraft. Dabei gibt es keine einheitliche Definition in der Literatur; der Begriff ist vielschichtig und unterschiedlich interpretiert. Einigkeit besteht lediglich darin, dass Bildung eine Übereinstimmung zwischen der Realität und dem Weltbild eines Menschen darstellt. Bildung bezieht sich immer stark auf das *Wissen* eines Menschen. Der Begriff meint übrigens gleichermaßen etwas Statisches und etwas Dynamisches: Mit einem „gebildeten" Menschen wird ein statischer Bildungszustand beschrieben, während bei einem „sich bildenden" Menschen der dynamische Bildungsvorgang gemeint ist. Gemeinsamer Nenner ist dabei die sogenannte *Allgemeinbildung*: Sie umfasst den von Mitgliedern einer Gesellschaft erwarteten Bildungszustand. Absurderweise würde man umgangssprachlich sagen, dass die

Allgemeinbildung das beinhaltet, was ein Mensch *wissen* muss – ein fataler Irrtum, wie wir schon gesehen haben, denn für unsere Zukunft reicht das allein nicht aus.

Dazu passt die Perspektive der Philosophin und Schriftstellerin Hannah Arendt[4]. Sie erkannte Adolf Eichmann, einem der größten deutschen Kriegsverbrecher im Nationalsozialismus und Architekten der „Endlösung der Judenfrage", in ihrer Beschreibung des Eichmann-Prozesses die Fähigkeit zu denken ab. Ihre Begründung: Das damalige deutsche Bildungsideal war stärker auf Gehorsam und Disziplin ausgerichtet, als auf die Fähigkeit selbstständig und frei zu denken – und damit die Moral zu hinterfragen. Es stand damit im Gegensatz zu den Erfahrungen, die Hannah Arendt im Gespräch mit den Menschen in ihrem späteren New Yorker Exil machte. In den Vereinigten Staaten lehrte das Bildungsideal die Menschen in einer schon damals pluraleren Gesellschaft, frei zu denken.

IN ZUKUNFT HUMANISTISCHER, GLOBALER, EMOTIONALER

Wenn also möglicherweise das tradierte Bildungsideal im Dritten Reich ein Faktor für eines der größten Verbrechen der modernen Menschheit war, sollten wir dann nicht viel mehr Wert darauflegen, dass sich unser heutiges Bildungsideal *humanistischer* gestaltet? Zur Erinnerung: Der Humanismus ist jene seit dem 18. Jahrhundert gebräuchliche Denkform, die davon ausgeht, dass der Mensch die Fähigkeit besitzt, selbstständig zu einer besseren Existenzform zu finden.

Neben dem berechtigten humanistischen Anspruch sollte ein zweiter Kerngedanke für uns handlungsleitend sein: Seit dem Beginn des 20. Jahrhunderts haben globale Vernetzung und Mobilität in einem Maße zugenommen, das nicht auch nur ansatzweise zu erwarten war. Die Globalisierung ist eine der Prämissen, die die klassischen Bildungsdenker gar nicht in Betracht ziehen konnten. Sie wird uns aber – trotz Pandemie – nicht mehr loslassen und weiter in Politik, Wirtschaft und Gesellschaft voranschreiten. Die Bildungssysteme hingegen arbeiten nur in Ausnahmefällen multinational. Der internationale Studienaustausch über das Erasmus-Programm ist hier eine rühmliche Ausnahme. Denn meist agieren Bildungssysteme national oder wie in Deutschland sogar nur regional. Doch wenn die globale Vernetzung weiter voranschreitet, führt unser Bildungssystem unweigerlich in eine Sackgasse. Wir sollten also umgehend damit beginnen, unser Bildungsideal auch *globaler* auszurichten.

Der technologische Fortschritt ist ein dritter Faktor, den ein neues Bildungsideal zwangsläufig berücksichtigen muss. Denn viele Jobs, die heute durch Menschen erledigt werden, können schon bald durch Maschinen übernommen werden. Die zunehmende Teilung von Produktionsprozessen in kleinere Arbeitsschritte macht nämlich ein regelbasiertes und standardisiertes Vorgehen möglich. Sogar akademische Berufe wie Ärztinnen, Juristinnen oder Steuerberaterinnen werden davon betroffen sein und zu immer größeren Teilen durch Maschinen ersetzt.

Das glauben Sie nicht? Wahrscheinlich konnten Sie sich vor zwanzig Jahren auch nicht vorstellen, dass ein Auto jemals ohne Fahrerin fahren kann. Dabei rollen schon seit fast zehn Jahren autonome Testfahrzeuge über unseren Straßen. Wenn also die menschliche Arbeitskraft in immer mehr Bereichen durch Maschinen substituiert wird, müssen wir dann nicht viel größeren Wert darauf legen, unser Bildungsideal *emotionaler* zu gestalten?

Für unsere gemeinsame Reise reicht es aus, wenn wir nicht zu tief in die wissenschaftliche Bildungstheorie einsteigen. Stattdessen sollten wir gemeinsam ein Gefühl für Bildung entwickeln und daraus ableiten, welcher Bildungszustand im Sinne eines Bildungsideals erstrebenswert und welcher Bildungsvorgang notwendig ist, um dieses Ideal zu erreichen.

Der Vorgang ist insofern wichtig, als dass die Methodologie hohen Einfluss auf die Verankerung von Kompetenzen im Menschen hat. In Teil 5 diskutieren wir dazu einige Ansatzpunkte. Erweitern wollen wir die obige Definition nur um die Perspektive des Einzelnen und das Familienklima. Denn ohne den Wunsch, etwas wissen zu wollen, ist auch ein optimaler Bildungsvorgang nicht möglich. Der Wunsch zur Bildung ist quasi die Voraussetzung, um überhaupt Bildung zu ermöglichen.

Da der Bildungszustand von einer Gesellschaft immer durch Konsens festgelegt wird, ist Bildung qua definitionem auch dialogisch. Wir sollten uns darüber im Klaren sein, dass im Prozess des Dialogs Informationen verloren gehen oder missinterpretiert werden. Auch über die vergangenen zwei Jahrhunderte war dies immer wieder der Fall. Man spricht hierbei vom Sender-Empfänger-Problem und der Herausforderung, die Ergebnisse der Kommunikation immer wieder gegenseitig zu überprüfen. Claude E. Shannon und Warren Weaver haben das Sender-Empfänger-Modell in den 1940er Jahren entwickelt. Mit dem binären mathematischen Modell lässt sich verdeutlichen, dass bei der Kommunikation zweier Menschen das Gesagte nicht gleich dem Verstandenen ist und vice versa.

Wir sollten also Begrifflichkeiten und Vorgänge immer wieder hinterfragen und erneut definieren, um wirklich zu verstehen, was unser Bildungsideal beinhalten sollte. Letztendlich wird unser neuer Bildungsbegriff etwas nie enden Könnendes beschreiben. Denn Bildung kann per se nie fertig sein.

MEHR ALS SCHULE, MODERNER ALS HUMBOLDT

Bildung ist nicht einfach nur Schule und Universität. Es geht nicht nur darum, etwas zu *wissen*, sondern auch darum, etwas zu *können*. Bildung meint keinesfalls lediglich das Erlernen von möglichst breitem und tiefem Wissen. Dahinter steht viel mehr: Bildung ist vor allem das Ausprobieren, Erleben und Durchstehen von Situationen, die den eigenen Horizont erweitern. Der Gang in die Oper, das Studieren oder die Kunst gehören dazu, aber bilden nur einen Bruchteil ab. Denn Bildung ist die *Lehre des realen Lebens* und all jener Fähigkeiten und Fertigkeiten, die ein Mensch benötigt, um dieses Leben für sich selbst und für die Gemeinschaft erfolgreich zu bestreiten. Dazu gehört auch das ständige Erleben von immer neuen Stimuli. Allein die häufige Wiederholung von bereits Erlerntem – zum Beispiel das Backen eines Brotes – führt zwar zu einer Perfektionierung des Gesamtprozesses, aber nicht zu einem wachsenden Horizont oder einer stärkeren Persönlichkeit.

Bildung ist also etwas Ganzheitliches und Charakterbildendes. Zur Bildung zählen daher neben Schule, Universität und Bücher lesen auch Teamsport, Musik, Reisen, Streiten, Diskutieren, Schreiben, Nachdenken, Schmerz, Verluste, Gespräche, Kochen, Essen, Sinneswahrnehmungen und alles, was uns neuen Reizen aussetzt. Diese Liste ist nahezu unendlich verlängerbar und hochindividuell, da jeder Stimulus eine Bildungswirkung entfalten kann. Deshalb ist es wichtig, die Stimuli oder „Nudges", wie unsere Marketingprofessorin sagen würde, so zu setzen, dass sie den Menschen im Sinne eines gesamtgesellschaftlichen Ideals entwickeln. Es erfordert Mut, die richtigen Standards zu setzen.

Schon Wilhelm von Humboldt erkannte diese Herausforderungen als große Chance für das Bildungsideal. Der preußische Gelehrte und Schriftsteller lebte von 1767 bis 1835 und hat als Bildungsreformer einen festen Platz in der deutschen Geschichte. Ihm haben wir die Neuorganisation des Bildungswesens im Sinne eines Neuhumanismus zu verdanken, die in wesentlichen Zügen noch heute gilt.

Humboldt befasste sich im 19. Jahrhundert mit der Vermittlung von Wissen und Fähigkeiten in ubiquitären Themen und wusste um die Wichtigkeit der Ausbildung in Künsten und Wissenschaften. Seiner Meinung nach konnte nur diese Form der Allgemeinbildung zu erstarkten Persönlichkeiten und damit auch zu einem erstarkten Staatsbürgertum gelangen. Tatsächlich ist Humboldts Ideal bis heute eines der fortschrittlichsten, das wir kennen. Allerdings sollten wir uns eins klarmachen: Humboldt ist für uns ein Blick zurück in eine Zeit, die es so heute nicht mehr gibt. Damals galt er jedoch als Vordenker – modern, visionär und die im frühen 19. Jahrhundert gültigen Optionen der Gesellschaft fest im Blick.

WIE DIE LUFT ZUM ATMEN

Um ein zukunftsfähiges Bildungsideal normativ zu entwickeln, sollten wir – wie es damals auch Humboldt tat – in die Zukunft blicken. Dazu brauchen wir zunächst einen Grundkonsens über den Bildungshorizont. Nur dann, wenn wir ein klares gemeinsames und globales Ziel formulieren, kann es uns gelingen, sinnvolle Wege dorthin zu finden. Ein Schlüssel auf dem Weg dorthin sind unsere Ressourcen.

Wir nutzen die Ressourcen der Erde für unsere Zwecke: überlebenswichtige Ressourcen wie Wasser, Luft und Nahrung, energiegebende Ressourcen wie Holz, Öl oder Gas oder physische Ressourcen wie zum Beispiel Gesundheit oder Fitness. Es gibt viele weitere Ressourcenarten, bei denen es sich lohnen würde, sie aufzuzählen, die jedoch für das Grundverständnis zu weit führen würden. Ressourcen sind die Luft, die wir atmen, das Wasser, das wir trinken. Sie sind für unsere Zukunft unerlässlich. Aber auch in uns selbst haben wir Kompetenzen, Fertigkeiten und Wissen, die wir für unser Leben brauchen: Lebenskompetenzen, die uns überhaupt erst in die Lage versetzen, unser Leben zu gestalten. Vier dieser tiefgreifenden und grundlegenden Kompetenzen werden wir in diesem Buch intensiv beleuchten. Und weil diese Bildungsdimensionen so existenziell sind, so wie die Luft, die wir atmen, haben sie sich das Prädikat der *Lebensressource* verdient.

MIT SINNVOLLER VISION

Was sollte ein solches Bildungsideal denn leisten? Eigentlich ist es ganz einfach: Ein gesamtgesellschaftliches Bildungsideal sollte zunächst Chancengleichheit fokussieren. Dazu kommen sinnvollerweise alle Themen, die als Allgemeinbildung verstanden werden können. Allerdings müssten die neuen Strukturen und der neue Bildungskanon lebensnäher, freiheitlicher, charakterbildender und individueller werden. Dabei beschreibt der klassische Bildungskanon den unabdingbaren Wissensschatz einer Kultur, der jedem Einzelnen vermittelt werden sollte.

Unser heutiger Bildungskanon umfasst insbesondere Deutsch, Fremdsprachen, Mathematik, Biologie, Geographie, Chemie, Religion, Ethik, Physik, Geschichte, Musik, Künste und Gesellschaftslehre und den Politikunterricht. Unzweifelhaft ist Wissen in diesen Feldern für die Entwicklung einer Gesellschaft von Bedeutung, aber nicht zwangsläufig für den Charakter und die Entscheidungsfähigkeit der einzelnen Individuen. Im Gegenteil: Ein auf dieses Wissen beschränkter schulischer Bildungskanon führt zu einer verkrusteten Gesellschaft von Wissensidioten, deren Entscheidungsfähigkeit limitiert ist. Und das vermeintliche Ass im Ärmel, mehr zu wissen als andere, haben Google und Wikipedia schon längst ausgehebelt. Wir werden definitiv nie wieder mehr wissen können, als das globale und frei verfügbare Wissen im Netz.

Ein erstes Fazit fasst die Gedanken dieser Einführung zusammen: Wir brauchen ein zukunftsfähiges Bildungsideal, dass die Menschheit auf die anstehenden Herausforderungen vorbereitet. Bildung heute zielt darauf ab, uns möglichst auf ein späteres Erwerbsleben vorzubereiten, statt uns mit ganzheitlichen Lebensressourcen aufzuladen. Die brauchen wir aber, um die Herausforderungen der Zukunft zu meistern.

Wir brauchen **Entscheidungsfähigkeit**, um die richtigen Entscheidungen für uns selbst und andere zu treffen.

Wir brauchen **Persönlichkeitsentwicklung**, um uns möglichst breit aufzustellen und durch Vielfalt (nicht durch Standards) stärker zu werden.

Und wir brauchen das Bewusstsein der **Selbstwirksamkeit**, um uns all das, was noch kommt, zuzutrauen und zielgerichtet zu handeln.

Dabei geht es um Herausforderungen wie die Konkurrenz von Menschen und Maschine, um Arbeitsplätze, die Optimierung von pflanzlichen und menschlichen Genomen oder die vielen anderen konkreten Auswirkungen des Anthropozäns, dem Zeitalter des Menschen. Was wir dazu benötigen, ist ein möglichst unvoreingenommener Blick, um uns auf das Wesentliche zu konzentrieren und für das Bildungsideal ein agiles Ziel-Set aus Wissen, Fertigkeiten, Emotionen und Haltungen zu formulieren. Gemeinsam sollten wir hinterfragen, warum Bildung heutzutage so organisiert ist, wie sie ist. Warum manche Ziele als sinnvoll erachtet werden und andere nicht. Und warum uns Umdenken offenbar so schwerfällt.

Letztendlich geht es um die Sinnfrage hinter den jeweiligen Zielsetzungen für die menschlichen Bildung, das *Warum* – und das nicht nur aus dem ressourcengetriebenen und nutzenoptimierten Modell des *Homo oeconomicus* heraus, sondern auch durch die Brille der Gesamtgesellschaft betrachtet. Erst als *Homo responsius* sind wir nämlich in der Lage, das Überleben der menschlichen Existenz zu sichern. Wir müssen alles hinterfragen, um zukunftsfähig zu werden und die richtigen Weichenstellungen vorzunehmen.

DIE GRENZEN IM BLICK

Ein berühmtes Beispiel wird uns dabei immer wieder durch das Buch begleiten – die Geschichte von Daedalus und Ikarus im alten Griechenland. Zur Erinnerung: Daedalus ist in der griechischen Mythologie ein genialer Erfinder, Forscher, Techniker, Baumeister, Künstler und Denker. Seine Talente waren offenbar in der Familie breiter gestreut als ihm lieb war, denn auch ein Neffe aus Athen besaß besondere Fähigkeiten, was Daedalus neidisch machte. Er tötete den Neffen daher bei einem gemeinsamen Besuch der Akropolis und wurde dafür selbst zum Tode durch einen Sprung von der Klippe verurteilt. Glücklicherweise hatte Athene als Göttin der Weisheit ein Einsehen und verhalf ihm zur Flucht nach Kreta, wo er in den Dienst des sagenumworbenen König Minos eintrat. Das war jener, der dann von Daedalus prompt das berühmte Labyrinth für den Minotaurus bauen ließ. Diese bösartige Kreatur halb Mensch und halb Stier sorgte dort für Angst und Schrecken.

Möglicherweise wäre Daedalus nach seiner Flucht auf die Insel Kreta in Vergessenheit geraten oder nur noch als Baumeister im kollektiven Gedächtnis verankert, hätte er nicht der weinenden Tochter des Minos, Ariadne, einen entscheidenden Tipp gegeben, um ihren heimlichen Geliebten Theseus aus dem Labyrinth zu führen: den Ariadnefaden. Erbost über den Verrat verbot Minos seinem Gast und dessen Sohn Ikarus, Kreta zu verlassen. Sie saßen also fest.

Das ließ Daedalus sich allerdings nicht gefallen, sondern begann damit, einen Fluchtplan zu entwickeln: Er sammelte am Strand Federn, befestigte sie mit Wachs an einem Gestänge und baute zwei Paar Flügel nach, wie er sie durch das Beobachten von Vögeln in Aussehen und Funktion begriffen hatte. So wollte er gemeinsam mit Ikarus gen Sizilien entfliegen. Ikarus wurde dazu dezidiert instruiert, was, wie sich später herausstellen sollte, buchstäblich ins Leere führte. Dabei ging der Plan zunächst auf: Beide flogen wie Vögel über das Meer und ließen Kreta mit dem Tyrannen hinter sich. Doch dann zeigte sich, dass der Nachwuchs keineswegs den Weitblick des Vaters teilte. Im Gegenteil: Übermütig und nach der Devise schneller, weiter, höher flog er zu nah an die Sonne, das Wachs zwischen den Federn schmolz und der ungehorsame und sehr kurzsichtig denkende und handelnde Knabe stürzte ab.

Soweit die Legende, die im klassischen Bildungskanon wahrscheinlich alle westlich sozialisierten Menschen irgendwann gehört haben. Gelernt haben wir daraus allerdings bis heute nichts. Durch unser Wachstumsdenken und dem stetigen Streben nach mehr haben wir nämlich schon erste Federn verloren. Noch fliegen wir, aber wie lange noch? Dabei wissen wir eigentlich sehr wohl, dass zu viel Höhe in die Nähe der Sonne führt und das Wachs schmelzen lässt. Gegensteuern könnten wir mit kognitiven oder physischen Fertigkeiten, indem wir auf Sinkflug schalten oder entscheidungsfreudig und sicher anders reagieren. Indem wir ein Gefühl für die Stabilität des Wachses entwickeln und es auch zulassen. Oder unsere Situation mit klarer eigener Haltung durch Perspektivwechsel analysieren.

Das alles hatte Daedalus in sich vereint: Wissen, Fertigkeiten, ein gewisses Gefühl für die Dinge und Haltung. Ikarus war offensichtlich nicht so gut aufgestellt. In der Legende heißt es, sein Vater habe ihn vorab gründlich ermahnt und belehrt – für Heranwachsende sicherlich nicht besonders zielführend. Kein Wunder also, dass die wichtigen Informationen nicht gehört, geschweige denn angenommen wurden. Und Pech für ihn, dass sich Daedalus offenbar keine Gedanken über den Unterschied von Bildung, Wissen, Fertigkeiten, Fähigkeiten, der individuellen Haltung und Emotionen gemacht hat. Möglicherweise hätte er seinen Sohn dann anders vorbereitet und dessen Leben gerettet.

Zugegeben, ein drastisches Beispiel. Aber es wird uns auf der Suche nach einem neuen Bildungsideal in den folgenden Kapiteln immer wieder exemplarisch vor Augen führen, was uns fehlt – und welche Folgen es für uns hätte, wenn wir diese Lücke in Zukunft füllen. Dabei konzentrieren wir uns auf praktische Lebensressourcen und rütteln auch an gesetzten Themen, die der Gesellschaft und politischen Entscheidungsträgern bislang alternativlos scheinen.

Es wird darum gehen, ob Technologie, Roboter und Algorithmen irgendwann Menschen aus der Erwerbstätigkeit und Selbstverantwortung drängen, weil wir heute nicht die richtigen Stellschrauben justiert haben. Wir müssen darüber reden, welche Rollen Empathie und Charakter in unserem neuen Bildungsideal spielen können und sollen. Und wir werden erkennen, dass auch große Themen wie Nachhaltigkeit, Glück oder Demut eine zentrale Rolle spielen.

Um über die Zukunft der Bildung nachzudenken, ist es essenziell, einen Blick in die Zukunft zu werfen. Sie wollen mehr wissen, über die Rolle von Maschinen, Robotern und Algorithmen? Über das Anthropozän, das Zeitalter des Menschen? Wie Arbeit sich verändern und warum Migration unser Zusammenleben radikal beeinflussen wird? Dann lesen Sie unbedingt auch den folgenden Teil – ein kleiner Exkurs über die anstehenden Veränderungen und die Optionen für die Zukunft, die sich daraus ergeben.

Sie haben sich schon intensiv mit den wirklichen großen Veränderungen befasst, die auf die Menschheit zukommen? Dann steigen Sie am besten in Teil 3 wieder ein.

Teil 2

WIE DER MENSCH DIE ZUKUNFT VERÄNDERT

- *Wie sieht unsere Welt von morgen aus?*
- *Welche Rolle spielt der Mensch dabei?*
- *Wo müssen wir besser werden?*

Kapitel 1

DIE MASCHINE – DER BESSERE MENSCH?

Bildung befähigt zur Reflexion. Sie wiederum ist Grundlage dafür, eine öffentliche Debatte über den Umgang mit anstehen den Veränderungen wie Globalisierung, Technologisierung und Klimawandel zu führen. Und genau das ist unbedingt notwendig. Denn die Frage, wie jeder Einzelne in unserer Gesellschaft zu einem glücklichen und möglichst sorgenfreien Leben gelangen kann, ist für die Zukunft weitestgehend ungeklärt. Bildung hat also mehr denn je eine Relevanz für die globale Gemeinschaft, um heute Antworten auf die Fragen von morgen zu finden.

Doch ganz so einfach ist das nicht: Unser vorherrschendes Bildungsideal hat uns nämlich nicht ausreichend auf die Komplexität der Welt vorbereitet. Wir verstehen oft weder die Ursachen, noch die Entwicklungen in ihrer Komplexität. Hinzu kommt, dass der Mensch die Folgen der Globalisierung und Industrialisierung für die natürlichen Ökosysteme missachtet hat, obwohl diese bereits lange absehbar waren. Die Evidenz ist eindeutig – und der Club of Rome, eine gemeinnützige international besetzte Organisation, die 1968 gegründet wurde, um sich für eine nachhaltige Zukunft und den Schutz von

Ökosystemen einzusetzen[5], warnt schon seit den 1970er-Jahren vor den Grenzen des Wachstums und vor dem Klimawandel. Es braucht also ein globales Bildungsideal – nachhaltig, ethisch und zukunftsfähig. Ein Ideal, dass ein Grundverständnis für Natur und Umwelt impliziert. Und das gleichzeitig die Charakterstärke und die Persönlichkeit der Individuen ausbildet.

RAHMENBEDINGUNGEN

Es gibt eine gigantische Anzahl an Veränderungen, die in Zukunft zu erwarten sind. Sinnvoll katalogisiert lassen sich die komplexen Themen jedoch auf wenige Kernaussagen reduzieren und so begreifbar machen. Es ist verlockend, diese gerne als *Megatrends* bezeichneten Zukunftsentwicklungen zur Blaupause für die anstehenden Veränderungen zu machen – und definitiv nicht zielführend.

Denn die Verfasserinnen dieser Theorien verfolgen häufig Partikularinteressen. Typische Beispiele sind bekannte Megatrends wie Urbanisierung, Nachhaltigkeit oder Konnektivität, die nicht zuletzt darauf abzielen, Produkte und Dienstleistungen besser zu vermarkten oder zu entwickeln. Ihre lautstarke Postulierung nutzt den Unternehmen, die solche Trends mit Produkten oder Dienstleistungen beliefern. Doch für die Menschen, die Natur und die Gesellschaft fehlt dieser Nutzen meist. Außerdem gibt es zu jedem Megatrend auch immer eine Gegenbewegung. Es macht daher an dieser Stelle keinen Sinn, sich in diese Mikroentwicklungen zu verstricken. Erst der Blick auf das Ganze bringt uns hier weiter.

Der menschliche Faktor ist der gemeinsame Nenner, der allen Megatrends gemein ist. Aus ihm lässt sich die Notwendigkeit nach Selbstwirksamkeit stringent ableiten. Und er ist auch der Ursprung sämtlicher Veränderungen im Anthropozän. Gerade Entwicklungen wie der Klimawandel sind nicht durch Zufall entstanden, sondern eine Folge von menschlichen Handlungen. Wenn wir unser Bildungsideal anpassen wollen, sollten wir uns daher auf die Veränderungen konzentrieren, die menschengemacht sind. Veränderungen, die eine direkte Konsequenz unseres gestrigen und heutigen Handelns sind. Aber auch die Veränderungen, die wir in Zukunft besser kontrollieren und regulieren müssen, um ein gemeinsames und glückliches Leben – im Grunde genommen eine Daseinsberechtigung – zu haben. Damit ist auch klar, dass Zukunft nicht einfach nur im Sinne des Fatalismus und als logische Notwendigkeit akzeptiert werden muss. Es reicht also nicht, jegliche Zukunftsentwicklungen als vom Schicksal vorbestimmt anzusehen. Im Gegenteil: Indem wir unsere heutigen Entscheidungen verändern, können wir das Morgen anders gestalten. Dieser Sinnzusammenhang ist grundlegend für das Prinzip der Selbstwirksamkeit: Der Mensch bestimmt seine eigene Zukunft.

Doch so einfach ist es leider doch nicht. Denn – wir erinnern uns – der Mensch ist auch ein *Homo oeconomicus*. Damit unterliegt er im Wesentlichen sechs Rahmenbedingungen, die seine innersten Wünsche auf den Punkt bringen und innerhalb derer sich seine Zukunft gestaltet:

Veränderung wird den Alltag in allen Lebensbereichen unaufhaltsam prägen – vom technologischen Fortschritt über Entwicklungen bei Nahrungsmitteln, Wohnorten, natürlichen Prozessen, Wissen, Logik oder Zusammenhängen.

- Die **Vernetzung** wird weiter zunehmen – zum Beispiel von Daten, Kulturen, Waren, Wissen, Menschen oder Transportmitteln.
- Durch **Vermischung** werden globale Fragestellungen in Sachen Menschen, Nationen, Kulturen, Sprachen, Wünschen oder Viren immer wichtiger.
- Der **Verbrauch** von Ressourcen, Lebensräumen oder Arten wird weiter steigen.
- **Verfügbarkeit** von lebenswichtigen Dingen wie beispielsweise Essen, Informationen, medizinische Versorgung oder Waren wird zum überlebenswichtigen Faktor.
- Und zu guter Letzt wird das **Vermehren** von Reichtum, Wissen, Einfluss oder Macht als erstrebenswertes Ziel – zunächst – weiter erhalten bleiben.

Mit diesen Rahmenbedingungen müssen wir auch in Zukunft rechnen, denn ohne eine disruptive, also radikal alles infrage stellende Veränderung des Idealbildes wird der Mensch auch weiterhin im Sinne des *Homo oeconomicus* handeln.

Was auf den ersten Blick unlösbar wirkt, birgt jedoch eine echte Chance. Doch dazu müssen wir die Wünsche der Menschen besser verstehen lernen. Nur so können wir Lösungen oder Auswege finden, die unsere Gesellschaft und den Planeten nicht überfordern. Die permanenten Veränderungen sind dabei unser Hebel, denn sie werden sich im Anthropozän immer weiter beschleunigen. Und das bekommen alle Menschen mit.

Wenn wir also über ein neues Bildungsideal nachdenken, sollten wir genau hier ansetzen: Unsere Zukunftsbetrachtung sollte *veränderbar* sein und bleiben. Denn eine bewusste Veränderung unserer heutigen Handlungen, dem autarken Selbstwirksamkeitsprinzip folgend, hat direkten Einfluss auf die Zukunft. Vor allem, wenn viele der 7,5 Milliarden Erdbewohner gleichzeitig ihre Handlungen verändern. Daher sind Balance und Pluralität essenziell. Denn was würde mit der weltweiten Fleisch-Nachfrage geschehen, wenn ein Großteil aller Chinesinnen plötzlich vegetarisch leben würde? Oder wie würde die Automobilindustrie reagieren *müssen*, wenn viele Stadtbewohnerinnen auf Fahrrad und öffentlichen Nahverkehr umsteigen?

Wir haben es also in der Hand: Der Ursprung der Zukunft liegt in unseren menschlichen Handlungen – und die bauen auf unserer Bildung auf.

Wie sich der *menschliche Faktor* weiter entwickeln wird, ist also eine Folge des aktuellen Bildungsideals.

UNZERTRENNLICH – WISSEN UND DATEN

Der menschliche Faktor zeigt sich prominent in der Datenökonomie des 21. Jahrhunderts. War Wissen in den vergangenen Jahrtausenden noch mündlich überliefert oder in gedruckten Medien gespeichert, hat die Entwicklung von Computern und modernen Speichermedien

Quantität und Qualität der Wissensökonomie grundlegend verändert. Zunehmende Datenmengen und die Fähigkeit, diese zu analysieren, haben ein nie zu erwartendes Ausmaß angenommen. Per Definition sind Daten Werte, die eindeutig gespeichert werden. Daten können jegliche Arten von Information beinhalten. In ein menschliches Gehirn passen etwa 2,5 Petabyte, das ist eine 2,5 mit 15 Nullen an Daten[6]. Obwohl das menschliche Gehirn sehr effizient und gut für die Speicherung von Daten geeignet ist, reicht diese Speichermenge gerade aus, um das Computerspiel „World of Warcraft" am Laufen zu halten[7].

Allein im Jahr 2017 betrug das weltweite Datenvolumen etwa 23 Zetabytes (das ist eine 23 mit 21 Nullen). Diese Zahl soll Schätzungen zu Folge bis 2025 auf 175 Zetabytes exponentiell ansteigen. Ein Stapel dieser Datenmenge aus herkömmlichen DVD's entspräche etwa 23-mal der Entfernung zwischen der Erde und dem Mond. Die Datenmenge wächst also bis 2025 auf etwa das Achtfache der globalen Datenmenge des Jahres 2017 an. Im Vergleich dazu lag die Datenmenge 2010 noch bei nur 1,2 Zetabytes.[8]

Dabei ist die Datenanalyse etwas, das die Menschheit schon seit Jahrtausenden immer weiter optimiert. Daten dienten Herrschern stets als rationale Entscheidungsgrundlage und zur besseren Antizipation von eintretenden Veränderungen. Bereits für das Jahr 2700 v. Chr. können erste Volkszählungen zu Steuerzwecken in Ägypten nachgewiesen werden. Aufbauend auf den gewonnenen Daten konnten die steuerlichen Gesamteinnahmen besser vorausgesagt werden.

Die fortgeschrittene Daten- und IT-Wirtschaft wird die Menschheit in den kommenden Jahrzehnten in die Lage versetzen, wesentlich größere Mengen an Daten zu strukturieren und analysierbar zu machen.

Die Datenwirtschaft ist damit die wichtigste Industrie, um neue Erkenntnisse und Wissen zu generieren. Denn das Wissen lässt sich aus den Informationen, die mittels Technologie gewonnen werden, herausarbeiten.

Wissen und Daten werden also unzertrennlich sein. Ganze Industriezweige haben sich daher bereits rund um das Thema Internet der Dinge, im Englischen *Internet of Things* (IoT), in Position gebracht. Unter dem Internet der Dinge versteht man intelligente Hard- und Software, die in der Lage ist, Daten kontinuierlich zu produzieren und mit anderen Systemen zu vernetzen. Einer der bekanntesten Anwendungsfälle ist das Smart Home, also die Vernetzung von Haushalts-Sensorik, wie Heizungen, Fenster, Rollläden oder Küchengeräte. Doch noch lassen sich erst etwa fünf Prozent aller Daten über ein Schlagwort suchen.[9]

Der Löwenanteil ist heute noch unstrukturiert – besteht also aus nicht analysierbaren Daten wie zum Beispiel der menschlichen Sprache – und ist daher bisher nur schwer zu nutzen. Aus diesem Grund entwickelt sich parallel zu immer mehr neuen Daten eine Industrie, die große Datenmengen strukturieren und analysierbar machen will.

Die Softwarekonzerne stürzen sich auf dieses Thema, da hier ein großes Wachstumspotenzial vermutet wird. Allein der Sektor der Analyse von natürlicher Sprache, im Original Natural Language Processing, wächst in den letzten Jahren rasant.

ALGORITHMEN, VIELFÄLTIG EINSETZBAR

Da Menschen diese unvorstellbaren Datenmengen nicht händisch analysieren können, werden Algorithmen geschrieben, die sich regelbasiert durch den Datenwulst wälzen. Ein Algorithmus ist dabei eine menschengegebene Handlungsvorschrift, quasi ein Regelwerk zur Lösung eines oder mehrerer Probleme. Man kann sich einen Algorithmus so vorstellen wie einen binären Arbeitsauftrag: Alles lässt sich in 1 und 0 oder wahr und unwahr einteilen. Der Algorithmus geht immer schrittweise entlang der Logik der Programmiererin vor. Entsprechend ist die Qualität des Algorithmus entscheidend von der Qualität der Programmierung abhängig.

Ähnlich geht auch das ärztliche Fachpersonal in der Diagnostik vor. Kommt eine zu behandelnde Person mit Brustschmerz in ein Krankenhaus, durchläuft das ärztliche Fachpersonal ein vordefiniertes, auf Empirie basierendes Analyseschema, um zu einer ersten Diagnose und weiteren Handlungsoptionen zu kommen. Ist die zu behandelnde Person beispielweise ein Mann und über 50, so besteht eine erhöhte Wahrscheinlichkeit für einen Herzinfarkt. Analog fragt auch ein Algorithmus schrittweise ab: Handelt es sich um einen Mann oder eine Frau – und ist die Person älter als 50 Jahre? Geht es um eine Raucherin und treibt die Person regelmäßig Sport?

Vergisst der Programmierende oder analog das ärztliche Fachpersonal nachzufragen, ob ein Mann oder eine Frau untersucht wird, so reduziert sich die Aussagefähigkeit der Analyse signifikant. Daher ist ein Algorithmus auch immer vom Verständnis der Komplexität der Zusammenhänge des Programmierenden abhängig.

Der erste Algorithmus wurde weit vor der Erfindung des Computers geschrieben. Aus den mathematischen Kenntnissen über die indisch-arabischen Zahlensysteme entwickelte Ada Lovelace bereits 1843 den ersten für einen Computer gedachten Algorithmus zur mathematischen Berechnung von Bernoulli-Zahlen. Sie gilt damit als die erste Programmiererin der Geschichte. Bedauerlicherweise entwickelte sie ihren Algorithmus für eine Rechenmaschine, die nie fertig gestellt wurde.

Algorithmen sind heutzutage in nahezu allen Situationen anwendbar. Beispiele sind die Textverarbeitung, IoT-Anwendungsfälle, Analysen und Prognosen von Aktienmärkten, zum Kochen oder zum Berechnen der kürzesten Wege in Navigationssystemen. Mit Algorithmen verfolgen die Initiierenden dabei häufig eine bessere Vorhersage von Eintrittswahrscheinlichkeiten.

Doch auch Algorithmen stoßen irgendwann an ihre Grenzen – vor allem ihre menschlichen Erschaffenden. Denn die aus den Datenmengen resultierende Komplexität nimmt exponentiell zu. Daraus hat sich eine eigene Wissenschaft rund um den Themenkomplex der künstlichen Intelligenz und der neuronalen Netze entwickelt. Die künstliche Intelligenz automatisiert das maschinelle Lernen. Das

„Verhalten" des Algorithmus ist dabei auf maschinelles Lernen abgerichtet. Der durch den Menschen programmierte Algorithmus wird also in die Lage versetzt, sich entlang der gegebenen Regelwerke durch selbstständiges maschinelles Lernen kontinuierlich weiterzuentwickeln und zu verbessern. Da, wo die Kompetenz der Menschen in der Interpretation der Komplexität von Datenmengen endet, werden maschinell lernende Algorithmen eingesetzt.

Die Informatik steckt hier noch in den Kinderschuhen – auch weil im gleichen Maße wie die Software die Hardware, also die Rechenkapazität, wachsen muss. Durch die Entwicklung der ersten nutzbaren Quantencomputer in laboralen Umfeldern gewinnt die Nutzung von komplexen Algorithmen allerdings zusätzlich an Beschleunigung. Nahezu alle Regierungen versuchen sich an der Entwicklung von kommerziell nutzbaren Quantencomputern, da diese als Schlüsseltechnologie des 21. Jahrhunderts angesehen werden.

Fassen wir also noch einmal zusammen: Die Datenmengen, deren Informationssicherheit und Analysierbarkeit werden in den nächsten Jahrzehnten exponentiell zunehmen. Die Möglichkeiten, die sich daraus für die Menschheit ergeben, sind schier unermesslich. Gleichzeitig müssen diese Daten gezielt gefördert und reguliert werden, um Missbrauch vorzubeugen und sie im Sinne der Menschen einzusetzen. Denn sie werden in ihrer Aussage immer stärker, je höher der Integrationsgrad über Themen- und Unternehmensgrenzen hinweg ist. Gesundheitsdaten müssen beispielsweise die Untergruppen von medizinischen, ernährungsspezifischen und sportlichen Daten umfassen.

Wir sollten uns also auf eine Welt einstellen, die sehr viel transparenter und analysierbarer wird. Eine Welt, in der Daten für Wissen stehen – und Wissen zu Macht führt. Diese Daten und das darin verborgene Wissen werden unsere Welt verändern. Die Softwareprogramme der Zukunft werden die komplexesten Zusammenhänge in Millisekunden finden. Wissen wird dadurch kostenlos und ständig verfügbar sein.

Es stellt sich also die berechtigte Frage, ob wir uns in Zukunft überhaupt noch Wissen aneignen müssen. Damit einher geht die Überlegung, inwieweit dann unser herkömmliches Bildungsideal mit dem *Wissen* als erstrebenswertes Ziel überhaupt noch eine Berechtigung hat. Müssen wir wirklich noch *Wissen* lernen und horten, wenn es doch überall abrufbar ist?

Kapitel 2

DAS ANTHROPOZÄN – DAS ENDE DER WELT?

Wir haben ein Problem. Unsere Welt ist komplexer und dynamischer geworden – und wir Menschen sind nicht mitgekommen. Trotz der vielen technologischen Möglichkeiten, der globalen Vernetzung und der Akkumulation von Wissen, das ständig, überall und kostenlos verfügbar ist, hinken wir der Entwicklung hechelnd hinterher. Das ist umso erstaunlicher, da wir uns doch im Zeitalter des Anthropozäns befinden – also in jener Phase, in der wir Menschen auf die biologischen, geologischen und atmosphärischen Prozesse so großen Einfluss haben, dass unsere Entscheidungen nachhaltige Konsequenzen für das Leben auf dieser Erde haben. Beängstigend, oder? Unsere Zukunft wird durch unsere menschlichen Entscheidungen determiniert, die wir heute treffen. Und das, obwohl wir eigentlich noch gar nicht in der Gegenwart angekommen und ziemlich aus der Puste sind. Wie wollen wir so sinnvoll, durchdacht und zukunftsfähig denken und handeln? Zumal unsere Entscheidungen extrem langfristige Auswirkungen auf die Natur und unsere Gesellschaften haben werden.

Die Situation ist kritisch. Wir sollten also genau hinschauen. Wo stehen wir genau im Zeitalter des Menschen? Ist das Anthropozän in

Wirklichkeit der Anfang vom Ende? Oder wie bekommen wir wieder mehr Balance in die Interaktionen und Prozesse?

Fakt ist, der Mensch hat sich zu einem der wichtigsten Einflussfaktoren der Erde entwickelt. Biologische und atmosphärische Prozesse werden durch menschliches Zutun stark verändert. Seit der Mitte des 20. Jahrhunderts hat der Einfluss des Menschen auf die Erde mit exponentieller Geschwindigkeit zugenommen und sich seitdem verstetigt. Die Beziehung zwischen Menschen und dem Planeten hat sich dadurch entscheidend verändert: Während die Jäger und Sammler noch *von und mit* der Natur lebten, ist die Zukunft der Erde und seiner Spezies nun vom Menschen abhängig. War der Mensch in den vergangenen Jahrtausenden noch in der Unterzahl und konnte sich nahezu unendlich an den natürlichen Ressourcen bedienen, so hat er inzwischen durch die Industrialisierung das ökologische Gleichgewicht in Gefahr gebracht. Entsprechend groß ist der Einfluss unserer Entscheidungen heute auf die Welt von morgen.

Festgestellt hat den wachsenden Einfluss des Menschen auf die Erde übrigens der italienische Geologe Antonio Stoppani. 1824 in Lecco geboren und 1891 in Mailand gestorben, war Stoppani ein italienischer Geologe, Theologe und gilt als Begründer der geologischen Forschung in Italien. Wie es der Zufall manchmal so will, war er auch ein Großonkel von Maria Montessori, der italienischen Reformpädagogin. Stoppani verband in seiner Theorie die Theologie mit den Naturwissenschaften – ein Grundgedanke, auf den Maria Montessori später aufbauend ihre kosmische Erziehung entwickelte. Sie formuliert hier die Notwendigkeit, Wissen nicht zusammenhanglos, sondern im großen Kontext von Mensch und Natur sowie Mensch zu Mensch zu sehen.

Stoppani bezeichnete sein Zeitalter bereits 1873 als anthropozoische Ära. Die Brille, durch die er dabei schaute, war allerdings rosa: Denn das, was er 1876 in seinem Buch *Das schöne Land* publizierte, ist eine Sammlung über die Geologie Italiens – und die vom Menschen mitgestaltete Schönheit der italienischen Landschaften. Hätte er denn ahnen können, wie weit wir noch gehen würden? Nein, sein Bild vom menschlichen Erdzeitalter war positiv und durchaus optimistisch für eine Zukunft, in der die Wissenschaft als Mittel zum Zweck viel erreichen würde.

Der moderne Begriff des Anthropozäns wurde erst im Jahr 2000 vom niederländischen Chemiker, Atmosphärenforscher und Nobelpreisträger Paul Crutzen geprägt. Crutzen war Direktor des Max-Planck-Instituts und Nobelpreisträger im Bereich der Atmosphärenchemie, insbesondere der Forschung im Bereich der Ozonschicht. Von ihm stammt die Bezeichnung Anthropozän – so wie wir das Zeitalter des Menschen heute verstehen. Crutzen geht nämlich einen entscheidenden Schritt weiter als Stoppani, indem er nicht mehr vom „Mitgestalten" des Menschen an der Erde spricht, sondern den Menschen selbst als eine die Kultur und Natur gestaltende geologische Kraft bezeichnet.

Das klingt nach einer gigantischen Verantwortung – und ist es auch. Stellt sich nur die Frage, ob wir Menschen damit auch umgehen können.

WELTÜBERLASTUNG DURCH DEN MENSCHEN

Um uns dieser Verantwortung stellen zu können, haben wir einiges zu tun. Dazu gehört es, unsere eigene Rolle auf die Welt besser zu verstehen und zu erkennen, welche Konsequenzen wir durch unser eigenes Handeln und den technologischen Fortschritt in Kauf nehmen. Ohne das Verständnis unserer eigenen Rolle werden alle anderen Bildungsressourcen immer an Gemeinwohlorientierung vermissen lassen. Denn eines dürfte inzwischen bei vielen angekommen sein: Wir überfordern unseren Planeten seit Jahrzehnten und sägen damit genau an den Ästen, auf denen wir gemeinsam sitzen.

Das belegen Zahlen, die seit den Siebziger Jahren regelmäßig erhoben werden. So überstieg am 21. Dezember 1971 der Abbau der Ressourcen erstmalig die Erholung. Nur knapp fünfzig Jahre später, im Jahr 2019, liegt der weltweit erhobene *Earth Overshoot Day*, der

Erdüberlastungstag, schon auf dem 29. Juli – mit klarer Tendenz hin zur Beschleunigung.

Im Jahr 2020 fiel der Erdüberlastungstag – coronabedingt – auf den 22. August. Alle Menschen hatten bis dahin also mehr Ressourcen verbraucht als während eines gesamten Kalenderjahres nachwachsen können. In Deutschland liegt dieser Tag bereits am 5. Mai 2021, also bedeutend früher als im weltweiten Vergleich.[10]

Die UN-Generalversammlung hat deshalb am 25. September 2015 die globalen Nachhaltigkeitsziele verabschiedet. In den Sustainable Development Goals (SDG's)[11] wurden gemeinsame weltweite Ziele festgelegt, die bis 2030 erreicht werden sollen. Ziele, die eine nachhaltigere Lebensweise auf der Erde und mehr Gerechtigkeit in den Fokus nehmen. Aus den 17 Oberzielen leiten sich dabei über 169 Unterziele ab.

„Hochwertige Bildung" ist in den Entwicklungszielen an vierter übergeordneter Stelle fest verankert: „inklusive, gleichberechtigte und hochwertige Bildung gewährleisten und Möglichkeiten lebenslangen Lernens für alle fördern" heißt es – mithin eines der wichtigsten Ziele, sichert es doch die Selbstwirksamkeit und Hilfe zur Selbsthilfe ab.

Schaut man jedoch in die Unterziele zu diesem Thema, sieben an der Zahl, dann wird offensichtlich, dass sich die Einladung dieses Buches zur grundlegenden Debatte über Bildung auch an die Vereinten Nationen und ihren Zielkanon richtet. Denn die Vereinten Nationen sehen hochwertige Bildung primär durch die Schulen ermöglicht. Sicher, die Schulen sind ein guter Ausgangspunkt, um das Verständnis für unsere komplexe Welt zu fördern, aber eben nicht alleine ausreichend. Auch stellen die Vereinten Nationen den Zusammenhang von Bildung als Ermöglicher von adäquater Arbeit her – und schreiben so das ökonomische Moment in ihrem Unterziel 4.4 fort. Doch dann endet die Frage nach den Faktoren, die für ein weltweites, nachhaltiges und zukunftsfähiges Bildungsideal relevant sind.

SO GLOBAL WIE MÖGLICH, SO LOKAL WIE NÖTIG

Und was sagen die Vereinten Nationen zur Bildung?

„1. Jeder hat das Recht auf Bildung. Die Bildung ist unentgeltlich, zum mindesten der Grundschulunterricht und die grundlegende Bildung. Der Grundschulunterricht ist obligatorisch. Fach- und Berufsschulunterricht müssen allgemein verfügbar gemacht werden, und der Hochschulunterricht muss allen gleichermaßen entsprechend ihren Fähigkeiten offenstehen.

2. Die Bildung muss auf die volle Entfaltung der menschlichen Persönlichkeit und auf die Stärkung der Achtung vor den Menschenrechten und Grundfreiheiten gerichtet sein. Sie muss zu Verständnis, Toleranz und Freundschaft zwischen allen Nationen und allen rassischen oder religiösen Gruppen beitragen und der Tätigkeit der Vereinten Nationen für die Wahrung des Friedens förderlich sein.

3. Die Eltern haben ein vorrangiges Recht, die Art der Bildung zu wählen, die ihren Kindern zuteil werden soll."

Zum Artikel 26 der allgemeinen Erklärung der Menschenrechte von 1948 bekennen sich immerhin alle 193 Mitgliedstaaten der Vereinten Nationen. Sie scheinen schon einen recht weiten Blick auf Bildung aus humanistischer Perspektive zu haben, allerdings ohne die Fokussierung auf individuelle Zufriedenheit.

Bildung ist jedoch bis heute sehr stark nationalisiert. So wird in der Geschichtslehre häufig der Fokus auf die Geschichte des eigenen Landes, die Sitten und Gebräuche gelegt. Schon in Deutschland zeigt sich, dass bereits Herausforderungen darin bestehen, das Bildungssystem zu standardisieren und in gleiche Zielrichtungen zu lenken. Denn Bildung ist in Deutschland immer noch Ländersache.

Es gibt also ein Spannungsverhältnis innerhalb des Systems. Wir müssen im Bildungskontext zwei Gegenpole diskutieren: einerseits die Standardisierung und Sicherstellung, dass möglichst keine schwarzen Schafe im Lehrkörper sind, so dass nach der Ausbildung im Schulsystem alle Kinder ähnliche Chancen und Voraussetzungen haben. Andererseits muss es um die Individualität gehen, dass jeder Lehrende auch eigene Schwerpunkte setzen kann, die aus seiner eigenverantwortlichen Sicht zielführend sind.

Den Lehrkräften müssen im weitesten Sinne die Freiheit und Eigenverantwortung gewährt werden, die sie brauchen, um enthusiastisch an der Charakterbildung der Menschen zu arbeiten. Ist beispielsweise ein Pädagoge in besonderer Weise interessiert an klassischer Musik, so kann dieser Enthusiasmus genutzt werden, um auch Lernende zu begeistern. Denn aufoktroyierte Themenfelder führen zu häufig zu einer Demotivation des Menschen.

Es ist also unabdingbar, die Eigenverantwortung der Lehrkräfte wieder stärker in den Fokus zu nehmen, nicht um standardisierte Wissenskompetenzen zu erlangen, aber viel mehr, um die Charakterbildung und die Entscheidungskompetenz des Einzelnen zu fördern. Ein viel zu häufiges Argument, warum auch die klügsten Köpfe der Gesellschaft nicht den Beruf der Lehrerin annehmen, sind Bürokratie und damit einhergehend die Nicht-Selbstständigkeit der Lehrerinnen. Große Unternehmen binden ihre besten Mitarbeiterinnen, indem Sie Felder definieren, innerhalb derer sich die Mitarbeiterinnen frei bewegen und auch über Ressourcen entscheiden dürfen.

Und was hat das mit globaler Bildung zu tun?

Um den Bogen globaler zu spannen, wollen wir darauf eingehen, welche Elemente im Bildungsideal global, also universell, und welche Elemente lokal, also individuell, sind. Der schöne Begriff der „Glokalisierung" greift ideal auf, dass *Bildung so lokal wie möglich und so global wie nötig sein sollte.*

Im Wissensaufbau kann man relativ gut einheitliche Standards definieren und in einem Bildungskanon festlegen. Hier ist es sinnvoll, dass Grundkenntnisse vom dritten Reich über Algebra bis hin zu Geographie von universellem Nutzen sind. Jedoch besteht die Notwendigkeit, auch einen globalen Bildungskanon zu entwickeln. Während in skandinavischen Schulen eher die Gemeinschaft und Solidarität im Vordergrund stehen, ist das angelsächsische System stärker vom

Individuum und dem Wettbewerb geprägt. Es gilt aus allen Systemen idealtypische Strukturen herauszuarbeiten und in einer Art „universeller Erklärung der Bildungsrechte jedes Menschen", anlehnend an die Erklärung der Menschenrechte, detailliert zu verabschieden. Auch eine Lokalisierung von Ressourcenplanungen ist zielführend. Eine zentralisierte Allokation von Geldern führt zu falschen Schwerpunktsetzungen und Ineffizienzen, die wir aus der Beobachtung von planwirtschaftlichen Volkswirtschaften kennen. Viel sinnvoller ist es, ein System von *Checks-and-Balances* zu etablieren, in dem Lehrende in Konkurrenz um Gelder und Ressourcen stehen und sich so ein möglichst dynamisches System entwickelt und der Wettbewerb die Qualität fördert. Dies bedeutet, dass auch bei der Allokation der Ressourcen die Frage viel stärker diskutiert werden muss, welche Kompetenzen man dem Lehrenden bei der Abrufung von Budgets zuteilt. Die so erfolgende Budgetplanung führt dazu, dass faule, schlechte und unmotivierte Lehrende durch das System aussortiert werden. Wir brauchen also einen viel höheren Grad der Lokalisierung und Dezentralisierung, um Motivation und Selbstverantwortung zu fördern und auf diese Weise die Qualität zu verbessern.

GLOBALER ZUKUNFTSDISKURS IST NOTWENDIG

Aus der konsequenten Umsetzung der in diesem Buch formulierten Diskurse und Reformen muss also notwendigerweise auch die Überarbeitung des SDG 4 oder aber gar die Einführung einer zusätzlichen Zielformulierung folgen. Denn es fehlt die Forderung nach dem globalen Zukunftsdiskurs, also dem Austausch darüber, was vor dem Hintergrund von begrenzten finanziellen und zeitlichen Ressourcen und der Zunahme der Komplexitäten in der vernetzten Welt wirklich wichtig ist. Bildung ist in letzter Konsequenz nichts anderes, als die Ermöglichung von Zukunft – mit eigenem Charakter, der Fähigkeit zu entscheiden und hoher Selbstwirksamkeit.

Warum hier nachgebessert werden muss, zeigt der Blick auf unsere Welt: Natürliche Prozesse haben sich durch menschliches Verhalten disruptiv verändert. Die Frage, ob das globale Ökosystem in seiner ganzen Komplexität aufrechterhalten werden kann, ist also berechtigt. Zahlreiche Beispiele verdeutlichen eine schlechte Prognose: die Abholzung des Regenwaldes, das Abschmelzen der Pole, das Arten- und Bienensterben oder der Anstieg des Meerwasserspiegels.

Dabei ist es gar nicht so schwer, eine andere Richtung einzuschlagen – denken wir nur einmal an die Verwendung von fossilen Brennstoffen: Wenn wir Menschen heute die Entscheidung treffen, unsere Energie anders zu produzieren, dann reduziert sich der durch Kohle, Gas und Öl verursachte Anstieg des Kohlendioxids in der Atmosphäre signifikant. Das wiederum verringert auch die allgemeine Erderwärmung und verlangsamt das Abschmelzen vom Eis an den Polkappen. Dadurch würde der Meerwasserspiegel nicht mehr so schnell steigen – die Kette ließe sich unendlich fortführen. Die Veränderungen, die auf uns in Zukunft zukommen, sind also nicht durch das Schicksal verursacht, sondern Konsequenzen unserer heutigen Entscheidungen.

Im Anthropozän verändern sich Zusammenhänge auf der Erde in einer Geschwindigkeit, die schneller als jemals zuvor ist. Die Auswirkungen dieses Tempos auf die Ökologie, die Ökonomie und die menschlichen Gesellschaften konnten unsere Vorfahren noch nicht absehen. Dabei ist die Ursache dieser Veränderungen menschengemacht – und dadurch tatsächlich ein Sicherheitsrisiko, wenn wir nicht sofort gegensteuern.

Der Auslöser für das Anthropozän liegt im Menschen. Gleichzeitig wirkt das Zeitalter auch auf ihn ein. Dabei sind drei Wirkungsrichtungen zentral: die Auswirkungen auf die Natur, die Auswirkungen auf die Gesellschaften und die Auswirkungen auf den Einzelnen.

Der Dreisatz der Nachhaltigkeit beschreibt jenen Wirkungszusammenhang, indem er klar macht, dass jede menschliche Entscheidung Auswirkungen auf die Nachhaltigkeitsebenen Ökonomie, Ökologie und Soziales hat. Die Ebenen stehen sich häufig im Sinne von Trade-offs konträr gegenüber. Stellen wir uns zum Beispiel eine

Reise von Hamburg nach Düsseldorf vor: Wir könnten den Zug, das Auto oder das Flugzeug nehmen. Die Entscheidung, die wir treffen, hat dabei nicht nur Auswirkungen auf unser eigenes Portemonnaie, sondern auch auf andere Menschen und die Umwelt. Die Gesellschaft wird sich dieser Wirkungszusammenhänge immer bewusster, da die Folgen der menschlichen Einflussname durch visuelle Medienereignisse transparenter werden.

DIE ERDE BRAUCHT EINE GUTE ANWÄLTIN

Polly Higgins[12] war eine schottische Rechtsanwältin, die sich als Expertin für Ökozide dafür einsetzte, dass diese in den internationalen Strafrechtskatalog aufgenommen werden. Unter einem Ökozid versteht man die Zerstörung des ökologischen Gleichgewichtes durch Umweltzerstörung. So sind beispielsweise viele Länder vom Anstieg des Meerwasserspiegels in ihrer Existenz bedroht – auch in Europa. Man denke allein an die Niederlande, die seit Jahrhunderten mit dem Wasser zu kämpfen haben und wo 26 Prozent der Fläche unter dem Meeresspiegel liegt.[13] Der Zusammenhang zwischen Umweltverschmutzung, Klimawandel und Existenzbedrohung wird im Ökozid zusammengefasst. Higgins legte der Rechtskommission der Vereinten Nationen einen Vorschlag vor, nachdem Unternehmensleiterinnen und Regierungen für die Zerstörung der Umwelt haftbar gemacht werden können. Von ihr stammt der viel zitierte Ausspruch: „The earth is in need of a good lawyer".

Was auf den ersten Blick abstrakt klingt, ist bereits sehr konkret zur Realität geworden. Ein Beispiel verdeutlicht das Prinzip: So wurden viele indigene Völker im brasilianischen Regenwald durch die systematische Abholzung ihrer natürlichen Lebensgrundlagen beraubt. Dieser Ökozid hat am anderen Ende der Welt stattgefunden – und ist doch eng mit uns verknüpft. Denn einen nicht unerheblichen Teil der südamerikanischen Edelhölzer findet man verbaut in unseren Häusern. Wir sind also Teil dieses Systems. Von daher hatte Higgins recht damit, den Ökozid als *internationales* Verbrechen zu stigmatisieren. Denn Ökozide sind für sie immer als Folge des Handelns von Entscheiderinnen zu sehen.

Auch das ist also ein Merkmal des Anthropozäns: Wir setzen uns wieder mit den großen Zusammenhängen auf unserer Welt auseinander. Neu ist das nicht, bereits in der Antike gehörte ein umfassender Blick auf alle Bereiche unserer Umwelt zum Bildungskanon dazu.

Allerdings hat sich der Bezugsrahmen entscheidend verändert: Während Daedalus und Ikarus in ihrer Umwelt mit an Sicherheit grenzender Wahrscheinlichkeit davon ausgehen konnten, auch nach ihrer Flucht über das Mittelmeer an anderer Stelle auf einen vergleichbaren Wertekanon zu treffen, hat sich unsere erreichbare Welt vergrößert. Und während Vater und Sohn in der Antike beste Voraussetzungen dazu hatten, ihren Anteil am System „Ursache und Wirkung" zu sehen, verwehren uns die Dimensionen unseres Zeitalters diesen Blick immer öfter. Doch wie konnte es dazu kommen?

Eine Voraussetzung, die das Anthropozän überhaupt erst möglich gemacht hat, ist die Marktwirtschaft – und mit ihr der Drang der Menschen nach immer mehr Konsum.

Der schottische Aufklärer Adam Smith hat in seinem berühmten Buch „Wohlstand der Nationen" bereits 1776 erstmalig fundiert analysiert, wie die freie Marktwirtschaft dazu führt, dass der Kuchen, der der Gesellschaft zur Verfügung steht, durch Marktmechanismen wächst. Nach Smith soll der Staat hierbei lediglich als „Nachtwächterstaat" agieren – mit der einzigen Aufgabe, das Marktsystem zu erhalten. Dabei sind der sozialdarwinistische und gewinnmaximierende Charakter von zentraler Bedeutung. Nach dieser Theorie erfüllt ein Unternehmen also dann seine soziale Verantwortung, wenn es innerhalb der gesetzlichen Rahmenbedingungen den größtmöglichen Gewinn erwirtschaftet.

Das aus heutiger Sicht interessante Detail ist ein Manko: Denn Smith geht in seinem gesamten Werk, das ihm einen festen Platz als Begründer der klassischen Nationalökonomie in unseren Geschichtsbüchern verschafft hat, weder auf soziale Gerechtigkeit, noch auf ökologische Anforderungen an die Wirtschaftsordnung ein. Für ihn ist es gerade *nicht* Aufgabe einer Wirtschaftsordnung, sozial zu agieren. Im Gegenteil: Es geht einzig und allein darum, die Menge der produzierten Güter und Dienstleistungen, also das Bruttoinlandsprodukt, zu maximieren. In dieser Form der Marktwirtschaft, aber auch in Abwandlungen wie dem Casino-Kapitalismus oder dem Manchesterkapitalismus, hat die Wirtschaftsordnung nicht die Aufgabe soziale Zielsetzungen zu erreichen. Beides sind besonders radikale Formen der ungezügelten Freiheit der Märkte – zu Gunsten des Kapitals.

Im 19. Jahrhundert wurden dem Ideal der freien Marktwirtschaft dann mit dem Aufkeimen der *Sozialen Frage* Grenzen aufgezeigt. Auslöser war die Industrialisierung, die paradoxerweise zu flächendeckender Armut führte. Denn die nicht regulierten Märkte zogen auch keine gerechte Einkommensverteilung nach sich. Der Einbezug der *Sozialen Frage* in das wettbewerbliche Ordnungssystem ist Alfred Müller-Armack zu verdanken. Er erfand der den Begriff der Sozialen Marktwirtschaft und war für die inhaltliche Prägung und politische Einbeziehung entscheidend. Müller-Armack verband das Prinzip der freien, durch den Wettbewerb dominierten Märkte mit dem Streben nach sozialer Sicherheit und sozialer Gerechtigkeit. In ihrem Zentrum steht die Würde des Menschen in Kombination mit Freiheit und Verantwortung.

WACHSTUM UM JEDEN PREIS

Doch die grundlegendste Annahme ist immer geblieben: die des Wachstums. Unsere Gesellschaften und unsere Bildungsvisionen lehren die Wichtigkeit von Wachstum, um an individuelle und kollektive Ziele zu gelangen. Es stellt sich nur die Frage, ob das wirklich noch zeitgemäß ist. Denn es ist doch offensichtlich: Die Wachstumstheorie zeigt sich in allen Zusammenhängen mit Entwicklungen des Klimas, aber auch der gerechten Verteilung von Ressourcen als gescheitert. Es wird mittlerweile sogar in der Öffentlichkeit eine Debatte über

Alternativen zum Ideal des Wachstums geführt. Begriffe wie „Degrowth" oder „Postwachstumsgesellschaft" stehen exemplarisch dafür – stets die Zielsetzung im Blick, dass eine Sozial-Ökologische Transformation nötig ist, um adäquat auf die heutigen Herausforderungen des Klimawandels und der sozialen Ungerechtigkeit zu reagieren. Dabei steht Postwachstum nicht nur als Antwort auf die ökologischen Grenzen des Planeten, sondern auch dafür, die Schere zwischen Arm und Reich (denn Reich profitiert anteilig viel stärker vom Wachstum) nicht weiter auseinanderklaffen zu lassen.

Der Grundgedanke einer Postwachstumsgesellschaft verändert die Perspektiven. Nehmen wir beispielsweise unsere staatlichen Rentenstrukturen und Gesundheitssysteme: Sie sind nach wie vor auf die Prämisse des Wachstums aufgebaut – und damit mittelfristig automatisch zum Scheitern verurteilt. Ähnlich wie das Eis unserer Polkappen schmelzen die Finanzpolster der Gesundheits- und Altersversorgung, wenn sie nicht stetig gefüttert werden. Doch ohne Wachstum keine Mittel, der Kollaps ist eine Frage der Zeit. Das Problem: Eine Lösung ist nicht in Sicht. Wir können derzeit offenbar nur Wachstum. Auch das ist eine Folge des Anthropozäns.

Überträgt man diesen Perspektivwechsel auf die aktuelle Vision der globalen Bildung, ergibt sich ein ähnliches Bild. Unser Bildungsideal greift nicht in ausreichendem Maße die Notwendigkeiten auf, die sich durch die geänderten Lebenswelten ergeben. Während in den vergangenen drei Jahrhunderten die Maxime des Wachstums als zielführend angesehen wurde, muss sich dieses Ideal nun von quantitativem Wachstum hin zu qualitativem Wachstum und idealerweise Schrumpfung entwickeln. Schrumpfung? Das klingt nach kleiner werden, unbedeutender sein, weniger Luxus und schönes Leben. Ist das wirklich nötig?

Allerdings! Doch entscheidend ist das „Wie?" – und genau das können wir durch ein neues Bildungsideal nachhaltig gestalten, indem wir neue Werte definieren und Visionen entwickeln, die uns am Ende glücklich machen.

Keine Frage: Die Eingriffe des Menschen in die natürlichen Ökosysteme zwingt ihn vor dem Hintergrund der Entwicklungen im Anthropozän nun dazu, auch die wichtigste aller Visionen neu zu strukturieren: unser Bildungsideal. Denn wenn wir unsere Bildungsvision nicht neu denken, dann wird es der Weltgemeinschaft nicht gelingen, die Lebensgrundlagen zu erhalten. Dazu brauchen wir Zeit (die wir streng genommen nicht mehr haben), um die Katastrophe der Klimakrise abzuwenden. Diese Zeit müssen wir uns jetzt nehmen, um klare Vorgaben durch einen gesellschaftlichen Grundkonsens aufzustellen und eine klare Vision für die Bildung im Anthropozän zu entwickeln.

TEILEN STATT TRENNEN

Eigentlich ist es doch gar nicht schwer: Unsere globale Vernetzung hat uns spätestens seit der Zeit der Kolonialisierung verdeutlicht, dass unsere Welt vielschichtig und divers ist. Andere Länder, andere Sitten, das ist Konsens. Hätten wir also von unseren Vorfahren im Kontakt mit anderen Kulturen mehr Weitblick erwarten müssen? Irgendetwas ist hier schiefgelaufen, eindeutig.

Denn die europäischen Kolonialherren waren für die Gebräuche, Kulturen und Historien der Kolonien blind. Am Beispiel Afrika, wo fast alle Europäer irgendwann „ihre" Kolonie besaßen, wird das Dilemma besonders deutlich: Die europäischen Besetzer hielten Afrikaner für Barbaren. Für Wilde, die stehengeblieben waren im Naturzustand der Menschheit. Das zeigte sich auch bei der Verteilung der Kolonien. Rücksichtslos und ohne Blick auf geographische und stämmische Besonderheiten wurden Grenzen zwischen den europäischen Kolonien auf dem afrikanischen Kontinent gezogen. Das machte die Europäer auch blind für das, was die Afrikaner teilweise bis heute ausmacht.

In der Bantusprache der Zulu und Xhosa, Stämme im südlichen Afrika, gibt es den Begriff „Ubuntu". Dieser Begriff bedeutet so viel wie Menschlichkeit, Nächstenliebe, Gemeinsinn und Gemeinschaft –

vor allem aber das Bewusstsein, dass jedes Individuum auch Teil eines Ganzen ist. Genau deshalb gab es keine festen Grenzen zwischen den Herrschaftsreichen, Dörfern und Nachbarn. Die Treue hält man gegenüber dem Stamm und der eigenen Familie, aber nicht gegenüber einem Staat, den es in der Ubuntu-Philosophie in dieser Form überhaupt nicht gibt. Dafür stehen die eigene Persönlichkeit und die Gemeinschaft mit der dazugehörenden Natur in einem harmonischen Verhältnis.

Während also in unserer westlichen Sicht auf die Welt das Privateigentum vorherrscht, ist in vielen afrikanischen Ländern das sogenannte Gemeineigentum in der Philosophie fest verankert. Was man besaß, wurde geteilt.

Das Gemeineigentum trägt in Afrika in weiten Teilen noch bis heute. Daraus resultieren in vielen zwischenmenschlichen Begegnungen Konflikte zwischen Europäern und Afrikanern. Doch nicht nur Konflikte, sondern auch Chancen entstehen in diesem Verständnis von Gemeinsinn, Natur und der eigenen Rolle.

Das Fallbeispiel der Nachhaltigkeit zeigt, dass ein globaler Schutz von natürlichen Ressourcen nur dann funktionieren kann, wenn global und gemeinschaftlich vorgegangen wird. Reduziert Deutschland den Ausstoß von CO_2 scheinbar durch die Auslagerung von emissionsintensiver Produktion nach Polen, dann ist niemandem geholfen, denn die Natur macht nicht Halt an Ländergrenzen. Erst die tatsächliche Reduktion durch veränderte Produktionsprozesse kann unsere Welt nachhaltig schützen. Ähnliches gilt für den Umgang mit Elektroschrott, der auf Halden in Nigeria landet, oder für Sondermüll, der irgendwo in Asien verbrannt wird. Die Liste ließe sich unendlich fortführen. Was aber bedeutet das für unseren Umgang mit dem vermeintlichen Entwicklungskontinent Afrika?

Wir können viel für unser Bildungsideal von der Gemeinsinnphilosophie der Afrikanerinnen lernen – vorausgesetzt, ein Austausch findet auf Augenhöhe statt. Denn Kollaboration und Gemeinsinn müssen zwangsläufig zu zentralen Bildungselementen im

Anthropozän werden, wenn wir überleben wollen. Dieses Lernen triggert auch das Bewusstsein des Global Citizenship, also dem vom Dalai-Lama geforderten Verständnis, dass wir uns alle die gleiche Erde teilen. Der Global Citizen steht für die Weltbürgerin, die ihre globale Verantwortung für die Weltgemeinschaft wahrnimmt. Für Unternehmen kann das bedeuten, Teil der Lösung für die drängendsten Probleme in allen Ländern ihrer wirtschaftlichen Aktivitäten, auch in den Erzeugerländern, zu werden.

WETTBEWERB UND GEMEINSINN – ZWEI STARKE GEGENPOLE

Die europäische Kleinstaaterei des späten Mittelalters hat schon damals zu zahlreichen Konflikten und kriegerischen Auseinandersetzungen geführt, deren Folgen teilweise heute noch nachwirken. Denn die permanente Bedrohung durch den vermeintlichen Wettbewerber von nebenan sorgte zwangsläufig dafür, dass Herrscher ihr Territorium vergrößern wollten – auf Dauer eine unlösbare Wettbewerbssituation. Denn es konnte einfach nicht jeder gleichermaßen Zugang zu Häfen, Rohstoffen, Flüssen, fruchtbaren Zonen, strukturstarken Regionen oder aufstrebenden Städten haben. Eine Tatsache, die bis heute unverändert gilt und noch im 21. Jahrhundert entsprechendes Konfliktpotenzial birgt.

In präkolonialen Afrika lebten die Menschen – wie auf vielen anderen Kontinenten der Erde auch – sehr lange Zeit von dem, was die Natur ihnen gab. Sie lebten in kleinen Gemeinschaften, deren Zweck vor allen Dingen das Miteinander und nicht das Gegeneinander war. Dies kann man auch in vielen lateinamerikanischen und asiatischen Staaten beobachten, die kollektivistisch[14] ticken. Es scheint also die westliche Lehre und Bildung zu sein, die der Entwicklung von Global Citizens im Wege stehen könnte. Ein typisches Beispiel ist auch hier England – ist doch die angelsächsische Gesellschaft geprägt von Wettbewerben im Sport und in der Wissenschaft. Der Wettbewerb steht aber der Lehre des Gemeinsinns konträr gegenüber und muss auf globaler Ebene besser austariert werden.

Würden wir in der Definition des Bildungsideals nur den angelsächsischen wettbewerblichen Perspektiven folgen, ginge uns die globale Perspektive und die Fähigkeit, bei wichtigen Dingen an einem Strang zu ziehen, verloren. Daher ist die globale Bildung von besonderer Bedeutung, um die klassischen wettbewerblichen Umfelder teilweise durch gemeinsinnorientierte Gedanken und Handlungsfelder zu ersetzen. Denn Wettbewerb steht der Ausbildung von Gemeinsinnorientierung konträr gegenüber. Doch ohne Gemeinsinn wird sich das Anthropozän schnell selbst zerstören, was die bereits genannten Beispiele globaler Ursachen und Folgen anschaulich verdeutlichen. Gemeinsinn muss demnach in einem nachhaltigen Bildungsideal verankert sein. Der „fortschrittliche" Westen kann hier viel aus der Denkschule der Hochanden und dem Afrika südlich der Sahara lernen, wo Gemeinschaft und Ubuntu eine wichtige Rolle spielen.

INTERKULTURELLE AUSWIRKUNGEN

Das Anthropozän entwickelt nicht nur Auswirkungen mit Bezug zum Klima und zur Natur. Auch das Verhältnis der Völker untereinander verändert sich stark durch den exponentiellen Einfluss des Menschen auf den Planeten. Die Globalisierung ist eine dieser Veränderungen. Durch den technologischen Fortschritt und damit einhergehend die reduzierten Transportkosten ist es den Menschen gelungen, ein weltweites Transport- und Mobilitätssystem aufzubauen. Nahezu alle Teile der Erde sind miteinander verbunden. Nur wenige isolierte Völker und Stämme sind auf der Erde noch von der Außenwelt abgeschottet. Die meisten der etwa 100 isolierten Gruppen leben im Amazonasgebiet zwischen Peru und Brasilien. Für alle anderen hat sich das Miteinander und auch das Gegeneinander stark verändert. Moderne Telekommunikationsmittel machen eine fast lückenlose Kommunikation zu sehr geringen Kosten über alle Teile der Erde hinweg möglich. Gleichzeitig ist auch die Verfügbarkeit von Wissen durch frei zugängliche Enzyklopädien und Suchmaschinen mit der

Anbindung an das Internet möglich. Der Zugang zum Internet ist somit einer der entscheidenden Faktoren, um eine unlimitierte Wissensbildung zu ermöglichen. Ob ein Kochrezept oder eine Anleitung zum Immobilienkauf – nahezu alles ist heute kostenfrei im Internet verfügbar.

Die globale zwischenmenschliche Vernetzung funktioniert über Social-Media-Kanäle wie Facebook, WhatsApp, Instagram oder Snapchat. Dadurch nähern sich viele Wünsche der Menschen – getriggert durch Werbung – einander stärker an. Bedürfnisse sind plötzlich überall ähnlich; bestimmte Musikrichtungen, Smartphones, Sneaker oder Autos prägen Gesellschaftsschichten in ganz unterschiedlichen Kontinenten. Während vor wenigen hundert Jahren der sichtbare Horizont noch auf die nähere Umgebung und die Darstellung in Büchern beschränkt war, ist heute jeder Ort auf der Welt auf Google Maps als Satellitenaufnahme darstellbar. Dadurch ist das Internet mit allen Homepages und Suchmaschinen zu einer globalen Wissensquelle geworden, die lokalen, geschweige denn analogen, weit überlegen ist. Die einzigen beiden Bedingungen, um Zugang zu dieser Wissensquelle zu erlangen, sind ein *Endgerät* und ein *Internetzugang*.

Durch diese starke Vernetzung von Wissen, Wünschen und Kulturen erhält die menschliche Einflussnahme auf die Welt eine neue Geschwindigkeit. Konsum und Außendarstellung sind nun in Echtzeit möglich. Auch durch das Internet haben Unternehmen ihr weltweites Vertriebsnetz für Produkte ausbauen können. Aber nicht nur durch die digitale, sondern auch durch die analoge Vernetzung haben sich zahlreiche Interaktionspunkte zwischen den unterschiedlichen Kulturen herausgebildet. War es vor wenigen Jahrzehnten noch die Ausnahme, einen Auslandsaufenthalt während der Ausbildung zu machen, haben heute Erasmus und Co. dazu geführt, dass ein Auslandsaufenthalt eher zur Regel und en-vogue geworden ist. Mit Hilfe des Erasmus-Programmes fördert die Europäische Union zum Beispiel universitäre Auslandsaufenthalte von Studierenden.

Diese globale Vernetzung hat inzwischen auch zu einer Zunahme von Migrationsbewegungen geführt. Wissenschaftler sprechen sogar von einer zweiten großen Völkerwanderung – so, wie sie im frühen Mittelalter stattgefunden und unsere kulturellen Eckpfeiler gesetzt hat. Etwa 3,25 Prozent der Weltbevölkerung haben einen Migrationshintergrund. Dazu kommen noch einmal knapp 70 Millionen Geflüchtete[15] weltweit. Aus diesen Wanderungsbewegungen resultieren weitere interkulturelle Herausforderungen, wie zum Beispiel die Integration.

WANDERUNGSBEWEGUNGEN FÜHREN ZU VERMISCHUNG

Immer schon hat es menschliche Wanderungsbewegungen auf der Erde gegeben. Die ersten Homo sapiens waren noch Nomaden, die den Bewegungen der Tiere und der Natur gefolgt sind. Wurde es kälter, zogen sie mit den Herden in die wärmeren Gegenden. Als der Mensch sesshaft wurde, hat sich die Dynamik der Migration verändert. Viele Menschen bleiben bis heute über ihre ganze Lebenszeit hinweg in ihrer Heimat. Doch durch die globalen Veränderungen wie Reisefreiheiten, Armut, Verfolgung und Religionskonflikte wird ausgerechnet das fortschrittliche 21. Jahrhundert wieder zum Zeitalter der Migration. Dabei finden drei zentrale Wanderungsbewegungen statt: die Land-Stadt-Migration mit der Urbanisierung als Folge, die Migration zwischen vergleichbaren Entwicklungs- und Industrieländern und die Entwicklungs-Industrie-Land-Migration. Alle drei Migrationsbewegungen haben unterschiedliche Motivlagen. Ihnen gemein ist jedoch sehr häufig, dass sie als Folge von externen Umständen entstehen und eine vermeintlich bessere Lebensgrundlage an einem anderen Ort erwarten. Denn keiner verlässt gerne seine Heimat.

Die Urbanisierung ist der erste zu beobachtenden Effekt. Sie hat bereits im Mittelalter durch die Organisation von Handwerkern und Zünften begonnen. Große Märkte und die in der Regel zentralistische Verwaltung von Ländern und Regionen führte früh dazu, dass

Menschen ihr Heil in der Stadt suchten. Die erste große weltweite Welle kam mit der Industrialisierung im 18. und 19. Jahrhundert – und findet im 21. Jahrhundert ihren vorläufigen Höhepunkt. So lebten noch im Jahr 1800 in Europa etwa 90 Prozent der Menschen auf dem Land und nur zehn Prozent in den Städten.[16] Die meisten von ihnen waren dabei Selbstversorger und unabhängig von Märkten oder wachstumsorientierten Produktionszyklen. Mit dem Beginn der Urbanisierung rückten die soziale Frage und der Pauperismus schnell in den Fokus – führten doch Landflucht und einige Jahrhunderte später die Fabrikarbeiterschaft die Menschen in eine Abhängigkeit und finanzielle Not.

Im Jahr 2008 wohnten bereits erstmals mehr Menschen weltweit in Städten als auf dem Land. Seit 2011 verharrt die Urbanisierungsrate in Deutschland bei ca. 77 Prozent[17], in Europa bei knapp über 75 Prozent[18]. Drei Jahre später hat in Deutschland ein gegenläufiger Trend begonnen, da Familien immer häufiger die Großstädte aufgrund der exponentiell gestiegenen Preise verlassen und ins Umland ziehen. Während sich diese Entwicklung der De-Urbanisierung in den am stärksten urbanisierten Ländern der Welt beschleunigen wird, verstetigt sich international die Entwicklung der Urbanisierung. Der Bevölkerungsfonds der Vereinten Nationen erwartet, dass im Jahr 2030 etwa 5,2 Mrd. Menschen in Städten leben werden[19]. Dabei zeigt sich diese Entwicklung am stärksten in Afrika und Asien.

Die Migration zwischen ähnlichen Wirtschaftsökosystemen und vergleichbaren Entwicklungsstufen der Volkswirtschaften ist der zweite Effekt, der sich in der Migration in Zukunft verstärken wird. Die intraafrikanische, intraasiatische, intraeuropäische und intraamerikanische Migration führt zu Durchmischungen von Kulturen und Ethnien.

Die stärkste Veränderung werden wir in der Migration von ärmeren in reichere Länder und von unsicheren Ländern in sichere Länder sehen. Nicht nur die Flüchtlingskrise von 2015, sondern auch die anhaltende wirtschaftsbedingte Migration über das Mittelmeer und die Balkanroute stehen in Europa für diese Form der Migration. Während einige nationale Regierungen, wie die des ehemaligen amerikanischen Präsidenten Donald Trumps, durch Abschottungspolitik diese Form der Migration verhindern wollen, versuchen die europäischen Staaten, eher an den Fluchtursachen anzusetzen.

Flüchtlingsströme sind also als Folgen von Ursachen zu verstehen, die nicht nur politischer, wirtschaftlicher oder religiöser Natur sein können, sondern auch durch Umweltzerstörung oder Klimawandel ausgelöst werden. Banalerweise spielt dabei auch die globale Vernetzung und die globale Informationsverfügbarkeit zu sehr geringen Grenzkosten eine Rolle. Denn viele Geflüchtete entwickeln – zum Beispiel durch die positive Darstellung in den sozialen Medien – eine Sehnsucht. Das Auswärtige Amt reagiert darauf und finanziert seit Ende 2015 die #rumoursaboutgermany-Kampagne, die Information über die Risiken und Gefahren der Flucht nach Europa, das realistische Leben in Deutschland und die Bleibeperspektiven in Afghanistan über klassische und soziale Medien verbreitet. Laut Auswärtigem Amt geht es dabei nicht um Abschreckung, sondern um Aufklärung.[20]

DAS INDIVIDUUM ALS GAME CHANGER

Die letzte der drei zentralen Migrations-Wirkrichtungen des Anthropozäns bezieht sich auch auf das Individuum. Durch die ständige Erreichbarkeit und den möglichen Austausch mit Menschen überall auf der Welt verändert sich die Perspektive auf uns selbst. Die Rolle des Einzelnen in dieser globalisierten und komplizierten Welt hat sich stark verändert. Wir sollten uns bewusster über unsere eigene Rolle und die Auswirkungen unserer Handlungen auf andere werden. Damit zusammen hängt das Prinzip der Selbstwirksamkeit, also das Verständnis, dass jeder Einzelne von uns etwas bewegen und erreichen kann.

Das gelingt uns heute noch nicht in ausreichendem Maße. Die globalisierten Wertschöpfungsketten führen jedoch dazu, dass bei jedem Fertigungsprozess eine Vielzahl an Akteuren in der Liefer- und Transportkette beteiligt sind. Gleichzeitig ist die Rolle der Einzelnen so deutlich unklarer geworden. Wir leben inzwischen nicht nur in einer Kultur, sondern in mehreren Kulturen und an unterschiedlichen Orten zur gleichen Zeit. Wir stehen ständig im Austausch mit Menschen an anderen Orten und befassen uns mit deren Herausforderungen. Dadurch ist eine Fokussierung auf den Moment sehr viel schwieriger geworden – und führt viele Menschen in Sinnkrisen und Depressionen. Auch die „Instagrammisierung", die überwiegend die positiven Seiten und glücklichen Momente der Account-Inhaberinnen zeigt, trägt dazu bei.

Es ist ganz offensichtlich: Die globale Vernetzung und die Einflussnahme des Menschen auf den Planeten prägen auch den Einzelnen. Das Anthropozän hat zu veränderten Gewohnheiten und Verhaltensweisen geführt, die häufig auch negative psychische Auswirkungen haben. Darunter leidet wiederum die Selbstwirksamkeit – denn kaum etwas ist frustrierender, als das Bewusstsein, nur einer unter Milliarden von Menschen zu sein. Vielleicht hilft es, sich klarzumachen, dass jene Menschen, die große Veränderungen und Transformationen in Schwung gebracht haben, immer davon ausgegangen sind, selbst einen Unterschied machen zu können. Wir brauchen mehr Persönlichkeiten mit diesem Bewusstsein.

Ein Beispiel verdeutlicht diesen Bedarf: Der Anteil der verkauften Sport Utility Vehicle (SUV) an der Menge aller verkauften Neuwagen hat sich weltweit von 17 Prozent im Jahr 2010 auf mindestens 39 Prozent im Jahr 2018 erhöht, Tendenz steigend.[21] Dass Nachhaltigkeit noch kein Kaufargument geworden ist, liegt bei diesen Zahlen auf der Hand. Stattdessen werden die größten Spritschleudern mit den stärksten Motoren am besten verkauft. Das zwingt die Automobilbranche bisher nur auf dem Papier zu einem radikalen Umdenken. Bewegung ist erst durch die Ambitionen von Tesla in der Elektrisierung der Automobilflotten und durch den chinesischen Produzenten BYD entstanden. Dabei gelingt vor allem Tesla, die Autos der Zukunft völlig neu zu denken: Während die deutschen Ingenieure immer noch stolz auf ihre Hardware sind, hat Tesla seit geraumer Zeit begonnen, Automobile von der Software ausgehend zu konstruieren. Der Newcomer macht sich so schneller als alle anderen bereit für autonom fahrenden Fahrzeuge.

Ähnlich wie Teslas Macher Elon Musk ein klares Ziel von batteriebetriebenen, autonom fahrenden Autos vor Augen hat, brauchen auch wir Menschen ein klares Bild als Ziel, das die Veränderungen der Zukunft mitberücksichtigt. Dazu müssen uns endlich unserer eigenen Rolle bewusst werden.

Denn unsere vermeintlich noch so kleinen und unbedeutenden Handlungen nehmen großen Einfluss auf die Zukunft. Unsere Zukunft ist menschengemacht. Es ist also naheliegend, alle Kompetenzen zu bündeln und Wissen, Fertigkeiten, weiche Faktoren und die eigene Einstellung respektive Haltung zu entwickeln und sinnvoll zu nutzen. Dass dies funktionieren kann, zeigen erste Veränderungen wie das Interesse an einem nachhaltigen Lebensstil oder vegetarischer bzw. veganer Lebensweise. Die Haltung einzelner Gruppen zu ihrer (Um-)Welt verändert sich immerhin. Doch wir sind erst am Anfang.

GESUCHT: EIN BILDUNGSIDEAL MIT ANTWORTEN FÜR DAS ANTHROPOZÄN

Über den Perspektivwechsel als sinnvolles Mittel, um die eigene Haltung zu überprüfen, haben wir bereits gesprochen. Als Teil eines großen Ganzen ist der Mensch im Anthropozän immerhin so gut vernetzt, dass ihm das auch gelingen kann, wenn er nur will. Besonders interessant wird dies in Bezug auf unser herrschendes Bildungssystem. Denn so gesehen sollten wir uns beide Perspektiven ansehen: die positiven Effekte durch die Bildung des Einzelnen auf die Gesamtgesellschaft – und die negativen Effekte für den Einzelnen und die Gesellschaft. Dabei ist es entscheidend, dass alle externen Effekte internalisiert werden. Internalisierung bedeutet vereinfacht gesagt den Einbezug von Folgekosten, auch jener, die häufig unsichtbar sind. Das Verursacherprinzip spielt dabei eine besondere Rolle. Wenn beispielsweise ein Hund auf die Straße macht, jemand hineintritt und anschließend seine Schuhe für zehn Euro reinigen lassen muss, dann bedeuten diese zehn Euro Kosten, die nach dem Verursacherprinzip dem Halter des Hundes zugeschrieben werden müssen. Die häufigsten Beispiele kommen aus der Nachhaltigkeitswissenschaft, in der Wissenschaftler darauf hinweisen, dass das Klima und die Natur nicht als frei zugängliches Gemeingut betrachtet werden sollten, sondern mit einem Preisschild versehen werden müssen.

Das Verursacherprinzip lässt sich in der „großen" Wirtschaft sehr gut anhand von energieproduzierenden oder rohstoffausbeutenden Unternehmen zeigen. Wenn also beispielsweise RWE im rheinischen Revier die Braunkohle fördert, dann sind auch die Folgekosten RWE zuzurechnen. Strenggenommen müsste RWE also für sämtliche Re-Naturierungsmaßnahmen, Umweltschäden und Beeinträchtigungen der Bewohner in der Region zahlen. Dass dies häufig nicht der Fall ist, zeigt der verheerende Chemieunfall im indischen Bhopal: Hier traten in der Anlage des amerikanischen Konzerns Union Carbide am 3. Dezember 1984 Gase aus, die in der Folge mindestens 8.000 Beschäftigte töteten und bei über 150.000 Menschen langfristige Schäden verursachten. Der Betreiber Union Carbide wälzte die Verantwortung ab – und die indische Regierung zahlt bis heute für die Folgen der Schäden an Menschen und Umwelt.

Auch durch die Art der praktizierten Bildung werden externe Effekte verursacht. Ist es die Maxime eines Bildungsideals, dass das Recht der Gemeinschaft (Kollektivismus) vor dem Recht des Einzelnen (Individualismus) steht, sind jeweils andere Handlungen optimal. In einem kollektivistischen Land wie China ist ein Projekt wie der Drei-Schluchten-Staudamm möglich. Der Stausee, der durch die im Jahr 2012 fertiggestellte Staumauer entstand, ist 663 Kilometer lang und zog die Umsiedlung von über zwei Millionen Chinesen nach sich. Ganz anders ist die Situation in einem individualistisch geprägten

Land wie Deutschland. Hier war eine Grundeigentümergemeinschaft mit 63 Mitgliedern nicht bereit, ihre Grundstücke für die Olympischen Spiele 2018 in Garmisch-Partenkirchen zur Verfügung zu stellen. Somit konnten über 80 Millionen Deutsche keine Winterolympiade im eigenen Land feiern.

Da das Bildungsideal sehr eng mit dem wirtschaftlichen, politischen und sozialen System verwoben ist, hat die Art, Bildung zu denken, auch langfristige Auswirkungen auf Entscheidungen, wie an den beiden Beispielen abzulesen ist.

Vereinfacht gesagt bedeutet die Internalisierung der externen Effekte im Bereich der Bildung also: Wir sollten uns darüber im Klaren sein, dass die Themen, Schwerpunkte und Kompetenzen, die wir unseren Kindern heute beibringen, eine Auswirkung auf die Gestaltung der morgigen Gesellschaft haben werden. Oder verschärft formuliert: Das, was unsere Kinder in der Bildung erfahren, determiniert unsere Gesellschaft von morgen. Möglicherweise ist es das, was Hannah Arendt meinte, als sie Eichmann als „unfähig zu denken" beschrieb. Denn das damalige Bildungsideal war stärker auf Gehorsam und Disziplin ausgerichtet, als auf die Fähigkeit selbstständig und frei zu denken und damit die Strukturen zu hinterfragen.

Wenn also falsche Ziele der Bildung eine Ursache für eine der größten Verbrechen der modernen Menschheit bedeuteten, müssen wir dann nicht viel mehr Wert darauflegen, dass sich das Bildungsideal humanistischer, also die Würde jedes Menschen achtend, gestaltet?

Bildung hat aber auch indirekte externe Effekte. In unserem heutigen Ideal ist ein „höher, schneller, weiter" fest verankert. Das Streben der Menschen nach individuellem Wachstum und einer Zunahme von Wissen und Einkommen hat sich nie verlangsamt, sondern immer weiter beschleunigt. Eine der Folgen ist die Zunahme von psychischen Krankheiten. Immerhin ist innerhalb der Gesellschaft die Akzeptanz für eine psychische Erkrankung größer geworden. Andererseits hat sich durch unseren Lebenswandel auch die Quantität von psychischen Erkrankungen zwischen 1997 und 2019 verdreifacht[22]. Wenn also der Lebenswandel eine Folge von unseren erlernten Kompetenzen ist, dann hat das Bildungsideal einen direkten Einfluss auf den Lebenswandel. Und wenn die durch den Lebenswandel verursachten Kosten von psychologischen Behandlungen für die Gemeinschaft ansteigen, dann ist das Bildungsideal dafür indirekt ursächlich. Wir sollten schnell reagieren, wenn wir nicht wollen, dass diese Zahl weiter ansteigt. Doch wo ist der Hebel?

Eigentlich ist es ganz einfach: Indem wir im Bildungshorizont fest verankern, dass Menschen für die eigene psychische Gesundheit sensibilisiert werden. Kompetenzen in Bereichen wie Achtsamkeit, Yoga und Meditation können hier helfen, um die negativen Effekte zu reduzieren.

Wenn wir also überlegen, welche Kompetenzen in ein sinnvolles und nachhaltiges Bildungsideal gehören, sollten wir immer auch die externen Effekte in die Betrachtung einbeziehen und internalisieren. Ziehen wir das konsequent durch, werden möglicherweise Kompetenzen, die auf den ersten Blick positive Effekte haben, ins Negative abrutschen. Das gehört dazu und trägt zur Abwägung bei. Denn erst dann können wir den Nutzen von einzelnen Kompetenzen für das Individuum, die Natur und die Gesellschaft richtig beurteilen und entscheiden, was uns weiterbringt und was nicht.

Wir sollten es uns dabei immer wieder vor Augen halten: Unser Bildungsideal determiniert maßgeblich unsere morgige Gesellschaft und damit die Zukunft der Menschheit. Das kann viel Glück oder einen Untergang mit Pauken und Trompeten bedeuten – Anthropozän hin oder her.

Kapitel 3

DIE ÖKONOMIE –
NOCH DER WICHTIGSTE FAKTOR?

Welche Rolle spielt Geld für Sie? Und welche Rolle spielt Geld in unserer Gesellschaft? Ursprünglich als leichtes Substitut für wertvolle Gegenstände und später Gold geplant, ist Geld im Wesentlichen ein Tauschmittel. Der Wert selbst ist dabei spätestens seit Einführung von Wechseln und Papiergeld irrelevant. Entscheidend ist der hinterlegte Wert. Glauben die Menschen nicht an den zukünftigen Wert des Geldes, dann werden sie heute für ein Gut oder eine Dienstleistung Geld nicht als Tauschmittel akzeptieren. Das erleben wir immer wieder in Krisen oder Inflationssituationen. Dennoch hat Geld eine nahezu allmächtige Rolle in unserer Gesellschaft eingenommen.

Der Erfolg einer Investition, einer Volkswirtschaft und einer menschlichen Arbeitskraft wird in Geld gemessen. Dadurch sind nahezu alle gesellschaftlichen Steuerungsgrößen auf monetären Werten basierend. Auch die Budgetierung von Unternehmen und des Staates wird in Geldwerten dargestellt, dadurch resultieren auch Verhältnismäßigkeiten. 2017 wurden für Bildung, Forschung und Wissenschaft in der Bundesrepublik 298,9 Milliarden Euro ausgegeben, das sind ungefähr 9,2 Prozent des Bruttoinlandsproduktes.[23]

Auch für das Individuum hat Geld eine herausragende Bedeutung. Haben Sie sich schon einmal bei dem Gedanken ertappt, dass sie sich nach einem anstrengenden Tag durch den Kauf von Kleidung belohnen wollen? Vielleicht haben Sie auch mit dem Gedanken gespielt, wie es wohl wäre, nicht mehr arbeiten zu müssen? Viele Menschen suchen sich ihre Jobs vor allem nach den Verdienstmöglichkeiten aus, statt nach dem höchsten Nutzen und Glück. Weil sie glauben, dass mehr Geld für Wohlstand sorgt und sie am Ende glücklicher macht. Doch ist das wirklich so? Wir sollten skeptisch sein und das BIP als Steuerungselement gründlich hinterfragen. Und uns bewusst werden, welche Herausforderungen das Einkommen als Maximierungsgröße für den Menschen mit sich bringt. Es geht um die Kernfrage, was für uns besser ist: Geld oder Wohlbefinden?

Doch bis dahin ist es ein langer Weg durch unseren Bildungskanon. Während unserer Grundschulzeit bereiten wir uns auf das Gymnasium vor, während des Gymnasiums auf die Universität und während der Universität auf den späteren Job. Und dann? Es geht gerade so weiter – schließlich geht es immer um die nächste Beförderung. Und warum das alles? Um ein möglichst hohes Einkommen zu erzielen?

Geld macht uns aber nicht glücklicher, zumindest nicht absolut gesehen. Ein Team um den Psychologen Andrew T. Jebb von der Purdue University hat Daten des Gallup Marktforschungsinstitutes analysiert, das über 1,7 Millionen Menschen in über 164 Ländern in der „Gallup World Poll" zum Thema Einkommen und Zufriedenheit befragt hat. Die Forscher fanden heraus, dass Menschen ein Einkommen von 95.000 Dollar als ideal für die Lebenszufriedenheit und bereits 60.000 bis 75.000 Dollar als ideal für das emotionale Wohlbefinden ansehen. „Es ist vermutlich nicht das höhere Einkommen selbst, das den Rückgang der Zufriedenheit verursacht, sondern die Kosten, die damit einhergehen", so Jebb.[24]

Die Zahlen variieren je nach Land. In Industrieländern sind sie etwas höher, während sie in Staaten südlich der Sahara tendenziell etwas niedriger sind. Bis zu einem gewissen Einkommen ist Geld also sehr wohl wichtig, um zufrieden und glücklich zu machen, darüber hinaus nimmt der Nutzen stark ab.

Um dieses Phänomen besser verstehen zu können, eignet sich die Bedürfnispyramide von Maslow[25]. Die erstmals 1943 veröffentlichte Grafik beschreibt die menschlichen Bedürfnisse und Motivationen und erklärt diese. Inzwischen wurde die Pyramide auch vom Erfinder selbst weiterentwickelt, mit Zwischenebenen und auf acht Stufen der menschlichen Zufriedenheit und Motivation erweitert. Uns interessiert hier jedoch die erste Version, an deren Spitze die Selbstverwirklichung steht[26]:

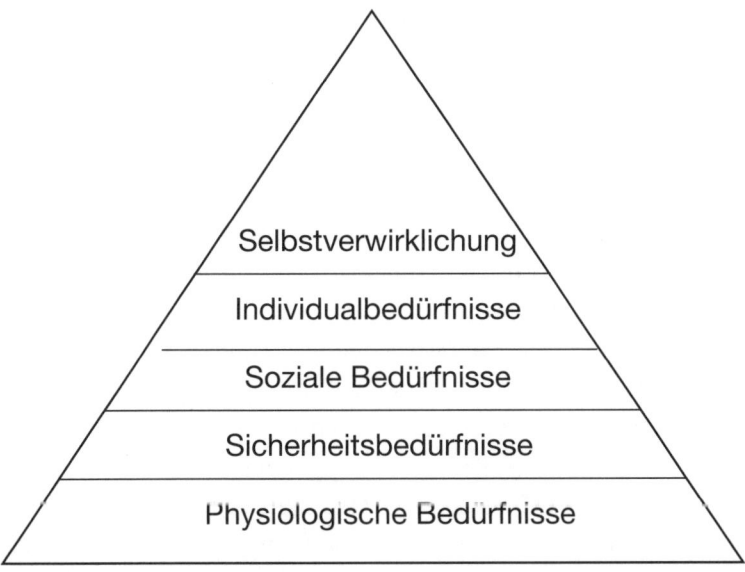

Die physiologischen Bedürfnisse sind die existenziellen Dinge wie Essen, Schlaf oder Fortpflanzung. Sind die physiologischen Bedürfnisse befriedigt, dann entstehen neue Bedürfnisse, wie die der Sicherheit. Dazu zählen körperliche, seelische und materielle Sicherheiten, beispielsweise Arbeit, Wohnen und Gesundheit. Nachdem diese beiden Bedürfnisse weitestgehend befriedigt sind, entsteht das neue

Bedürfnis nach sozialen Beziehungen wie Familie, Freundschaft und Gruppenzugehörigkeit. Die nächste Ebene an Bedürfnissen bezeichnete Maslow als individuelle Bedürfnisse. Damit meinte er Erfahrungen wie Vertrauen, Wertschätzung, Erfolg und Selbstständigkeit.

Die höchste Ebene ist die der Selbstverwirklichung, die erst dann wichtig wird, wenn alle anderen Bedürfnisse größtenteils erfüllt sind. Menschen werden irgendwann unruhig und wollen ihre eigene Kreativität, ihre Talente und Potenziale entfalten. Dazu zählt auch die Entwicklung der Persönlichkeit und des Lebenssinns. Maslow selbst schreibt den Begriff der Selbstverwirklichung dem US-amerikanischen Pionier der Neuropsychologie, Kurt Goldstein, zu. Er gilt als einer der Begründer des Konzeptes der Selbstverwirklichung und forschte Zeit seines Lebens an den interdependenten Vorgängen im Gehirn.

Maslow sieht die Selbstverwirklichung auf der höchsten Ebene seiner Pyramide. Dabei ist die Selbstverwirklichung individuell und abhängig von den eigenen Wünschen. Sie kann sich ausdrücken als gute Bürgerin, gute Mutter oder erfolgreiche Sportlerin.

In saturierten Gesellschaften wie den westlichen sind die unteren Ebenen der Bedürfnispyramide weitestgehend erfüllt. Die Menschen suchen hier nach Bedürfnisbefriedigung der oberen Ebenen. Interessanterweise kann Geld nur auf den unteren Ebenen zur Befriedigung der Bedürfnisse verhelfen. Auf den oberen nicht. Vielmehr sind die Bedürfnisse der oberen Ebene abhängig von Persönlichkeit, Emotionen, Fertigkeiten und der eigenen Haltung. Für das Bildungsideal ist es daher wichtig, sich den Herausforderungen der oberen Bedürfnisebenen zu stellen.

HAT GELD ALS ZIELGRÖSSE AUSGEDIENT?

Die Wissenschaft weiß längst, dass Geld uns nur bedingt glücklicher und zufriedener macht, der schnöde Mammon ist dennoch ein wichtiger Bestandteil zur Befriedigung der untersten Ebenen – und nach wie vor auch eine Form der Wertschätzung. So adaptieren viele Menschen immer noch den Grundsatz: „Wer viel verdient, ist viel wert."

Doch die Praxis zeichnet ein anderes Bild: Um Arbeitnehmerinnen lange an sich zu binden und das Glück der Einzelnen zu erhöhen, reicht ein hohes Einkommen heutzutage nicht mehr aus – vor allem, wenn die unteren Ebenen der Bedürfnispyramide bereits befriedigt sind. Denn Geld berührt weder die obersten Ebenen der Pyramide, noch fokussiert es die intrinsischen Motivationsebenen des Menschen. Arbeitgeberinnen tun also gut daran, in solchen Fällen auch die sozialen Bedürfnisse, Individualbedürfnisse und die Selbstverwirklichung zu triggern.

Es sieht also tatsächlich so aus, dass die übermächtige Rolle des Geldes zurückgedrängt wird, um das individuelle und kollektive Glück zu erhöhen. Doch nach welchen Zielgrößen streben wir stattdessen: Glück? Gemeinsinn? Reproduktion? Lebenssinn? Familie? Selbstverwirklichung? Selbstwirksamkeit?

Schauen wir noch einmal zurück zum Verhältnis von Mensch und Maschine: Ein substanzieller Teil der heutigen Tätigkeiten wird bis 2030 durch Maschinen durchgeführt werden können. Zahlreiche Menschen werden ihren bisherigen Job verlieren und in die Arbeitslosigkeit rutschen. Nicht nur in der industriellen Produktion, sondern auch in der Wissensarbeit. Ganze politische und wissenschaftliche Bewegungen beschäftigen sich mit der Frage, wie der Vormarsch der Maschinen aufgehalten werden kann. Wäre diese Welt wirklich so schlimm, wie man auf den ersten Blick vermutet? Wäre diese neue Gesellschaft nur von Arbeitslosigkeit und Frustration geprägt?

Im Gegenteil! Wenn wir heute die Weichen richtigstellen, dann helfen uns die Maschinen sogar dabei, unserem Leben wieder einen übergeordneten Sinn zu verleihen und unsere Beschäftigung im Sinne aller einzusetzen. Denn die entfremdeten und pervertierten Arbeitsformen – wie schon Karl Marx sie nennt[27]–, die sich im Kapitalismus ausgeprägt haben, werden dann von Maschinen ausgeführt werden können. Ein Schritt zurück also, der in Wirklichkeit einer nach vorne ist.

Die Gesellschaften haben sich in den vergangenen 2000 Jahren immer weiter spezialisiert. Die europäischen Nationen waren noch im späten Mittelalter bis ins 17. und 18. Jahrhundert hinein stark durch Subsistenzwirtschaft geprägt. Kleine wirtschaftliche Einheiten wie Bauernhöfe, Klöster oder Landgüter produzierten damals alle für ihren Verbrauch benötigten Güter selbst. Sie waren dadurch vom Markt unabhängig. Allerdings hatten sich gleichzeitig bereits Eigentumsstrukturen herausgebildet, die Grundeigentum in den Händen der herrschenden Eliten versammelte. Der Großteil der Menschen lebte hingegen von Viehzucht und Ackerbau. Mit dem Manchestertum, jener politischen Strömung und Freihandelsbewegung in Großbritannien des 17. Jahrhunderts, die in der Stadt Manchester mit der Anti-Corn-Law-League ihren Ausgang nahm und für die Ausprägung einer Extremform des wirtschaftlichen Marktliberalismus steht (und der etwas später einsetzenden Industrialisierung im 19. Jahrhundert in Deutschland) begann das Zeitalter der Fabriken.

Die einzelnen Arbeitsschritte wurden soweit aufgeteilt und heruntergebrochen, dass jeder Arbeiter nur einen kleinen Teil zum fertigen Gesamtprodukt beitrug. Das Zeitalter der Massenproduktion war angebrochen. Unter Massenproduktion wird die Herstellung von gleichen oder ähnlichen Produkten in großen Mengen unter der Verwendung von austauschbaren Einzel- und Bauteilen verstanden. Zwar war die Massenproduktion auch vorher schon an Beispielen ablesbar, etwa die Erbauung der Pyramiden mit immer gleichen Steingrößen vor fast 5000 Jahren, dennoch gewann durch die Mechanisierung die Massenproduktion an Geschwindigkeit.

Bereits Adam Smith illustrierte in seinem berühmten Stecknadelbeispiel wie industrielle Fertigung in Quantität der händischen Fertigung überlegen ist. In seinem Beispiel zeigt er, dass ein ungelernter Arbeiter alleine höchstens zwanzig Nadeln an einem Tag fertigen könnte. Wenn aber die Arbeitsprozesse des Ausziehens, Begradigens, Zuschneidens, Schleifens usw. in einzelne Arbeitsschritte unterteilt und die Arbeiter auf diese spezialisiert werden, dann könnten zehn Arbeiter 48.000 Stecknadeln an einem Tage produzieren. Durch die Erfindung der elektrischen Energie und der zunehmenden Automatisierung von Fertigungsschritten im 20. und 21. Jahrhundert wurden immer mehr Arbeitskräfte durch schnellere, günstigere und genauere Maschinen ersetzt. Das 20. Jahrhundert war insbesondere in Europa das Zeitalter des Maschinen- und Anlagenbaus, schaut man sich allein die Wirtschaftskraft Süddeutschlands und Norditaliens und die dort ansässigen Unternehmen an, die in ebenjenem Sektor vorrangig aktiv sind.

Doch auch diese Ära, das Zeitalter der einfachen Maschinen, wurde mit dem Aufkommen der digitalen Technologien beendet. Letzte Ausläufer sind sicher noch erkennbar, aber die Blütezeit der Produzenten von Hardware, den Original Equipment Manufacturern (OEM's), ist in den letzten Zügen. Exemplarisch kann man hier die deutsche Automobilindustrie nennen. Zwar produzieren Daimler, BMW, AUDI und VW noch verhältnismäßig viele Autos, doch die Produktion wird stark vom chinesischen Absatzmarkt, dem größten der Welt geprägt. Interessant ist zu beobachten, wie sich neue Wettbewerber wie Byton und Tesla etabliert haben. Anders als die deutschen Automobilproduzenten sehen sich Byton und Tesla nicht als Hardware-, sondern Softwareunternehmen. Die Bedeutung, die Software im Automobil der Zukunft einnehmen wird, ist heute schon ersichtlich, ist doch das autonome Fahren der Stufe 1, assistierter Modus wie der Abstandsregeltempomat, schon realisiert – und Stufe 2, Teilautomatisierung zum Beispiel beim Einparken oder dem Spurhalten, in greifbarer Nähe.

DER ROBOTER ALS HELFER

Es ist eine unbestreitbare Tatsache: Die industrielle Produktion wird sich in den nächsten Jahrzenten erneut grundlegend verändern. Produktion wird dann auf der operativen Ebene quasi ohne menschliches Zutun erfolgen. Die Automatisierungsentwicklungen des späten 19. Jahrhunderts werden bis Mitte des 21. Jahrhunderts abgeschlossen sein und industrielle Produktion ohne Menschen wird real werden. Dazu führen insbesondere die Fortschritte in der Robotik. Daraus resultiert ein reduzierter Bedarf an Arbeitskräften, die einfache Produktionsschritte durchführen.

Doch die Robotik hat auch starke Auswirkungen auf die heutigen Niedriglohnländer – werden doch mit steigenden Löhnen alternative Technologien profitabel. Mit dem Anstieg des Ölpreises wurde beispielweise die vor allem in Nordamerika angewandte Fracking Technologie zur Förderung von nicht–konventionellem Erdgas und Erdöl-Vorräten durch hohen Wasserdruck und Tiefenbohrungen profitabel. Robotik wird sich also nicht nur kurzfristig in Hochlohnländern, sondern langfristig auch in Niedriglohnländern zur Ersetzung von humanen Arbeitskräften durch maschinelle Arbeitskräfte führen.

Zahlreiche Folgefragen hängen an der Durchsetzung der Maschinen als Arbeitskräfte: Welche Beschäftigungsalternativen bieten sich den Menschen dann? Braucht es eine Einkommenssteuer für Maschinen? Wie finanzieren wir alternativ die Sozialsysteme? Sollten wir ein *Bedingungsloses Grundeinkommen* einführen? Wie können wir den sozialen Frieden aufrechterhalten? Vor allem aber eine: Worin werden Menschen in Zukunft besser sein als Maschinen?

Viele der oben genannten Fragen hat die Gesellschaft bisher nicht in ausreichendem Maße gestellt. Aktuelle Debattenbeiträge beispielweise der SPD oder der Linkspartei versuchen immer noch, die Strukturen und Arbeitsplätze der klassischen Fabrikarbeiterinnen zu subventionieren und zu erhalten. Doch dieses krampfhafte Festklammern an vermeintlich bewährten Modellen erhöht den Zeitdruck, unter dem die Menschheit steht, um ökologisch, sozial und vor allem gemeinsam zu überleben. Viel spannender und zielführender ist es, die Aufmerksamkeit auf die Fragen zu lenken. In welchen Bereichen ist die Maschine dem Menschen denn überhaupt unterlegen?

Eine fatalistische Haltung gegenüber der Zukunft ist dabei eher hinderlich. Vielmehr geht es nun nämlich darum, voller Zukunftsmut nicht daran zu arbeiten, die Gegenwart zu bewahren, sondern die

Zukunft zu gestalten. Welche positiven Folgen kann es haben, dass uns Roboter jene Aufgaben, die repetitiven Charakter haben und ohne großen Spaß durchgeführt werden müssen, abnehmen? Das ist doch eine spannende Überlegung. Wir sollten uns also unbedingt damit auseinandersetzen, welche positiven Aufgaben die so frei von Produktionsaufgaben gewordenen Arbeitskräfte übernehmen können und wollen. Und welche Lebensressourcen Sie dafür aufbauen sollten.

Wenn wir über ein neues Bildungsideal des 21. Jahrhunderts nachdenken, sollten wir vorab auch verstehen, wie sich der Begriff der Arbeit verändern wird. Heute begreifen wir Arbeit immer im Sinne einer Erwerbsarbeit oder -tätigkeit. Wenn jetzt aber Roboter ein Großteil dieser Erwerbstätigkeit in der Massenproduktion übernehmen, wird sich für den Menschen eine neue Form der Arbeit entwickeln. Laut dem Verband der Internetwirtschaft, ECO, werden im Jahr 2035 schätzungsweise 65 Prozent der Menschen in Betätigungsfeldern arbeiten, die es so heute noch nicht gibt.[28] Vermutlich entstehen auf diesem Weg sogar Aufgaben, die nur dadurch überhaupt geleistet werden können, weil der Mensch nicht mehr eigener Erwerbstätigkeit nachgehen muss. Daher sollte menschliche Arbeit in der Zukunft gedacht eher als Beschäftigung verstanden werden, die nicht zwangsläufig einen monetären Erwerb nach sich zieht. Insbesondere dann, wenn die Lebenshaltung durch ein Grundeinkommen abgedeckt wird. Die Wandlungsfähigkeit der menschlichen Gesellschaften war immer eine Stärke, um sich auf neue Umwelt- und Fortschrittsbedingungen einzustellen.

Auf diese Wandlungsfähigkeit müssen wir auch vertrauen, wenn die Maschine den Menschen in der Produktionsarbeit ersetzt haben wird.

DIE GRENZEN DER MASCHINEN

Es geht nun darum, neue gesellschaftliche Imperative zu entwickeln. Dazu sollten wir bereits heute im Bildungsideal ansetzen und Kompetenzen fördern, die Maschinen eben *nicht* leisten können. In nach Regeln funktionierenden Tätigkeiten wird der Roboter dem Menschen immer überlegen sein. Eine Maschine wird nicht müde, langweilt sich nicht und kann so unendlich viele Durchgänge durchführen – von Verschleiß einmal abgesehen. Warum also haben wir in der Vergangenheit Roboter immer als dumme Maschinen verstanden, die lediglich Arbeitsschritte ausführen? Dabei entstehen doch gerade durch die Ergänzung der Maschine mit Software und künstlicher Intelligenz neue Fähigkeiten, die uns das Leben erleichtern. Für viele Aufgaben, die heute durch sogenannte Wissensarbeiterinnen, also häufig studierte Arbeitskräfte durchgeführt werden, wird sich schon bald ein maschinelles Substitut anbieten. Dabei handelt es sich nicht nur um Beispiele aus der Diagnostik und der Medizin, sondern auch Rechtsanwältinnen, Betriebswirtinnen oder Agrarwirtinnen werden davon profitieren, wenn sie den Vorteil erkennen. Die Maschine wird Menschen immer dann ersetzen können, wenn Menschen dazu ausgebildet wurden, regelbasierte Vorgehensmodelle anzuwenden.

Doch immer dann, wenn das Wissen dazu dient, kreativ zu werden oder empathisch zu sein, wird der Mensch seine Daseinsberechtigung erhalten können. Sorgen machen müssen wir uns also wegen der zunehmenden Automatisierung nicht – eben, weil sich neue Berufsbilder etablieren werden, die dem menschlichen Wesen sogar viel mehr entsprechen.

Genau deshalb wird ausgerechnet der marxistische Arbeitsbegriff eine Renaissance erfahren. Denn Karl Marx schildert in seinen Werken immer wieder die fundamentale Bedeutung der Arbeit für den Menschen. Wie die schöpferische Arbeit dem Wesen des Menschen entspricht und ihn zufrieden macht. Den Ideen von Marx steht die heutige industrielle Produktionsweise, die nach dem tayloristischen Prinzip der maximalen Arbeitsteilung agiert, konträr gegenüber. Nach Taylor wird die Produktivität dadurch gesteigert, dass Arbeitsprozesse in kleinste Einheiten geteilt werden, die wenig bis keine „Denkvorgänge" mehr nötig machen.

Halten wir also fest, dass die Dynamik der Automatisierung und Robotisierung in den nächsten Jahren soweit zunimmt, dass ein Großteil der industriellen Arbeitskräfte nicht weiter gebraucht wird. Anders als viele Fatalistinnen und Bewahrerinnen mit Sorgenfalten proklamieren, entstehen hier große Chancen, all jene Tätigkeiten, die der menschliche Geist nicht als sinnstiftend empfindet, durch Maschinen exekutieren zu lassen – und die freigewordene Zeit für das Individuum und die Gesellschaft sinnstiftender zu nutzen. In einer Welt, in der es an standardisierten Massenprodukten nicht mehr mangelt, gewinnen künstlerische, gestalterische und sozialere Fähigkeiten wieder an Bedeutung. Es muss also darum gehen zu akzeptieren und politisch zu fördern, dass dieser Prozess vollendet wird – und gleichzeitig das Bildungsideal so auszurichten, dass nicht Massenarbeitslosigkeit, sondern neue Massenbeschäftigung in anderen gesellschaftsrelevanten Feldern die Konsequenz ist. Dann wäre auch Karl Marx, der Kritiker des Kapitalismus, glücklich, denn die entmenschlichte Arbeit übernehmen die Maschinen und die Menschen können wieder schöpferischer und menschlicher Arbeit nachgehen.

Ein Blick in die Vergangenheit und Gegenwart, insbesondere auf die Sklaverei und die Massentierhaltung, sollte uns lehren, dabei ein Thema im Hinterkopf zu haben: Oft schon dachten wir, dass „Dinge" frei von Gefühlen wie zum Beispiel Schmerz sind. Es ist nicht auszuschließen, dass Maschinen irgendwann wie Menschen fühlen können. Für den Moment jedoch abstrahieren wir von der Diskussion über die Ethik der Maschinen, denn noch geht es um die Bildung der Menschen.

Der US-Amerikaner Frederick Winslow Taylor gilt als Begründer der Trennung von geistig anspruchsvollen Arbeiten und den einfachen manuellen Tätigkeiten unter dem Prinzip der Prozessteuerung von Arbeitsabläufen, dem Taylorismus. Der Taylorismus unterteilt Tätigkeiten nach vier Grundprinzipien:

1. Separation von händischer und intellektueller Arbeit
2. Anreize zur Arbeitsausführung:
   2a „Pensum"-System: Vorgabe der Arbeitsleistung
   nach Zeit und Menge
   2b. „Bonus"-System: Überschreitung des Pensums wird
   mit Prämien belohnt
3. Hohe Spezialisierung und genaue Vorgabe des Arbeits-
   prozesses
4. Selektion und Instruktion der Arbeiter:
   4a. Fokussierte Personalauswahl
   4b. Intensive Personalanlernung

Er folgte damit zu Beginn des 20. Jahrhunderts dem Babbage-Prin-
zip, das durch die Aufteilung von Prozessen die Reduktion der Lohn-
kosten innerhalb der Produktion zum Ziel hatte. Das Babbage-Prin-
zip fand aufbauend auf Adam Smith weitere Argumente für die
Arbeitsteilung und ist Prämisse für den Taylorismus ab Mitte des 20.
Jahrhunderts.

MONOTONIE, DIE FEINDIN DES MENSCHEN

Der heutige Aufbau von Produktions- und Arbeitsabläufen führt zu
folgenschweren Problemen, wenn er dem Taylorismus folgt. Nehmen
wir nur die weltweit etwa 800.000 Amazon-Mitarbeiterinnen, die zu
großen Teilen sehr granulare Aufgaben wie das Zusammensuchen
von Bestellungen aus den Lagern erledigen. Nicht nur Amazon, auch
andere Konzerne der Automobilindustrie, Textilindustrie oder der
Logistik haben ihre Produktionsprozesse nach den Prinzipien von
Frederick Taylor aufgeteilt und granularisiert. Durch die Entkopp-
lung von Hand- und Kopfarbeit reduzieren sich die gesamten Lohnko-
sten für den Produktionsprozess. Gleichzeitig steigt, vor allem durch
das vorgegebene Pensum bei den händischen Tätigkeiten, der Druck
auf die Mitarbeiterinnen. In Fließbandprozessen ist der Druck
extrem hoch, vor allem wenn es darum geht, ein Pensum zu erreichen. So findet auf Basis der ökonomischen Vorgaben eine teilweise

Entmenschlichung der Arbeit zu Gunsten des Outputs und der Kosten statt. Man kann den Arbeitgeberinnen an dieser Stelle keinen moralischen Vorwurf machen, optimieren sie doch ihre eigene Vorgehensweise im Rahmen der wirtschaftlichen Systeme. Die Effekte, die dabei auf den Menschen wirken, sind doppelt negativ. Einerseits führen Monotonie und Druck häufig zu psychischen Problemen, andererseits hemmen sie die ganze Entfaltung des menschlichen Potentials. Der Mensch wird in monotone, mechanisierte Arbeitsabläufe gedrängt, die nicht seinem Naturell entsprechen. Diese Art der Arbeit hemmt jegliche Weiterentwicklung des Charakters, der Persönlichkeit und der Selbstwirksamkeit. Die Monotonie lässt den menschlichen Geist nämlich in einer Isolation verharren, die vor allem durch die deutlich reduzierte Quantität an Reizen und Erfahrungen ausgelöst wird.

Der Taylorismus in der Industrie hat dazu geführt, dass es in produzierenden Unternehmen, aber auch in logistischen Prozessen eine Zwei-Klassen-Gesellschaft gibt: Die eine Klasse treibt die Weiterentwicklung des Unternehmens durch Kopfarbeit voran, während die andere Klasse vorgegebene Prozesse ausführt. Durch die Standardisierung mag die Sicherstellung der Qualität gelingen, die Entfaltung des menschlichen Potenzials wird allerdings gehemmt. Aber müssen nicht günstige Arbeitskräfte zur Verfügung stehen, um Dienstleistungen und Produkte anbieten zu können?

Wir haben, durch die Globalisierung mitverursacht, erkennen können, dass verhältnismäßig günstige Arbeitskräfte für viele Unternehmen magnetisierend wirken. Der Aufstieg Chinas und Indiens, aber auch der Aufbau von Shared-Service-Centern in Osteuropa lassen sich ursächlich auf diesen Sachverhalt zurückführen. Dabei müssen wir als Gesellschaft aber günstig und „günstig" deutlicher voneinander unterscheiden. Während multinationale Konzerne durch die Ausbeutung von Niedriglohnarbeiterinnen ihre Renditen maximieren können, zahlen die Menschen und Staaten die Zeche. Denn die negativen Effekte auf die Arbeitskräfte sind immens. Es entstehen psychische und körperliche Folgekosten für die Gesellschaften, die konträr zu den positiven Effekten der Bereitstellung von Arbeitsplätzen stehen. Es gelingt uns durch den Taylorismus nicht in ausreichendem Maße, die externen Effekte der Arbeit zu internalisieren. Wir als Gesellschaft müssen aber immer auch darauf achten, dass die Qualität der angebotenen Arbeit ausreichend ist, um unsere Sozialsysteme nicht zu belasten. Ähnliche Entwicklungen haben wir in der Geschichte der modernen Volkswirtschaften immer wieder gesehen. Wir haben auf die Luftverschmutzung durch Kohleheizungen in den Innenstädten genauso mit Verboten reagiert, wie auf die körperliche Ausbeutung von Arbeitskräften.

Ebenso sollten wir auch in dem Falle des Raubtier-Taylorismus vorgehen, der in den letzten Jahrzehnten die industrielle Produktion durchseucht hat. Dabei muss es nicht darum gehen, dass Arbeit immer Spaß machen und ohne jegliche Belastungen sein soll, sondern darum, saubere Anreize aus einer gesamtgesellschaftlichen und humanistischen Perspektive zu setzen. Denn die Unternehmen bewegen sich immer innerhalb des ordoliberalen Rahmenwerks. Das bedeutet, dass hier keine staatliche Lenkung der Wirtschaft wie in der Sowjetunion oder China stattfindet, sondern die Freiheit der Bürgerinnen auf dem Markt innerhalb der von vom Staat gesetzten Leitplanken gewährleistet wird. Wir haben also Möglichkeiten, frei zu handeln – und brauchen lediglich mehr Mut zu sagen, was wir als Gesellschaft wollen. Selbstwirksamkeit bedeutet hier, dass wir entscheiden, welche Art Arbeit wir uns wünschen und welche nicht.

Da wir uns auch immer mit der sozialen Frage des 21. Jahrhunderts befassen sollten, müssen die Anreizstrukturen zur menschlichen Arbeit überdacht werden. Wenn nämlich die negativen Effekte der granularisierten, durchökonomisierten und monotonen Arbeit die positiven überwiegen, dann muss die Gesellschaft entsprechend reagieren. Denn die Rendite der Konzerne darf nicht zu Lasten der nationalen Sozialsysteme gehen. Es wäre hier ratsam, zwei neue Anreize zu setzen.

Erstens sollten alle monotonen Tätigkeiten langfristig durch Maschinen ausgeführt werden, um das freiwerdende menschliche Potenzial anderweitig zu nutzen. Dazu könnte man beispielweise steuerliche Anreize setzen, indem man menschliche monotone Arbeit verteuert. Dadurch würde die Substitution der menschlichen Arbeitskraft durch Roboter wirtschaftlich attraktiver. Dieser steuerliche Anreiz würde der Idee der Pigou-Steuer folgen, die durch die Internalisierung externer Effekte Marktversagen ausgleicht. Die Pigou-Steuer erreicht durch richtiges Austarieren ein Pareto-optimales Marktgleichgewicht. Sie ist ein am Beispiel einer Umweltsteuer bereits 1922 von Arthur Cecil Pigou entwickeltes Konzept, das externe Effekte mittels einer Abgabe internalisiert. Der Fokus der Steuer liegt vor allem auf der Reduzierung von Emissionen. Im Rahmen einer Wirtschaftsordnung fungiert diese Abgabe als Lenkungssteuer. Dabei wird das Verhalten der Marktteilnehmer in eine allokationspolitisch optimale Richtung gelenkt. Gemäß dem Verursacherprinzip soll derjenige, der Umweltbelastungen verursacht, in Höhe der Grenzkosten der Geschädigten belastet werden. Dadurch wird die Produktion dieses Gutes verteuert, was zu einer Preissteigerung und in einem dritten Schritt zu einer Senkung der Produktion führt. Die Produzenten werden versuchen, diese Abgabe zu verhindern. Dies ist durch technische Innovationen wie Filter oder Kläranlagen möglich. Das wiederum führt zu der beabsichtigten Folge, dass die Emissionen, die während eines Produktionsprozesses anfallen, reduziert werden. Die optimale Höhe der Pigou-Steuer liegt in dem Schnittpunkt der Grenzkostenkurve der Geschädigten mit der Grenzvermeidungskostenkurve der Emittenten. In diesem Schnittpunkt ist das allokationsoptimale Niveau der Emissionen gewährleistet. Das Modell von Pigou schafft es, eine ökonomische Bewertung der Umwelt als Produktionsfaktor vornehmen zu können, da für das Gut Umwelt und dessen Schädigung nun ein Preis existiert.

Das Problem der Pigou-Steuer ist der Mangel an Informationen. So sind die Informationen über die negativen externen Effekte und die

Grenzvermeidungskosten in privater Hand nur sehr schwer abzuschätzen. Da das gesamtwirtschaftliche Optimum nur sehr schwer ermittelt werden kann, wird auf den „Standard-Preis-Ansatz" nach Baumol & Oates zurückgegriffen, der eine kosteneffiziente Reduzierung der Emissionen auf ein ordnungspolitisch festgelegtes Ziel anstrebt. So muss der Staat den Preis der Umweltnutzung so setzen, dass als Zielsetzung eine Quantifizierung von negativen Nebenwirkungen der Emissionsminderung erreicht wird.

In unserem Beispiel internalisiert die Steuer die externen Effekte der psychischen und körperlichen Folgekosten, die für die Gemeinschaft anfallen für die monotone Handarbeit. Dadurch würde sich der Anteil der rein monotonen menschlichen Handarbeit verringern. Natürlich muss die Gesellschaft gleichzeitig andere Beschäftigungsarten bereitstellen, die der menschlichen Arbeitsweise eher entsprechen. Explizit ist dies keine rein staatliche Aufgabe, sondern von allen Akteuren gemeinsam zu leisten.

Zweitens kann die Gesetzgebung deutlicher in die durchgetakteten Arbeitsprozesse eingreifen, indem sie beispielsweise rein monotone Tätigkeiten verbietet oder steuerlich stärker belastet. Dadurch haben die Unternehmen einen monetären Anreiz, die entmenschlichten Arbeitsprozesse durch vermenschlichte und komplexere zu ersetzen. Die Kombination von Hand- und Kopfarbeit wird damit für die Unternehmen attraktiver als eine Aufteilung. So entstehen bessere Arbeitsplätze für Menschen, die abwechslungsreicher und für die Weiterentwicklung des menschlichen Charakters förderlich sind. Denn die reine Handarbeit führt zu keiner signifikanten Weiterentwicklung in den vielfältigen Dimensionen der Bildung. Eine attraktivere Arbeitsplatzgestaltung ist aus Sicht der Gesamtgesellschaft wie auch eines neuen Bildungsideals optimal.

Viele Jobs tragen heute nicht gerade dazu bei, das menschliche Potenzial in jedem einzelnen Menschen zu entfachen. Dabei sollte doch die wichtigste Erkenntnis und Voraussetzung für ein sinnvolles Bildungsideal sein, zu verstehen, dass jeder Mensch ein besonderes

Potenzial hat und dass er selbst und die Gemeinschaft fördern und fordern sollte. Nun könnte man rückwärtsgewandt versuchen, die heutige Erwerbstätigkeit zu schützen, indem technologische Entwicklungen verboten oder nicht gefördert werden, um aktuelle Jobs zu erhalten. Anders als diese retrospektive Betrachtung ist jedoch eine prospektive Betrachtung zielführender. Denn viele Arbeitsplätze und Aufgaben tragen nicht zwangsläufig zur Zufriedenheit des Einzelnen und zur gesamtgesellschaftlichen Weiterentwicklung bei. Es braucht also neue Beschäftigungsmodelle für die Gesellschaft – nur welche?

NEUE BESCHÄFTIGUNG BRAUCHT DIE WELT

Nehmen wir mal an, dass die Existenz der Menschen gesichert wäre und es ein bedingungsloses Grundeinkommen gäbe. Was würden die Menschen dann den ganzen Tag machen? Wir wissen aus der Forschung, dass Beschäftigung immer auch sinnstiftend wirkt. Nur in wenigen Fällen ist das lebenslange Nichtstun für Menschen sinnstiftend und gewünscht. Daher sollten wir uns prospektiv darüber Gedanken machen, welche neuen Erwerbstätigkeiten und Beschäftigungsformen für den Einzelnen und die Gesellschaft sinnstiftend sind. Denn Beschäftigung ist ein zentrales Element der menschlichen Existenz. Anders als die Theoretiker es einschätzen, die die Robotik als Gefahr sehen, steckt doch in ihr gleichzeitig die Chance, neue Beschäftigungsbilder herauszuarbeiten und auszubilden, die das menschliche Potenzial entfesseln.

Wir brauchen also Forschung, die sich damit auseinandersetzt, welche neuen Beschäftigungsformen in den nächsten fünf bis zehn Jahren in der Gesellschaft relevant werden könnten und sollten. Dabei sollten nicht die Gewinne der Unternehmen und die Möglichkeit zur Erwerbstätigkeit im Betrachtungsschwerpunkt liegen, sondern eine Bedarfsanalyse der menschlichen Gesellschaft.

Fakt ist: Menschen, die keiner Erwerbstätigkeit nachgehen, haben eine erhöhtes Risiko, an einer psychischen Störung zu erkranken. Es scheint also ein enger Zusammenhang zwischen der mentalen Gesundheit und einer Beschäftigung vorzuliegen. Die häufig retrospektive Forschung spricht dabei heutzutage immer noch von Erwerbstätigkeit. Mit Blick auf die Robotisierung und die Forschung rund um das bedingungslose Grundeinkommen scheint aber die Diskussion über sinnvolle Beschäftigung zielführender. Denn nicht immer muss die Belohnung, die aus einer Beschäftigung resultiert, monetär erfolgen. Ein Ehrenamt bietet Menschen sehr häufig ein großes Maß an Zufriedenheit.

Wir sollten uns also noch einmal die zukünftigen Entwicklungen vor Augen führen. Auch die Sustainable Development Goals der Vereinten Nationen helfen, um Fokusfelder zu identifizieren. Beschäftigungen, die sich nur damit auseinandersetzen, wie die Biosphäre und die Natur geschützt werden können, sind bereits heute hochrelevant und könnten in Quantität und Qualität weiter ausgebaut werden.

In der Entwicklung der Datenökonomie muss besonders die Frage gestellt werden, wie Daten dem Menschen nützen können. Der Experte der „Menschendaten" wird sich mit den vielfältigen und tiefergehenden Anwendungsfällen in der medizinischen Forschung über Zusammenhänge und Diagnostik durch Daten auseinandersetzen, aber auch mit der Observierung von Therapieverläufen durch Tracking oder der hochpersonalisierten Medikation. Anfänge sind bereits heute in der Onkologie, der Krebsforschung, zu erkennen. Dafür bedarf es einer Intensivierung der Forschung – und neuer Berufsbilder.

Also Folge der weltweit zunehmenden Migration sollten Integrationsbeauftrage eingesetzt werden, die als Verbindungsleute zwischen Kulturen fungieren. Die Neuankömmlinge in der anderen Gesellschaft stehen immer wieder vor herausfordernden Aufgaben und können durch entsprechende Hilfestellungen besser, schneller und konfliktloser integriert werden.

Da in den letzten Jahrhunderten Raubbau an der Erde betrieben wurde, ist es gesamtgesellschaftlich sinnvoll, mehr Ressourcen in die

Verwertung von Altlasten zu investieren. Das Atomendlager in Gorleben ist ein Beispiel, bei dem Menschen versuchen, die Verschmutzung, die sie an der Natur betrieben haben, unschädlich zu machen. Weitere Anwendungsfälle für andere Verschmutzungsarten wie Luftverschmutzung, Pestizidverschmutzung oder Nitratverseuchung im Grundwasser sind dringend nötig, um eine Unschädlichmachung der menschlichen Eingriffe im Anthropozän zu vollziehen. Diese Renaturierungs-Jobs müssten sich einerseits mit der Begrenzung von bereits vollzogenen Beschädigungen auseinandersetzen und andererseits mit der Vermeidung von neuen Schäden.

Das unterscheidet sie in dieser Hinsicht kaum von Menschen, die sich mit der menschlichen Psyche befassen und eine Verbesserung der Lebensbedingungen aus einer psychologischen Motivation heraus vorantreiben. Es ist von einer Renaissance der Seelsorgerin auszugehen – von Menschen, die andere in schwierigen Lebensphasen unterstützen.

Diese sind nur wenige Beispiele, um exemplarisch zu zeigen, wie aus einer Zukunftsbetrachtung neue Professionen und Beschäftigungen entstehen können, die gesamtgesellschaftlichen Sinn stiften und somit auch besonders förderungswürdig sind. Wichtig wäre es nun, diese Beschäftigungsgattungen zügig umzusetzen und mit Ressourcen auszustatten.

Aus einer Perspektive des lebenslangen Lernens und der Entwicklung der Persönlichkeit heraus spielt die Art der Arbeit eine wichtige Rolle. Es wird in den nächsten Jahren und Jahrzehnten viel Veränderung auf uns zukommen. Statt retrospektiv und bewahrend zu denken, sollten wir in Zukunft gestaltend wirken und die Art der Arbeit fördern, die der Gemeinschaft nützt. Denn wir brauchen nicht nur Produkte und Dienstleistungen, die die Menschen wirklich brauchen, sondern auch Arbeitsformen, die dem Menschen Sinn verleihen.

Teil 3

EIN NEUES BILDUNGSIDEAL IST NOTWENDIG

- *Was ist unser heutiges Bildungsideal?*
- *Woher stammt es?*
- *Wie können wir Resilienz aufbauen?*

Kapitel 1

WER WIR WAREN UND WER WIR SIND

Anders als in einer Parabel, die im Verborgenen erzählt, sollten wir uns an dieser Stelle noch einmal ganz konkret mit Daedalus und Ikarus beschäftigen – und die antike Story als Narrativ in der Gegenwart benutzen. Denn die Analogie zu unserem Bildungsdilemma ist evident: Wir als Gesellschaft sind Ikarus, dessen Wachs langsam zu schmelzen beginnt und dessen erste Federn sich gelöst haben. Wir haben die geschützte Atmosphäre im Windschatten von Dädalus verlassen und uns über den Wolken der Wärme der Sonne genähert. Die Katastrophe ist absehbar, das Drama nimmt seinen Lauf.

Dabei hatte alles so gut angefangen. Schon unsere Vorfahren Jahrtausende vor den alten Griechen haben die Natur beobachtet und gelernt, sich ihre Gesetzmäßigkeiten zunutze zu machen. Zunächst erfanden sie praktische Jagdwaffen und Werkzeuge in der nomadischen Zeit der Jäger und Sammler. Anschließend ab etwa 10.000 v. Chr. gingen sie langsam zu Viehzucht und Ackerbau über, auch weil das Klima nach der letzten großen Eiszeit inzwischen wärmer und berechenbarer geworden war.

Von der Wiege der menschlichen Sesshaftigkeit im goldenen Dreieck in Obermesopotamien, dem Norden des heutigen Syriens und Iraks, begann die dynamische Entwicklung der menschlichen Kultur und des Fortschritts, so wie wir in unserer westlichen Welt heute leben. Dabei hat die Geschichte seither viele große Denker und Erfinder hervorgebracht, die wir allesamt als Vorfahren in der Person des Dädalus zusammenfassen wollen. Unsere Vorfahren haben sich auch mit Bildung auseinandergesetzt: mit dem Verständnis der Zusammenhänge der Welt und der möglichst hohen Übereinstimmung zwischen dem persönlichen Wissen und der Realität. Wir können Zukunft nicht ohne Vergangenheit entwickeln – und doch sollten wir die sich ständig verändernden Umweltzustände sorgfältiger beobachten.

Wir als Menschheit sind nun – nicht zuletzt durch die Gaben unserer Vorfahren – in die Lage versetzt worden, fliegen zu können. Doch die wohlgemeinten Warnungen des Daedalus haben wir stets ignoriert. Stattdessen entwickeln wir uns ständig weiter und optimieren, fliegen noch höher in den modernen durchökonomisierten und arbeitsteilig organisierten Gesellschaftsmodellen. Wir haben sogar gelernt, zum Mond und zum Mars zu fliegen – und den Schutz der natürlichen Ökosysteme zu verlassen. Wir sind wie Ikarus, wir wollen uns ausprobieren, die Nukleartechnologie beherrschen, das menschliche Genom entschlüsseln und Tomaten-Gene manipulieren, um die Früchte in unserem Sinne zu verändern. Wir wollen nicht aufhören zu wachsen und besser zu werden.

Machen wir einen kurzen Exkurs in die neueste Geschichte der Ökonomie. Generationen von Ökonomen, beginnend mit Adam Smith, der als Urvater des Liberalismus gilt, haben sich auf die Suche nach den Ursprüngen für Wachstum, Wohlstand und Reichtum gemacht. Und der spätere Wirtschaftsnobelpreisträger Robert Solow fand schließlich die Antwort im Jahr 1957: Es ist der technologische Fortschritt, also entweder die Produktion der gleichen Menge mit niedrigeren Kosten – oder die Produktion größerer Menge bei gleichblei-

benden Kosten durch neuartige, verbesserte Produkte, Materialien
oder Verfahren. Ach ja? Zugegeben: Solow wies in seinen Arbeiten nach, dass sieben Achtel
des amerikanischen Wirtschaftswachstums in der ersten Hälfte des
20. Jahrhunderts auf eben jenen technologischen Fortschritt zurück-
zuführen waren. Damit war die Wachstumstheorie gut begründet –
und die Menschheit hat sich ganz im Sinne des Keynesianismus,
indem die gesamtwirtschaftliche Nachfrage als entscheidender Faktor für Arbeit und Produktion gesehen wird, und der Neoklassik,
jener Theorie von Grenzkosten und Grenzerlösen, deren zentrale
Grundannahme der Homo oeconomicus ist, auf den Weg in die letzten, die dynamischsten und exponentiellen Wachstumsjahre, die mit
der Industrialisierung begannen, gemacht. Doch wo stehen wir heute
mit diesem Leitbild? Wir haben unsere ersten Federn verloren und
das Wachs ist aufgeweicht. Immerhin besitzen wir noch genügend
Federn, um zu fliegen und liegen einigermaßen stabil in der Luft. Das
ist das Gute – wir sind – anders als Ikarus – noch nicht abgestürzt.

Aber es hat sich etwas verändert seit den Forschungen Solows und
den Gedanken zur Bildung von Platon, Aristoteles und Humboldt: die
Umweltbedingungen. Wie wir im ersten Teil dieses Buches gesehen
haben, ist das Thema „Bildung" durch die Industrialisierung, Elektri-
fizierung und Automatisierung, vor allem aber durch die globale Vernetzung von Menschen, Daten und Gütern komplexer geworden.

Denn die möglichst hohe Übereinstimmung des eigenen Verständ-
nisses mit der Realität ist alles andere als trivial, sondern ziemlich
kompliziert.

Vor dem Hintergrund ist es unbedingt notwendig, aufzuwachen, die
Wärme der Sonne wahrzunehmen, uns selbst in den Lüften zu verstehen, zu verstehen was wir sind und warum wir so sind, ja, eine Haltung zu entwickeln. Das Wissen allein darüber, welchen Einfluss
Wärme und Winde auf unsere Flügel haben, reicht hier nicht aus.
Vielmehr sollten wir verstehen, dass die genannten Veränderungen
erheblichen Einfluss auf unsere politischen, ökonomischen und per-

sönlichen Systeme haben. Dazu gehört auch, unsere Gefühle und unseren Körper zu empfinden, unser Herz zu bilden, geplagt von der hohen Sonneneinstrahlung – und die Kompetenz zu nutzen, Entscheidungen zu treffen, durch die Veränderung unserer Höhe in der Luft zu reagieren und zu sinken, ohne abzustürzen.

So soll uns also der Absturz des Ikarus als Mahnung gelten, als Schuss vor den Bug, vor allem aber als Beschreibung unseres Status quo, der Realität. Bilden wir uns also und passen unser Bild der Realität wieder näher an und entwickeln Antworten, verändern uns erneut und lernen, um im Gegensatz zu Ikarus sicher unser Ziel zu erreichen.

WOHER STAMMT UNSER BILDUNGSIDEAL?

Das ist eine interessante Frage, die viele Menschen vermutlich gar nicht beantworten könnten. Dabei ist sie wichtig, um zu verstehen, warum wir heute Gefahr laufen, abzustürzen. Machen wir uns also auf eine kurze gemeinsame Reise durch die Geschichte der westlichen Bildung und zu den wichtigsten Persönlichkeiten, die unser heutiges Bildungsideal geprägt haben.

Der berühmte griechische Philosoph Platon, ein Schüler des Sokrates, beschreibt bereits knapp 400 Jahre v. Chr. in seinem Höhlengleichnis sein Verständnis von Bildung. Seine Politeia ist das erste abendländische Werk mit der Kraft einer politischen Philosophie, das als eines der relevantesten Schriften der Philosophiegeschichte gilt und in dem die Dialogfigur das Bild eines idealen Staates entwirft. Platon erklärt darin, dass ein möglichst perfekter Staat nur dann machbar ist, wenn der höchste Lerngegenstand der Bildung *die Idee des Guten* umfasst. Daher spielt in seinem Denken die Dialektik, die Kunst der Gesprächsführung, eine besondere Rolle – noch vor Arithmetik, Geometrie, Astronomie und Harmonik.

Bildung bedeutete in der griechischen und später auch der römischen Antike also vor allem ein soziales Distinktionskriterium. Denn nur die Kinder von wohlhabenden Bürgern, die abkömmlich für den

Erwerb des Lebensunterhalts der Familie waren, konnten Bildung erfahren. Diese war dabei vor allem auf Körper und Geist bezogen und im Sinne der Erziehung zu verstehen. Das zeigt auch der damalige Begriff für Bildung „Paideia", der im Altgriechischen soviel wie Erziehung bedeutet. Bildung in der Antike hatte also den Charakter einer Elitenbildung.

Ab dem frühen Mittelalter war Bildung fest in der Hand von Klöstern und christlichen Funktionsträgern. Ein klassisches Schulsystem gab es nicht, lediglich Klosterschüler wurden teilweise noch im klassischen Bildungskanon, vor allem aber durch christliche Schriften und das damit verbundene Weltbild unterrichtet. Dass dabei die Erkenntnisse antiker Naturwissenschaftler teilweise komplett unterschlagen wurden, liegt auf der Hand. Denn in den Klöstern ging es vorrangig um die christliche Mission und den Aufbau von Machtstrukturen – gezielt gesteuert vom Papst in Rom. Dennoch dürfen wir nicht vergessen, dass es so immerhin die Möglichkeit gab, den eigenen Horizont zu erweitern – wenn auch mit eingeschränkter Perspektive. Frauen blieb dieser Weg allerdings verwehrt. Nur wenige Ausnahmen wie Hildegard von Bingen oder die legendäre Heloise, die in Paris durch ihr Verhältnis mit Abelard bekannt wurde, schmücken heute die Geschichtsbücher. Doch auch sie agierten im religiösen Kontext.

Erst im 15. Jahrhundert begann das Bildungsmonopol der Kirche sichtbar zu bröckeln: Mit Beginn der Renaissance und dem neuen Selbstverständnis der Menschen als eigenverantwortliche Individuen gelangte folgerichtig das antike Bildungsideal zu einer Wiedergeburt, insbesondere die Werke Platons. In Italien blühten als Folge Kunst und Kultur auf und gelangten schnell über die Alpen nach ganz Europa. Obwohl die Klöster mit ihren großen Bibliotheken immer noch Herren der Bildung waren, entstanden parallel dazu im Adel und einer neuen Kaufmannsschicht eigene Bildungswelten. Hier konnten teilweise auch Frauen teilhaben, um politische und wirtschaftliche Kontinuität im Falle von Regentschaften oder Interims-Geschäftsführungen zu gewährleisten. Übrigens gibt es noch heute viele Buchverlage, die überwiegend christliche Werke verlegen.

Der Bildungskanon hatte sich also weiterentwickelt: weg von strengen religiösen Leitbildern hin zu einer offeneren, naturwissenschaftlich orientierteren Sicht auf die Welt. Nicht umsonst konnten viele berühmte Gelehrte und Forscher in diesem Jahrhundert ihre Ideen entwickeln und publizieren. Namen wie Jan Hus, die Familie Fugger, Christoph Kolumbus, Erasmus von Rotterdam, Leonardo da Vinci oder Johannes Gutenberg seien hier stellvertretend für viele andere mehr genannt.

Apropos Gutenberg: Einen wirklichen Schub erlangte das Denken über die Bildung der Menschen erst durch ihn. Der Erfinder des Buchdruckes machte es nun möglich, Wissen günstiger und vielfältiger zu verbreiten. So nutzte Erasmus von Rotterdam das neue Medium gezielt, schrieb und veröffentlichte in dieser Zeit über einhundert (!) bildende Bücher und erkannte dabei, anders als die antiken Philosophen, dass der Mensch sich durch Erziehung in seiner Persönlichkeit ändert und daran reift.

Mit Luther folgte dann im frühen 16. Jahrhundert die systematische Verbreitung von Lehre in der Fläche – und in neuen Gesellschaftsschichten. Plötzlich war Bildung nicht mehr ausschließlich höher gestellten Menschen zugänglich, sondern theoretisch zumindest allen. Denn mit der Übersetzung der Bibel in die Alltagssprache und dem damit verbundenen Ende der Alleinherrschaft von Kirche und Priestern über das geschriebene Wort kam es zu einer signifikant gesteigerten Verbreitung von Inhalten – welcher Art auch immer. Ein klares Leitbild für Bildung im heutigen Verständnis gab es allerdings nicht.

Doch zurück zu Erasmus von Rotterdam: Seine Einschätzung zur Rolle der Persönlichkeit im Bildungsprozess ist auch für zukunftsfähige Bildungsideale in unserer Gesellschaft relevant. Denn Bildung ist in der Lage, Persönlichkeiten zu prägen, zu reifen und zu verändern.

Während der Epoche der Aufklärung, also zum Ende des 17. Jahrhunderts bis etwa 1800, gewann der rationale Blick auf die Bildung des Menschen an Dynamik. Schiller, Goethe und Herder haben in dieser Zeit Schriften verfasst, in denen sie über Wege zur Vervollkommnung des Menschen nachdachten. Auch Kant schrieb in seiner Schrift „Über Pädagogik", dass Bildung ein wichtiger Baustein zur Entwicklung der Persönlichkeit ist. Diese Liste lässt sich ewig mit bekannten Philosophen fortführen, die sich über den Staat und die Aufgaben des Menschen im Staat Gedanken gemacht haben. Daraus entsteht bei jedem Einzelnen ein Ideal des Menschen, auf das in der Bildung hingearbeitet werden muss. Neben Rousseau, Adorno, Einstein, Freud, Hegel, Marx, Nietzsche zählen auch neuere Gelehrte wie Precht oder Habermas dazu. Sie alle haben über die Bildung aus ihrer Sicht und zu ihrer Zeit nachgedacht.

Dies zeigt sich auch bei einem der größten Bildungsphilosophen der Neuzeit: Wilhelm von Humboldt. Wohl kein Philosoph hat das preußische und deutsche Bildungssystem so geprägt wie Humboldt bis in die heutige Zeit hinein. Allerdings kritisierten seine Zeitgenossen damals noch, dass sein Ideal Menschen mit zu breitgefächerten Möglichkeiten ihre Arbeit vernachlässigen lässt und einen zu starken Fokus darauf legt, die persönlichen Möglichkeiten über die Lebenszeit hinweg zu entfalten. Tatsächlich hat Humboldt schon früh verdeutlicht, wie wichtig eine Ausbildung in Künsten und Wissenschaften ist, um durch diese Allgemeinbildung zu erstarkten Persönlichkeiten und damit auch zu einem erstarkten Staatsbürgertum zu gelangen. Doch so inhaltlich richtig, wie das Humboldt'sche Bildungsideal auch war, so sehr ist es auch in seiner Zeit verhaftet. Zielrichtung war stets das Bestreben, aus Menschen gute Staatsbürger zu machen.

Und dennoch ist Humboldts Ideal bis heute eines der fortschrittlichsten, das wir kennen. Die Gesellschaft der Gleichen, die er fordert, hat ebenso Relevanz in der Debatte, wie seine Forderung, die Fähigkeiten der Individuen zu fördern. Nicht umsonst berufen sich auf ihn zahlreiche Diskussionsforen zum Thema, tragen Schulen, Universitäten und Bildungspreise seinen Namen oder agieren Stiftungen in seinem Sinne. Humboldt ist nach wie vor der Guru der westlich geprägten Bildung – und dass, obwohl er bereits seit knapp 190 Jahren tot ist.

WEISSE, ANALOGE, ALTE MÄNNER

Ist Ihnen etwas aufgefallen? Unser Bildungssystem ist ausnahmslos von alten, weißen Männern geprägt. Keiner der oben genannten großen Philosophen ist weiblich. Keiner von ihnen hatte einen Migrationshintergrund. Und niemand hat jemals einen Computer genutzt – abgesehen von jenen, die sich heute mit dem Thema beschäftigen.

Unsere altehrwürdigen und gerne zitierten Vorbilder und Paten unseres Bildungskanons konnten also gar nicht umreißen, welche Anforderungen ein Bildungsideal im 21. Jahrhundert erfüllen muss.

Trotzdem gelten ihre Bildungsideale immer noch für die Gesellschaft der heutigen Zeit. Wenn also die großen Philosophen in längst vergangenen Zeiten lebten, und zwar unter nicht vergleichbaren Umweltzuständen und mit anderen technologischen Möglichkeiten, stellt sich die Frage: Macht es wirklich Sinn, dass ihre Theorien heute noch gültig sind?

Ein ähnliches Paradox zeigt sich in der Wissenschaft. Denn eine wissenschaftliche Arbeit ist nur dann gut, wenn sie auf ausreichend Quellen der Vergangenheit aufbaut. Nicht alle Quellen und Untersuchungen der Vergangenheit lassen sich aber auf die Zukunft übertragen. In vielen Quellen sind sogar Grundannahmen und Perspektiven auf die Welt zu überarbeiten.

Anstatt uns also Gedanken darüber zu machen, ob das, was die großen Denker der Vergangenheit gesagt haben, heute so noch anwendbar ist, nehmen wir die Gedanken als gegeben an. Darüber hinaus entwickeln wir wenige eigene Ideen und Gegenentwürfe. Wir können aber nur dann ein wirklich zukunftsfähiges Bildungsideal mit Allgemeingültigkeit entwickeln, wenn es uns gelingt, Bildung aus unterschiedlichsten Facetten zu betrachten. Dazu müssen wir uns trauen, die bisher als gesetzt angesehenen Prämissen zu diskutieren und neu zu denken.

PRAXISTEST GENERATION GOLDFISCH

Wir wissen, dass sich Kinder stillsitzend nur in sehr begrenztem Maße konzentrieren können. Warum halten wir trotzdem am Prinzip des 45-minütigen Klassenunterrichts in der Schulbildung fest? Warum suchen wir nicht nach neuen Wegen, die eine bessere Verankerung von Erlerntem ermöglicht? Wieso erstarren wir vor Platon und Humboldt, anstatt uns unsere eigenen Gedanken für die heutige Zeit zu machen?

Wir brauchen eine neue Philosophie, die das Alte ablöst. Denn wenn wir Philosophie als Wissenschaft definieren, die die menschliche Existenz und die Welt ergründen soll, dann müssen wir uns zwangsläufig auch die Frage stellen, ob ein Platon in der Lage ist, diesen Anspruch heute zu erfüllen. Insbesondere den exponentiellen Einfluss, den der Mensch seither auf die Erde genommen hat, dass Anthropozän, konnte er nicht vorhersehen, geschweige denn die Relevanz von Technologie auf unser Leben. Auch die migrations- und globalisierungsbedingte Notwendigkeit von interkultureller Bildung war in der Antike nachgelagert – und bei Humboldt schlicht und ergreifend gar nicht gewünscht.

Es braucht also eine neue Generation von Denkerinnen, die für die Fragestellungen unserer heutigen Gesellschaft stehen und Antworten entwickeln. Und es braucht eine Philosophie, die auch den Moment der Zeit aufgreift, weil durch unsere Nutzung und den Konsum von Smartphones, Werbung und Nachrichten unsere Aufmerksamkeitsspanne stark verkürzt wurde. Glauben Sie nicht? Microsoft Kanada hat 2015 in einer Studie[29] herausgefunden, dass die Aufmerksamkeitsspanne eines Menschen (acht Sekunden) erstmals niedriger war als die eines Goldfisches (neun Sekunden). Und das ist kein Witz, sondern Realität.

Statt einer Philosophie, die von der Elite für die Elite gemacht wurde, brauchen wir einen neuen Denkansatz für unser Bildungsideal, die den Herausforderungen der „Generation Goldfisch" gerecht wird. Denn was bringt es uns heute, dass Humboldt und Kant ihre Wissensbildung aus Büchern zogen und Wissen im Gehirn speichern mussten, um es ständig verfügbar zu haben? Heutzutage zücken wir unser Smartphone und haben dank Wikipedia und Co. ständig mehr Wissen zur freien Verfügung als ein Brockhaus jemals drucken konnte. Der Einfluss von digitalen Endgeräten auf unser aller Leben hat unsere Gegenwart verändert und so die Relevanz von vergangenen philosophischen Denkstrukturen in Frage gestellt.

Gleichzeitig benötigen wir in dieser gesellschaftlichen Frage selbstverständlich eine ausgewogene Perspektive von Frauen, Männern und Menschen mit Migrationshintergrund und vielem mehr, kurzum: Diversität. Insbesondere die weibliche Perspektive findet bislang kaum Rezeption. Das Bildungsideal sollte auch die Perspektive alternativer Lebensformen, von politisch anders Denkenden, von Migrantinnen, Abenteuerinnen, Visionärinnen und vielen anderen Gesellschaftsgruppen mehr umfassen, um relevant zu werden. Wir sollten so weit gehen, dass wir alle bisherigen Beiträge zur Bildungsdebatte hinsichtlich ihrer Zukunftsfähigkeit und Hintergründe prüfen. Die Zielsetzung Humboldts, *gute Staatsbürger* für Preußen zu entwickeln, ist in einer vernetzten Welt definitiv nicht mehr zielführend – zumal wir den *guten Staatsbürger* freier und vollkommen anders definieren, als zu Humboldts Zeiten.

Wir sollten uns also damit beschäftigen, welche Dimensionen der Mensch braucht, um nicht vollständig durch Maschinen ersetzt zu werden. Um den Klimawandel zu stoppen. Um bessere Lebensformen zu entwickeln, lebenswichtige Rohstoffe gerechter zu verteilen oder Technologie für Menschen und nicht umgekehrt zu erforschen. Denn am Ende geht es um unser Überleben – und das sollte definitiv im Bildungsideal verankert sein.

Eine Frage zum Ausflug in die Geschichte unseres Bildungskanons bleibt: Hätten mehr Menschen mit weiblich konnotierten Eigenschaften wie Empathie und Fürsorge Einfluss auf unser Bildungsideal gehabt, hätten ihre Kompetenzen heute zu einer besseren Welt geführt? Vermutlich. Warum wir nach wie vor behaupten, dass unser Bildungsideal das Beste ist, wenn es nicht vor dem Hintergrund der größtmöglichen Betrachtungsvielfalt entstanden ist, ist jedenfalls einer der großen Irrtümer unserer Zeit. Wir können nicht davon ausgehen, dass unser Bildungsideal das Bestmögliche ist, weil wir zu viele Stimmen nicht gehört haben. Stimmen von Menschen, die weniger Aufmerksamkeit und Repräsentanz genießen. Diesen ungehörten Stimmen sollten wir in Zukunft zuhören, denn wir brauchen die pluralistischen Perspektiven, um eine freie und plurale Gesellschaft zu etablieren. Das ist ein Idealbild, eine Vision, zu der wir nur mit einer zukunftsfähigen Strategie gelangen können. Wie so etwas funktioniert, ist im nachfolgenden Kapitel Thema.

Kapitel 2

MISSION IMPOSSIBLE?

Ein Blick in die Geschichte der Menschheit zeigt: Große Verbesserungen sind immer dann gelungen, wenn Menschen von einem Ideal überzeugt waren und Wege gefunden haben, dieses Ideal zu erreichen. Hindernisse waren für sie nachgelagerte Aufgaben, die es zu lösen galt – nicht mehr und nicht weniger. John Kotter[30] zeigt in seinem „8-Stufen-Modell" auf, wie erfolgreiche Veränderung abläuft:

1. Dringlichkeit erzeugen
2. Eine Führungskoalition aufbauen
3. Eine Vision des Wandels entwickeln
4. Die Vision des Wandels kommunizieren
5. Hindernisse aus dem Weg räumen
6. Kurzfristige Ziele setzen
7. Erfolge konsolidieren und weitere Veränderungen ableiten
8. Veränderungen in der Kultur verankern.

Hindernisse sind tatsächlich erst im fünften Schritt relevant. Gelingt es uns also, die Limitationen unseres Geistes und die negativen Gedanken über mögliche Hindernisse abzulegen, dann können wir erfolgreich über den Idealzustand nachdenken.

Im Rahmen dieses Buches konzentrieren wir uns auf den dritten Schritt. Denn die Dringlichkeit erscheint offensichtlich und ist in der Bevölkerung schon tief verankert. Sowohl die Aktivisten zur Rettung des Klimas, als auch die „Black Lives Matter"-Bewegung werden immer lauter, um tatsächlichen Wandel herbeizuführen. Auch konkret auf die formale Bildung bezogen, ist in der Bevölkerung das Bewusstsein tief verankert, dass der Vorgang bisher nicht optimal abläuft. Insbesondere, weil sich die Antworten auf die Fragen nach „Was ist Bildung?" und „Was hat Sie zu dem gemacht, der Sie sind?" stark auseinanderdriften.

Der Führungskoalition darf sich jeder zugehörig fühlen, der den Willen zur Zugehörigkeit besitzt. Vielleicht auch Sie? Fühlen Sie sich eingeladen, mitzudiskutieren. Die Kommunikation des nötigen Wandels soll unter anderem durch die Veröffentlichung dieses Buches gelingen. Auf die potenziellen Hindernisse werden wir immer wieder an den passenden Stellen eingehen. Allerdings sind sie vor allem in unseren Köpfen und Haltungen zu finden – und weniger in den formalen Strukturen.

Daher werden wir dezidiert unsere eigenen Perspektiven hinterfragen. Mit der Vision des Wandels entwickeln wir gleichermaßen auch konkrete Veränderungsempfehlungen, die als Einladung verstanden werden sollen. Dieses Buch endet daher nach Kotters viertem Schritt.

Dabei ist es egal, was jemand sagt und wer etwas sagt. Dann wenn wir alle Gedanken in gleichem Maße respektieren und uns anschließend mit ihnen befassen, kann es gelingen, den Raum der Möglichkeiten maximal zu weiten. In der Debatte über den Idealzustand und den Idealvorgang der Bildung müssen wir zweischrittig vorgehen: Zunächst befassen wir uns mit dem Ideal, ohne uns von möglichen Hindernissen limitieren zu lassen. Erst wenn wir ein Bild entworfen haben, befassen wir uns mit der Frage, wie wir die auftretenden Hindernisse beseitigen können.

Trauen wir uns also gemeinsam die Bildung in ihren Grundfesseln zu hinterfragen und ein Ideal zu entwickeln, dass zunächst ungeachtet aller auftretenden Hindernisse und befreit von jeglichen Limitationen ist. Denken wir frei und verstehen wir, wie Bildung wirklich sein *müsste*!

EINE NEUE VISION MUSS HER

Die richtungsgebende Wirkung einer Vision – oder synonym Ideal – ist ungeheuer wichtig. Dabei können Visionen für fast alle menschlichen Situationen und Aufgaben entwickelt werden: sei es für persönliche Ziele, oder für Ziele von Organisationen und Unternehmen. Ein Ziel ist dabei das übergeordnete Element einer Strategie, die wiederum Grundlage für die operative Zielerreichung ist.

In der Strategieentwicklung wird auf unterschiedlichen Hierarchieebenen hinterfragt, was der Kern einer Organisation ist – und wie man diesen Kern sinnvoll und zukunftsgewandt weiterentwickeln kann. Dabei kann der Kern eines Unternehmens beispielsweise das Geschäftsmodell, Produkte, Dienstleistungen oder Wertschöpfungsketten beinhalten. Man vermutet, dass bis zu 90 Prozent der Mitarbeitenden eines Unternehmens die eigene Strategie nicht kennen[31]. Dieses Paradox lässt darauf schließen, dass entweder die Strategie nicht richtig kommuniziert wird oder aber sehr weit von der wahrgenommenen Wirklichkeit abweicht. Eine Strategie muss jedoch immer real sein, um zu funktionieren.

Vor diesem Hintergrund ist es natürlich interessant, das Thema Bildung genauer unter die Lupe zu nehmen. Der Verdacht liegt doch nahe, hier auf ein ähnliches Bild zu stoßen. Der Diskurs rund um die bildungspolitischen Zielsetzungen hat sich seit Jahrzehnten im Kleinen verlaufen. Während Politiker darüber streiten, wie viel Geld in die Digitalisierung von Schulen gesteckt werden sollte (was zweifelsfrei dringend notwendig ist), ist die Frage völlig offen, was eigentlich unsere gemeinsame Vision ist. Was werden wir antizipieren und was wird uns noch lange von der Maschine differenzieren? Warum werden wir in einer Welt aus Daten und Algorithmen noch eine Daseinsberechtigung haben? Und welchen Beitrag muss Bildung leisten, um Antworten auf die Herausforderungen im Anthropozän zu finden? Ein gemeinsamer Konsens? Fehlanzeige. Die bildungspolitische Debatte ist einerseits zu wenig prominent in den Medien vertreten und beschäftigt sich andererseits mit zu granularen Fragestellungen. Diese Granularität innerhalb der Debatte sollte jedoch erst dann wieder aufgenommen werden, wenn unsere Bildungsvision eindeutig ist. Die Bildungsdebatte wird aktuell zu häufig auf der Ebene von Maßnahmen geführt. Erst dann, wenn wir eine gemeinsame Antwort auf die Frage gefunden haben, wie wir in den nächsten Jahrzehnten leben wollen und welche Dimensionen wir und unsere Kinder dafür benötigen, ist eine Diskussion über die Umsetzung sinnvoll. Denn *warum* wir welche Elemente der Bildung brauchen, ist die entscheidende Frage.

Ein Großteil der Menschen kennt heutzutage die Strategie und das Ideal der Bildung nicht. Wahrscheinlich sind in diesem Kontext die zuvor erwähnten fast 90 Prozent der Menschen noch untertrieben. Das sollten wir dringend ändern, auch um Teilhabe zu fördern. Denn eine Bildungsdebatte in den Kreisen der intellektuellen Eliten führt zu einseitigen Zukunftsvisionen. Ähnliches konnten wir bereits bei Wilhelm von Humboldt oder bei Edmund Burke, dem Urvater des Konservatismus mit dem Fokus auf die Aristokratie, beobachten: Beide haben Teilhabe an Bildung nie gesamtgesellschaftlich verstanden, sondern sich immer auf die Eliten beschränkt.

KLARE VISION GIBT ORIENTIERUNG

Es ist doch eigentlich ganz einfach: Ohne eine klare Vorstellung davon, wohin eine Reise führen soll, lässt sich nicht sinnvoll über Wege dorthin diskutieren. Viele große Denker haben diese Perspektive formuliert. So soll bereits Konfuzius[32] einmal geschrieben haben, dass „ohne Ziel jeder Weg falsch" ist und Henry Ford sagte einmal: „Wer im Leben kein Ziel hat, verläuft sich". Diese Maximen sollten wir uns zu Herzen nehmen und erst ein Leitbild, eine Vision entwickeln, bevor wir über die Wege und Etappen dorthin streiten. Dann ließe sich auch beurteilen, ob die in die Digitalisierung der Schulen investierten Gelder optimal eingesetzt werden, um mündige Menschen zu entwickeln.

Strukturell können wir uns die menschliche Bildung dabei wie eine Strategiepyramide in einer Organisation oder einem Unternehmen vorstellen. Sie beschreibt möglichst kondensiert, wie eine Organisation mit welchem Kernelement welches Ideal erreichen möchte. Es gibt sehr unterschiedliche Darstellungsarten und -formen. Die simpelste besteht aus drei Stufen, wie in der folgenden, eigenen Darstellung:

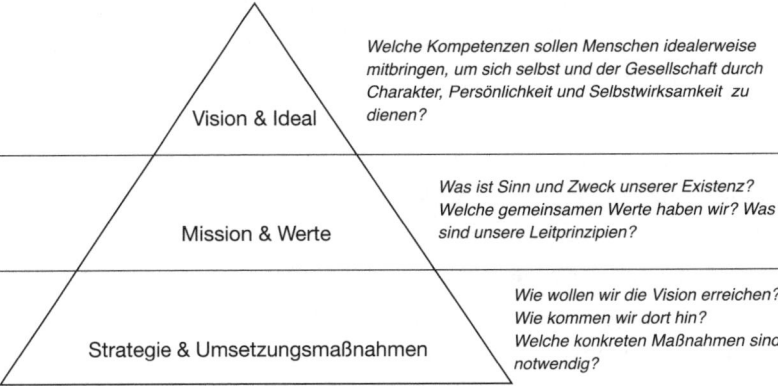

Die Spitze zeigt unsere Vision, unser angestrebtes Bildungsideal. Ob wir es jemals vollständig erreichen, spielt dabei zunächst keine Rolle. Letztendlich geht es darum, welche Kompetenzen wir idealerweise mitbringen oder uns erarbeiten sollten, um uns selbst und der Gesellschaft durch unsere Persönlichkeit, unsere Selbstwirksamkeit und unsere Fähigkeit zu entscheiden, dienen zu können. Ohne dieses klar formulierte Ideal werden wir nie den richtigen Weg finden und in Sachen Bildung höchstwahrscheinlich global scheitern – mit fatalen Folgen.

In der Mitte unserer Strategiepyramide geht es im übertragenen Sinn um die Leitplanken, die uns auf dem Weg zum Bildungsideal lenken und häufig auch unbewusst begleiten. Unsere Mission ist dabei klar: Wir wollen ein neues Bildungsideal, das die Herausforderungen der Zukunft im Fokus hat und die Menschheit global zukunftsfähig aufstellt – gesellschaftlich, ökologisch, ökonomisch und sozial. Dabei werden wir von unseren gemeinsamen Werten flankiert, die Sinn und Zweck unserer Existenz beschreiben und unser Miteinander regeln. Ganz unten geht es dann um das „Wie". Wie wollen wir die angestrebte Vision erreichen? Wie kommen wir dorthin? Und welche konkreten Maßnahmen sind dafür nötig? In dieser Ebene geht es um eine machbare Strategie, um konkrete Umsetzungsmaßnahmen, um messbare Ziele und Zwischenziele auf dem Weg zum Ideal und um mögliche Unterstützung durch Mentoren oder Experten zu bestimmten Themen. Ob Schule hier als einzige Maßnahme ausreicht, so wie es derzeit umgesetzt wird, können wir nicht oft genug in Frage stellen.

Wir müssen also der Methodologie folgend, zunächst eine Vision für die Bildung entwickeln. Dabei sollte die Vision einen längerfristigen Zeithorizont ins Auge fassen. Idealerweise behält die Vision über die nächsten Jahrzehnte, mindestens aber für die nächsten zehn bis fünfzehn Jahre, Relevanz. Daher gehen wir vereinfachend von einem Datum im Jahr 2030 aus. Bevor wir darüber diskutieren, wie wir das schaffen, sollten wir viel Zeit in die Frage investieren, wo wir im Jahr 2030 stehen wollen.

Wie sollten unsere Mitmenschen sein? Und wie sollen sich unsere Kinder entwickeln? Wie sollte unser Zusammenleben organisiert sein? Was macht uns glücklich? Was macht uns zufrieden? Wie können wir sorgenfrei leben? Was ist der Sinn des gemeinsamen Lebens? Welche Rolle spielt die Gemeinschaft für uns? Und welche Rolle spielen wir für andere und die Gesellschaft? Inwieweit wollen wir im Einklang mit der Natur leben? Welches Verhältnis haben wir zu Maschinen?

All diese Fragen betreffen Facetten unserer Lebensvision; wir sollten uns also intensiv damit beschäftigen. Dabei gilt: Je eher wir die

Vision erreichen, desto besser. Vor allem vor dem Hintergrund der Beschleunigung der Entwicklungen im Anthropozän, der menschengemachten Zukunft, ist Eile geboten. Sorgfalt ist allerdings bei aller Eile in der Zukunftsfähigkeit noch viel wichtiger. Unsere Vision hat auch den Anspruch, umfänglich zu sein und für jeden zu gelten. Daher sollten wir unbedingt unterschiedliche Perspektiven einnehmen und das Thema multilateral hinterfragen. Denken wir nur einmal an die antiquierte Limitation der philosophischen Beiträge zum Bildungsideal zurück, die nicht beantworten, was den Menschen von der Maschine unterscheidet. Gleiches gilt für die historisch reduzierte Einflussnahme von weiblichen Perspektiven. Doch nur dann, wenn wir eine möglichst breite Betrachtung des Bildungsideals in der Debatte inkludieren, kann es uns gelingen, den ubiquitären Anspruch zu erfüllen.

Die Vision muss für die Menschen, die sie ermöglichen sollen, darüber hinaus identitätsstiftend, haltgebend und einfach zu verstehen sein. Selbstverständlich sollte die Bedeutung für jeden Einzelnen klar werden. Denn eine zu abstrakte Vision führt zu Missverständnissen und Schwierigkeiten im Verständnis.

MASSNAHMEN FOLGEN AUF VISION

Im Gegensatz zum Idealbild einer Vision fußt die Mission auf Werten, denen sich die Gemeinschaft meist über Jahrhunderte hinweg verschrieben hat. Werte sind einfach da, ob wir zunächst wollen oder nicht. Die Mission ist daher stärker auf die innere und heutige Perspektive beschränkt. Sie beschreibt also eher den Status quo, während die Vision den Soll-Status definiert. Gerade in dieser Ebene auf dem Weg zum Ideal ist es wichtig, sorgfältig zu arbeiten und den Soll-Ist-Abgleich bis ins Detail vorzunehmen. Denn viele unserer Werte und oft verborgenen gesellschaftlichen Gesetzmäßigkeiten zeigen auf den ersten Blick nicht, welche Konsequenzen sie für unser Handeln haben. Wollen wir zum Beispiel im Leitbild selbstbewusste und selbstständig denkende Schulabsolventen haben, die zu ihrer persönlichen Haltung stehen, könnte die Frage aufkommen, ob ein Schulsystem mit Lob und Bestrafung, das wir alle von Anfang an hinnehmen, der richtige Ansatz ist. Spannend in diesem Zusammenhang ist auch die Überlegung, wie Gemeinsinn entstehen soll, wenn Zusammenarbeit unter Schülern teilweise gewünscht ist (Gruppenarbeit) – um dann in Leistungsabfragen wieder explizit verboten zu werden. Auch intellektuelle Schwerpunkte des Einzelnen im Vergleich mit dem, was in unserem Bildungssystem zur so genannten Allgemeinbildung gehört, sind im Soll-Ist-Abgleich sicherlich eine umfassende Diskussion wert.

Die Strategie und die abgeleiteten Umsetzungsmaßnahmen haben in der Pyramide den höchsten Konkretisierungsgrad. Sie sollten nach dem SMART-Prinzip, also spezifisch, messbar, aktivierend, realistisch und terminiert aufgebaut sein. Die hohe Konkretisierung der Maßnahmen ist sehr wichtig, um sie messbar und steuerbar zu machen. Wenn das gelingt, dann können in der Meilensteinplanung die einzelnen Bausteine so zusammengefügt werden, dass es realistisch wird, die Vision in einem gesteckten Zeitrahmen annähernd zu erreichen. Weichen einzelne Bausteine zeitlich und inhaltlich von den Zielvorgaben ab, können wir jederzeit nachsteuern.

Gut, unsere Pyramide steht – zumindest in der Theorie. In der Praxis sollten wir damit beginnen, darüber nachzudenken, was wir heute verändern müssen, um unser gemeinsames neues Ideal zu erreichen. Dass wir diese Frage auf einer globalen und nicht auf einer westlichen oder nationalen Ebene stellen, dürfte an sich auf der Hand liegen. Wir sollten uns also Gedanken darüber machen, wie sich unsere Welt verändert, welche Szenarien wahrscheinlich sind und welche Folgen das für die Menschen und die Natur hat. Denn wir können nur dann die richtigen Weichen stellen, wenn wir ein grobes Bild von Veränderungen haben, Chancen wie Herausforderungen, die auf die Gesellschaft und jeden Einzelnen zukommen. Dazu sollten wir Elemente aus der langfristigen Zukunftsforschung, der strategischen Früherkennung, nutzen, um eine Idee davon zu erhalten, welche Veränderungen der

Welt bevorstehen. Die strategische Früherkennung ist die wissenschaftliche Methode, um evidenzbasiert Zukunft vorherzusagen.

Anders als in Science-Fiction-Romanen erfindet die strategische Früherkennung keine Traumwelten auf Basis von Kreativität, sondern beobachtet kleine Veränderungen, die bereits heute auftreten. Die Wissenschaft spricht von schwachen Signalen, also kleine und vage Informationen, die Indikatoren für eventuell eintretende Veränderungen sind. Es geht darum, jene Veränderungen aufzuspüren, die disruptiven Charakter haben und so mit den Kontinuitäten brechen. Die strategische Früherkennung ergänzt die klassische Zukunftsvorhersage der Extrapolation, bei der Verläufe der Vergangenheit als Kontinuitäten für die Zukunft angenommen werden.

Durch die strategische Früherkennung haben wir noch die Chance korrigierend einzugreifen. Denn Zukunft basiert ja immer auf den Entscheidungen, die wir heute treffen. Und je besser die Entscheidungen sind, die wir heute treffen, desto besser wird unsere Welt im Jahr 2030 aussehen.

Kommen wir zurück zu den Vereinten Nationen. Zur Erinnerung: In ihren „Sustainable Development Goals" (SDG's) hat die UN eine Blaupause für die Welt erstellt, „(...) to achieve a better and more sustainable future for all. They address the global challenges we face, including poverty, inequality, climate change, environmental degradation, peace and justice."[33] Als „Global Challenge" taucht die Bildung darin nicht auf, sondern an anderer Stelle[34] – ohne detaillierte Ideen für die Zukunft. Im Gegenteil: Ausgerechnet in dieser für die Menschen so überlebenswichtigen Frage wird auf das überholte System unserer Schulbildung hingewiesen und lediglich der Zugang für alle Menschen weltweit gefordert. Das reicht definitiv nicht aus, um uns zukunftsfähig zu machen! Die Forderung nach einem neuen Bildungsideal richtet sich daher auch an die Vereinten Nationen.

Eine kleine Einschränkung ist an dieser Stelle allerdings angebracht: Unsere Vorfahren konnten die Folgen ihrer Handlungen für die Umwelt unmöglich in ausreichendem Maße absehen. Der Faktor

Zeit hat sich durch das Internet in einem Maße verändert, wie es vor fünfzig Jahren nicht annähernd vorstellbar war. Heute wissen wir, wie sich unsere Welt durch den Eingriff des Menschen entwickelt – und können auch noch eingreifen, indem wir ebenso schnell handeln. Aufgrund der politischen Herausforderungen im globalen Machtgefüge macht es aus Gründen einer beschleunigten Handlungsfähigkeit Sinn, zunächst auf nationaler Ebene einzusteigen.

Kapitel 3

WISSEN. KÖNNEN. FÜHLEN. SEIN.

Wie lässt sich am einfachsten beschreiben, wie Bildung funktioniert? Nur wenn wir eine einfache Antwort auf diese Frage haben, werden wir es schaffen, einen Konsens über ein neues Ideal zu finden. Eindeutig ist zumindest ein zentraler Wirkungszusammenhang: Zeit und Bildung korrelieren sehr stark miteinander. Die Lebenszeit steht hier synonym auch für gemachte Erfahrungen und gefühlte Emotionen. Für viele Menschen hängt ihre Bildung und das, was ihren Charakter geprägt hat, sehr stark mit persönlichen Erfahrungen zusammen. Dabei ist es unerheblich, ob die Erfahrungen positiver oder negative Natur sind. Je länger der Mensch lebt, desto mehr dieser Erfahrungen wird er gemacht haben.

Allerdings ist diese Beziehung nicht linear: Denn während der frühen Kindheit ist die Geschwindigkeit des Lernens wesentlich schneller als in späteren Lebensjahren. Das hängt auch damit zusammen, dass für die Entwicklung insbesondere neue Erfahrungen und Emotionen von Bedeutung sind. Es sind Stimuli, die Denkprozesse, spontane Reaktionen, Verhaltensweisen oder Bewegungen auslösen. Klar ist: Je mehr dieser Stimuli auf uns einwirken, desto höher ist die Chance, dass Geist und Charakter reifen.

Dabei gibt es keine Kategorie und Rangfolge der Erlebnisse. Jede Erfahrung ist für den Einzelnen besonders und von Bedeutung für die Entwicklung. Somit ist es auch unerheblich, ob eine praktische oder theoretische Erfahrung gemacht wird. Würde man diese Gleichheit der Wertigkeit von Erfahrungen konsequent umsetzen, könnten viele nichtakademische Ausbildungen und Berufe in ihrer gesellschaftlichen Wertschätzung steigen. Genauer hingeschaut wäre die Folge noch weitreichender: Denn die Gleichwertigkeit aller Erfahrungen würde zu maximaler Vielfalt an Kompetenzen führen – etwas, das wir in Zukunft dringend brauchen. Erfahrungen können wir Menschen in vier unterschiedlichen Bildungsdimensionen machen. Neben Wissen und Fertigkeiten sind dies die Haltung und Emotionen.

Diese vier Dimensionen umschreiben das Kompetenzset des Menschen: das erlernte Wissen, das Können in Form von Fertigkeiten, das Fühlen als Herzenzbildung und das Sein als Ausdruck einer Haltung.

WISSEN

Als Wissen bezeichnet man die geistigen, wissenschaftlichen und technischen Kompetenzen sowie die State-of-the-art-Informationen, die durch formale Bildung erlangt werden können. Wissen wird vor allem in Schulen und Hochschulen vermittelt, aber auch in Weiterbildungsmaßnahmen, Praktika, Ausbildungen oder durch gezieltes Selbststudium. In unserem westlichen Bildungskanon ist Wissen das Lcitidcal. Es wird bcnotct, bewertet oder eingeordnet, indem Wissensstände abgefragt und mit Vorlagen verglichen werden. Wer mehr Daten in seinem Gehirn gespeichert hat, „weiß" demzufolge mehr. Nicht umsonst ist Wissen die akzeptierteste Ressource im Bildungskontext. Die anderen Dimensionen sind in der heutigen Bildungsdebatte eher nachgelagert – ein fataler Fehler. Denn tatsächlich gehören Fertigkeiten, Emotionen und Haltung als zentrale Elemente in die Entwicklung des menschlichen Charakters.

KÖNNEN

Die Fertigkeiten umfassen das Know-how, das Geschick und die praktischen Kompetenzen. Die meisten Fertigkeiten sind durch ausprobieren, üben und coachen erlernbar. Manchmal spielt allerdings auch ein ganz besonderes Talent von Menschen eine Rolle. Ein „musikalisches Gehör" ist beispielsweise etwas, das man hat oder nicht hat.

Häufig werden Wissen und Fertigkeiten in den Bildungssystemen voneinander getrennt. Es gibt unterschiedliche Bildungswege, die entweder das eine oder das andere in den Fokus nehmen. In Deutschland ist hier immerhin im Hochschulkontext nachgebessert worden, indem Duale Studiengänge eine praktische Ausbildung mit wissenschaftlicher Arbeit verknüpfen. Die Qualität dieser Angebote differiert allerdings stark. Fertigkeitsbildung kann als schöpfende Bildung verstanden werden, die Übersetzung aus der Theorie in die Praxis bzw. die Umsetzungs- und Realisierungskompetenz.

FÜHLEN

Die Verhaltensforschung untersucht menschliches Entscheidungsverhalten. Auffällig ist dabei, dass große Teile der menschlichen Entscheidungen emotional und nicht rational getroffen werden. Der Mensch entscheidet also nicht wie ein *Homo oeconomicus*, sondern irrational. Daher ist es unabdingbar, in die Bildung von Emotionen zu investieren, um beste Entscheidungen zu begünstigen. Das ist in vielen Bereichen seit Jahrzehnten üblich: So werden Kaufentscheidungen überwiegend emotional getroffen – das bewegt ganze Marketingabteilungen dazu, die Gefühlslagen ihrer potenziellen Konsumenten von Anfang an mitzudenken. Aber auch sehr private Entscheidungen wie die Partnerwahl werden auf Basis von Emotionen getroffen.

Ein Verständnis von ureigenen Instinkten und Emotionen ist unbedingt notwendig. Erst dann erkennen wir auch, was uns Menschen in unserer gesamten Individualität glücklich und zufrieden macht. Denn der Schlüssel zum Streben nach Glück, Zufriedenheit und Sinnhaftigkeit gelingt nur über die Ausbildung und das Verständnis von Emotionen.

SEIN

Wahrscheinlich ist die abstrakteste Dimension die der Haltung. Die Haltungsbildung umfasst alle Prämissen, Grundüberzeugungen und Denkweisen von uns Menschen. Diese werden sehr häufig unbewusst durch das System vermittelt, ohne dabei explizit zu sein. Haltungen können aber durch inneren Wandel verändert werden, sind sie auch Wahl des Einzelnen. Wer wir sind und wie wir sein wollen, determiniert diese Kategorie. Die Haltung resultiert aus der ständigen Reflexion der eigenen Rolle in der Welt. Dabei gelten alle Fragen gleichermaßen für das Individuum wie für die Gesellschaft. Verhältnismäßig neu ist, dass sich diese Fragen im Anthropozän auch mit Bezug zur Weltgesellschaft stellen. Viele Grundeinstellungen wurden in nationalen und multilateralen Verträgen festgehalten. Einzelne Faktoren wie die des Wachstums als Notwendigkeit für menschlichen Wohlstand sind den meisten Systemen sogar immanent.

VIER DIMENSIONEN, ABER NOCH NICHT AUSBALANCIERT

Es gibt also nicht nur eine, sondern vier menschliche Erfahrungsdimensionen, aus denen sich unser Bildungsideal zusammensetzen sollte: die Kompetenzen *zu wissen, zu können, zu fühlen* und *zu sein*. Dabei konkurrieren Wissen, Fertigkeiten, Emotionen und Haltung vor dem Hintergrund der Ressourcenallokation im Sinne eines Tradeoffs, also einer genauen Abwägung. Investiert die Gesellschaft ausschließlich Zeit und Geld in Wissen, kann sie nicht zusätzlich in die Bildung der Emotionen investieren. Es ist eine Frage von Ressourcenverteilung. Sie sind wie überall begrenzt, ganz gleich, ob es um Verfügbarkeit, Kapazitäten, Aufmerksamkeit oder Optionen geht. Die Gesellschaft muss also immer entscheiden, wie die begrenzten Ressourcen optimal allokiert werden. Macht ein Mensch mehr Erfahrungen in einer der Kategorien, macht er weniger in den anderen.

Soweit die Theorie. In der Praxis findet diese Ausbalancierung bislang nicht statt. Im Mittelpunkt steht das Wissen, und dann kommt lange gar nichts. Dabei legen sich die gemachten Erfahrungen in den anderen drei Dimensionen viel häufiger im Unterbewusstsein ab. Freud geht in seinen Überlegungen davon aus, dass das Bewusste in jedem Moment nur ein Bruchteil des Unbewussten umfasst: „Das Unbewußte ist das eigentlich reale Psychische, uns nach seiner inneren Natur so unbekannt wie das Reale der Außenwelt und uns durch die Daten des Bewußtseins ebenso unvollständig gegeben wie die Außenwelt durch die Angaben unserer Sinnesorgane."[35] Im Gegensatz dazu ist für Erich Fromm die Unterscheidung zwischen bewusst und unbewusst irreführend: „Der Begriff „das Unbewusste" ist tatsächlich irreführend, [...] Etwas wie das Unbewusste gibt es nicht; es gibt nur Erfahrungen, deren wir uns bewusst sind, und andere, deren wir uns nicht bewusst sind, das heißt, die uns unbewusst sind. Wenn ich einen Menschen hasse, weil ich vor ihm Angst habe, und wenn ich mir dann meines Hasses, aber nicht meiner Angst vor ihm bewusst bin, so können wir sagen, dass mein Hass bewusst und meine Angst unbewusst ist. Trotzdem aber ruht meine Angst nicht an jenem geheimnisvollen Ort: „dem" Unbewussten."[36]

Um dieses komplexe Thema zu vereinfachen, orientieren wir uns am Potenzial, das aus dem Unbewussten entstehen kann. Prof. William Duggan von der Columbia Business School in New York hat dazu mehrere Bücher verfasst. Für Duggan entstehen Innovationen und Kreativität in den Momenten, in denen das Bewusstsein mit anderen Dingen als der eigentlichen Fragestellung befasst ist – zum Beispiel beim Duschen oder Spazieren gehen. Das Unterbewusstsein ist so gesehen ein unfassbarer Informationsschatz, den wir nicht immer direkt abrufen können, sondern dem wir Raum zur Mitarbeit geben sollten. Es übernimmt konsequenterweise für die Bildung eine wichtige Funktion, denn es erweitert die begrenzte Aufnahmefähigkeit im Bewusstsein. Das spielt auch für die Speicherung von Wissen eine Rolle. Ein besonders einprägsames Erlebnis kombiniert mit einer starken Emotion speichert Informationen viel besser und stärker ab, als Informationen, die aus einem Buch auswendig gelernt werden.

So spricht man beispielsweise im Sport vom Automatismus, mit dem Fertigkeiten ausgeführt werden, die intensiv trainiert und erlernt wurden. Viele herausragende Sportler haben ihren Leistungshöhepunkt dann, wenn sie nicht bewusst handeln, sondern automatisch und unbewusst. Mentales Training basiert auf dieser Erkenntnis. Ähnliches gilt auch für Erfahrungen in der Dimension der Haltung. Unbewusste Handlungen entlang eines festen Wertekanons, geprägt durch Ethik und Moral, ist vielen Entscheidungsträgern gemein. Exemplarisch seien hier Staatsmänner genannt, die bewusst und unbewusst Entscheidungen gegen den eigenen Egoismus und zu Gunsten der Gemeinschaft getroffen haben: So hat Helmut Schmidt am 18. Oktober 1977 entschieden, die Landshut, ein durch Terroristen in Mogadischu entführtes Lufthansa Flugzeug, durch die GSG9 stürmen zu lassen. Obwohl diese Entscheidung für ihn auf emotionaler Ebene nur schwer zu ertragen war, entschied er auf Basis seines moralischen Kompasses – hätte doch die Verhandlung mit den Geiselnehmern zu neuen Entführungen motivieren können.

Ein ganz aktuelles Beispiel kann man in der Corona-Politik vieler Ländern finden: die Abwägung der Gefährdung von Menschenleben im Verhältnis von wirtschaftlicher Öffnung. Während viele Politiker sich an den Meinungsumfragen, etwa für Öffnung, orientiert haben, hat sich die deutsche Bundeskanzlerin Angela Merkel dazu entschlossen, im April 2021 die Notbremse zu ziehen und gegen die Meinung der vielen – aber auf Basis ihrer eigenen Überzeugungen – zu entscheiden. Haltung und christliches Wertekonstrukt für das hohe Gut auf Gesundheit scheint hier der ausschlaggebende Punkt gewesen zu sein.

Ein weiteres Beispiel ist die besondere Schutzbedürftigkeit von Kindern und Schutzbefohlenen. Das stellt niemand infrage – unbewusst und durch den Wertekanon geprägt.

Die Unbewusstheit von Erfahrungen im Bereich der Emotionalität birgt Chancen wie Gefahren. Die Chancen liegen natürlich in wichtigen Entscheidungen, wie wir sie aus der Geschichte von bedeutenden Persönlichkeiten kennen. Gefahren lauern jedoch dort, wo das unbewusste Erleben von Angst zu schwierigen Reaktionen führen kann.

Wissen steht den Emotionen also diametral gegenüber. Nicht tief im Unterbewusstsein verankert hat es den Nachteil, dass es nur bei regelmäßiger Abrufung auch in Erinnerung bleibt. Und was ist nun besser? Braucht es wirklich alle vier Bildungsdimensionen?

Ja, denn sie umfassen sämtliche notwendige Kompetenzen zur Prägung des menschlichen Charakters und zu Ausprägung seiner Entscheidungsfähigkeit. Dabei erreichen nicht alle Menschen die höchste Stufe der Entscheidungsfähigkeit. Denn die absolute Mündigkeit ist ein Ideal – sind wir Menschen in unserer Mündigkeit durch äußere Einflüsse limitiert. Mündigkeit meint in der Philosophie die Kompetenz, Eigenverantwortung zu übernehmen und selbstbestimmt zu leben. Die Entscheidungsfähigkeit ist das differenzierende Element zwischen mündigen und unmündigen Menschen.

Der Faktor Zeit spielt im Bildungskontext eine große Rolle. Denn Zeit ermöglicht Quantität an Erfahrungen. Unser Bildungshorizont wächst also mit zunehmender Lebenszeit. Dabei ist dieser Zusammenhang nicht – wie häufig angenommen – linear. Denn nicht immer hat ein älterer Mensch einen höheren Bildungsstand als ein jüngerer. Je nach Vielfalt und Intensität der Erfahrungen gibt es hier deutliche Abweichungen.

BILDUNGSSTIMULI – DER SCHLÜSSEL ZU MEHR

Stellen wir uns eine Person vor, die nichts anderes macht als auf einen Knopf zu drücken. Diese Person kann ihren Bildungshorizont nicht durch die Arbeit an sich erweitern – ganz gleich, wie viele Jahre ihres Lebens sie das tut. Im Gegensatz zum Knopfdrückenden hat ein Mensch, der die Welt bereist oder als Erziehender arbeitet, ständig neue Reize, die seinen eigenen Horizont geprägt durch externe Stimuli wachsen lassen. Denn hier sind die Intensität, mit der neue Erfahrungen gemacht werden und die Andersartigkeit verglichen mit der Monotonie des Knopfdrückens viel höher. Wir können uns daher den Bildungshorizont vorstellen wie eine Eiche, deren Stamm kontinuierlich wächst. Jahresringe und Höhe sind Indikatoren für das Alter der Eiche – aber auch stark abhängig von Nährstoffen und Wasserverfügbarkeit. Hat die Eiche zu wenig Wasser, wächst sie weniger schnell, als Artgenossen unter Idealbedingungen. Diese Idealbedingungen des qualitativen und quantitativen Wachstums braucht eine Eiche, um hoch, breit und resilient wachsen zu können. Der Faktor Zeit ist dabei erheblich, kann sie doch immer nur ein bestimmtes Volumen an Wasser und Nährstoffen aufnehmen und verarbeiten. Ähnlich wie der Mensch, der auch ab und zu eine Pause, Schlaf und Zeit zum Nachdenken und Reflektieren braucht.

Analog verhält es sich mit der Entwicklung des menschlichen Bildungshorizonts. Betrachten wir nun die menschliche Aufmerksamkeit, die es uns ermöglicht, uns auf eine Aufgabe oder einen Gegenstand in einem Moment zu fokussieren. Man kann sich Aufmerksamkeit als das Ausblenden von Sinneswahrnehmungen vorstellen, die gleichzeitig auf uns einprasseln. Wenn wir beispielsweise ein Buch lesen und nebenbei findet ein Theaterstück statt, beschreibt die Aufmerksamkeit die Fokussierung auf den Prozess des Lesens und das Buch – und blendet die Bewegungen, Musik und das Klatschen der Zuschauer aus.

Ronald T. Kellog, Professor für Psychologie an der Saint Louis University, untertcilt Aufmerksamkeit anhand der Filter und der Kapazitätstheorie[37]. Während bei der Filtertheorie davon ausgegangen wird, dass aufgabenirrelevante Informationen abgeblockt bzw. nicht wahrgenommen werden,[38] geht die Kapazitätstheorie[39] davon aus, dass die Aufmerksamkeit in ihrem Umfang begrenzt ist. Der menschliche Geist hat also nur begrenzte Ressourcen zur Ausführung simultaner Aufgaben. Bei der Theorie der Kapazitäten wird Aufmerksamkeit dann verstanden als mentale Anstrengung oder Bemühung.

Auf diesen Impuls wollen wir uns konzentrieren und ihn um die Verarbeitung bzw. Reflexion von mentalen Anstrengungen erweitern. Denn die Konsequenz ist für die Bildung wichtig: Es muss also sinnvollerweise in Zukunft darum gehen, die menschliche Kapazität in ihrer Vielfalt besser zu nutzen. Stimuli können dabei in allen vier Bildungsdimensionen erfolgen und gleichermaßen auf den Menschen wirken. Während viele Menschen ihre volle Kapazität zur Erweiterung des Bildungshorizonts nicht ausnutzen (wie der Knopfdrücken-de), überfordern andere ihre eigenen Kapazitäten und reduzieren somit die Möglichkeit der inneren und äußeren Reflexion. Die Reflexion von Erlebnissen ist entscheidend, um Eindrücke zu speichern und später abrufen zu können. So hilft Reflexion dabei, die eigene Rolle innerhalb der Welt besser einzuordnen. Denn nur wenn Reflexion und Kontextualisierung erfolgen, haben die gemachten Erfahrungen die höchste Auswirkung auf den menschlichen Charakter. Das Problem liegt dabei in der menschlichen Kapazität: Die Quantität der Stimuli ist nämlich limitiert auf die, die der Mensch auch verarbeiten kann. Denn für unseren Bildungshorizont ist es wesentlich, die gemachten Erfahrungen durch uns selber, aber auch durch das Umfeld richtig einzuordnen. Wir alle kennen diese Momente, in denen wir viele neue Stimuli in kurzer Zeit gesammelt haben – und anschließend erst einmal Zeit zur Verarbeitung brauchen.

An dieser Stelle unterscheidet sich die Zunahme des Bildungshorizonts vom Wachstum des Baumes. Wächst der Baum relativ regelmäßig, so sind es besondere Stimuli im Leben des Menschen, die uns stärker wachsen lassen als andere. Dazu können längere Auslandsaufenthalte, Impressionen im Job oder die Geburt des ersten Kindes zählen. Die Geburt des ersten Kindes hat zum Beispiel einen besonderen Einfluss auf die Fähigkeit, Verantwortung gegenüber anderen zu übernehmen.

Wollen wir den allgemeinen Bildungshorizont erweitern, sollten wir daher Erfahrungen sorgsam hinsichtlich der Spannungsfelder Quantität und Qualität, neue Stimuli und Reflexion von Altem, aber auch Überforderung und Unterforderung abwägen. Denn die Kompetenz, Erfahrungen zu verarbeiten, steigt wiederum mit dem wachsenden Bildungshorizont. Das Alter ist hier nur eine Brücke, um einen Standard zu finden – sind doch Lerngeschwindigkeit und Kapazität von Individuum zu Individuum stark unterschiedlich.

Wir sehen also, dass der Faktor Zeit im Zusammenhang mit der Art der zu machenden Erfahrungen eine zentrale Rolle spielt, um den

Bildungshorizont zu erweitern. Dabei ist die menschliche Kapazität des Machens und Verarbeitens von Erfahrungen sehr unterschiedlich und nicht nur vom Alter abhängig. Lernziele zu überprüfen – und das standardisiert in Altersklassenverbänden – ist daher vom Grundprinzip her falsch. Denn dieses Vorgehen berücksichtigt weder die individuellen Kapazitäten, noch die Tatsache, dass Menschen sich auch in den einzelnen Bildungsdimensionen unterscheiden. So kann ein Mensch eine besonders hohe Kapazität darin haben, etwas auswendig zu lernen, hat dafür aber eine sehr niedrige Kapazität im Bereich der Empathie. Es wäre also nur folgerichtig, unser Bildungssystem an die individuellen Kapazitäten des Menschen anzupassen – unabhängig vom Alter, stattdessen bezogen auf den jeweiligen Bildungshorizont innerhalb der einzelnen Dimension.

Auch innerhalb der Erfahrungen existieren zwei Gegenpole: die Vielfalt einerseits und die Konzentration andererseits. So können wir eine hohe Konzentration auf einzelne Dimensionen legen und gleichzeitig andere weniger stark beachten. Universitäre Bildung legt eine viel stärkere Konzentration auf die Dimension des Wissens, wärend eine Ausbildung stärker die Fertigkeitsbildung in den Fokus nimmt. Gerade die vielgepriesene so genannte Allgemeinbildung konzentriert sich im Wesentlichen auf das, was ein Mensch wissen sollte und weniger auf das, was er fühlen, können und sein sollte.

SUCHE NACH IKIGAI UND REBELLION

Fragt sich nur, warum die vier Dimensionen nicht besser ausbalanciert werden. Ganz sicher liegt das auch daran, dass kein wirkliches Ideal formuliert wird. Uns fehlt die Vision, die uns die Richtung vorgibt. Solange wir sie nicht haben, tun wir gut daran, im Kontext von Vielfalt und Konzentration zunächst breiter anzusetzen und nach Möglichkeit alle vier Dimensionen gleichermaßen zu bearbeiten. So können wir vielfältige und facettenreiche Stimuli in die Entwicklung der Menschen einbringen. Mit zunehmendem Bildungshorizont muss dann jeder für sich selbst entscheiden, ob er den Fokus auf einzelne Themen oder vielfältigere Themen legt. Wer sich gleich zu Anfang auf eine einzelne Dimension versteift, läuft Gefahr zu verkümmern. Erst bei gestiegenem Bildungshorizont kann die Konzentration sinnvoll sein, um den individuellen Neigungen besser zu entsprechen. Die Pole Konzentration und Vielfalt sollten also austariert werden. In der japanischen Kultur gibt es einen Begriff dafür: Ikigai.

Ikigai (jap.   : Lebenssinn) kommt aus dem Japanischen und beschreibt den Grund, warum man sich abends den Wecker stellt, um morgens pünktlich aufzustehen. Der Begriff steht für eine Denkart auf der Suche nach der eigenen Bestimmung. Das Verständnis über das Konzept des Ikigais kann uns helfen, wichtige Elemente zur Glücksfindung herauszufinden und in das Bildungsideal zu inkludieren. Ikigai umschreibt die Reise jedes Menschen auf der Suche nach Lebensfreude und innerer Zufriedenheit. Diese Selbsterforschung soll die folgenden vier Fragen beantworten:

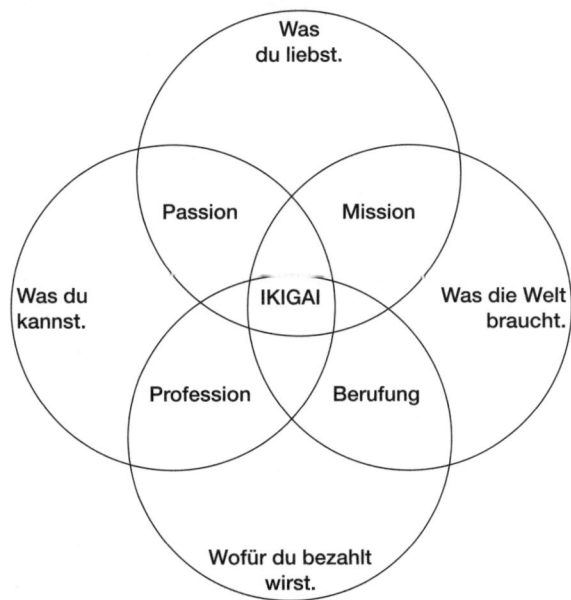

Ikigai kann zwei unterschiedliche Konnotationen haben. Einerseits geht es darum, was uns interessiert. Dies bedeutet explizit Aktivitäten und Zustände, die das Leben lebenswert machen. Dazu gehören beispielweise die Natur, Gemeinschaft, Musik, Sport, Familie, Kunst und Reisen. Auf der anderen Seite wird mit Ikigai aber auch das Gefühl beschrieben, das Lebensziel und die Lebensfreude gefunden zu haben. Es geht also gleichermaßen um die Suche *und* das Finden. Im Französischen kommt dem Begriff des Ikigai die Bezeichnung *raison d'être* am nächsten und im Englischen der *purpose*.

Auf der Suche nach dem *purpose* machen sich auch viele Unternehmen – überwiegend aber aus kommerziellem und nicht aus idealistischem Interesse. Es wird eine Geschichte erzählt, in der John F. Kennedy einen Mitarbeiter der NASA, der einen Flur reinigte, gefragt haben soll, was seine Aufgabe sei. Der Mitarbeiter antwortete, dass er dabei helfe, den ersten Menschen auf den Mond zu bringen. Eine übergeordnete Motivation für Mitarbeitende löst Gefühle der Zugehörigkeit und Zufriedenheit aus. Der Mitarbeiter konnte sich mit den Zielen der NASA identifizieren und sah seine Aufgabe als extrem wichtig an, um die übergeordneten gemeinsamen Ziele zu erreichen.

Muss es nicht folgerichtig auch einen *purpose* für unser Bildungskonzept geben? Ein gemeinsames Ideal, auf das Eltern, Lehrende, Trainierende und Mitmenschen hinarbeiten können?

Dabei geht es zunächst um die Suche jedes Einzelnen. Sie ist von Individuum zu Individuum unterschiedlich. Diese Suche steht meist im Zentrum des Erwachsenwerdens und des sich Fortbildens. In der japanischen Öffentlichkeit wird breit darüber diskutiert, was als Ikigai angesehen werden darf, welche gesellschaftlichen Prämissen als Grundlagen dienen können und welche nicht. Dazu gehört auch die Frage, wie man den Einzelnen auf seiner Suche unterstützen kann. Warum passiert das in Deutschland nicht? Weil es schon immer anders war? Weil Alternativen mühsam sein können oder gar Hürden und Hindernisse zu bewältigen wären?

Keine Frage: Aus der mangelnden Kenntnis über die vier Dimensionen zur menschlichen Bildung haben sich in der Gesellschaft Fehlannahmen festgesetzt, die eine Gefahr für die Zukunftsfähigkeit der Bildungshorizonts darstellen. Es ist eine Haltung in der Gesellschaft entstanden, dass Bildung und Wissen gleichgesetzt werden und nicht Bildung als ganzheitlich, im Sinne von Charakterbildung und der Kompetenz zu entscheiden, gesehen wird. Daraus ist eine sehr starke Fokussierung auf die Vermittlung von Wissen entstanden. Einige Unternehmen versuchen diese Fähigkeiten durch Führungskräfteseminare oder Achtsamkeitsseminare zu vermitteln, verfolgen aber zu häufig noch eine ökonomische Zielsetzung.

Gelingt es uns also nicht, die reflektierenden Erfahrungen in allen vier Dimensionen im Sinne von Ikigai besser auszutarieren, werden wir auch nie die ideale Zusammensetzung von Kompetenzen vor dem Hintergrund der individuellen Kapazitäten erzielen. In der Folge bleiben viele Persönlichkeiten und Charaktere auf der Strecke.

Erfahrungen tragen aber nicht nur dazu bei, unseren Bildungshorizont zu erweitern, sondern können ihn auch beschränken. Man spricht dabei vom *Framing*, also der Begrenzung der eigenen Entwicklung durch Erfahrungen, die man selbst oder auch vorherige Generationen gemacht haben. Nehmen Sie nur ihren ersten Kontakt mit der Geschmacksrichtung „bitter", beispielsweise einen Kaffee: Es muss einige Zeit vergehen, bis Sie erneut einen Kaffee probieren wollen, denn sie sind durch die negative Erfahrung beeinflusst und vor allem begrenzt, denn Sie wissen mithin nicht um die Geschmäcker anderer Kaffeesorten.

Ein zweites, leider sehr aktuelles Beispiel rankt sich um die Bemühungen zur europäischen Integration. Denn unsere Generation macht nun die Erfahrung der Impfstoffbeschaffung, die durch die Europäische Union verantwortet ist, – und stellt fest, dass sie sich weder auf die EU, noch auf die anderen Bündnispartner wirklich verlassen kann. Es gibt natürlich auch positive Frames, vielleicht der Sommerurlaub in den Dolomiten oder der Geruch von frischer Pasta, der sich so verankert hat, dass Sie sich kaum schlechte Pasta vorstellen können. Genau deshalb ist es so wichtig, die gemachten Erfahrungen immer wieder zu hinterfragen, zu reflektieren und einzuordnen. Dazu dient die Dimension der Haltung. Denn die Erfahrungen sammeln sich über Generationen hinweg an und entwickeln systemische Grundhaltungen. Während die Menschenrechte als Folge der französischen Revolution unzweifelhaft sind und als globaler Grundkonsens gelten, gibt es viele andere *Frames*, die weniger präsent unter der Oberfläche manifestiert sind. Es braucht also auch ein gewisses rebellisches Element für unser Bildungsideal, um verkrustete Strukturen aufzubrechen.

Bei Reflexion und Rebellion, Einordnung und Hinterfragen sollten wir in Zukunft nicht mehr vergessen: Das neue Verständnis des menschlichen Bildungshorizonts ist die Gleichwertigkeit, die Balance von Wissensbildung, Herzensbildung, Fertigkeitsbildung und Haltungsbildung. Das zieht automatisch eine Abkehr von allem Bestehenden nach sich. Dieser Bruch mit allen vorherigen Bildungsidealen ist jedoch die einzig sinnvolle Antwort auf die Frage nach dem Ideal der Bildung. Gelingt es der Gesellschaft nicht, die Systeme und auch das Verständnis des Einzelnen entsprechend zu korrigieren, dann werden sich die menschlichen Wettbewerbsvorteile im Vergleich zu denen der Roboter und Technologien über den Zeitverlauf hinweg nivellieren. Und wer will das schon?

Kapitel 4

GENERATION BILDUNG

In den vergangenen Jahrhunderten ist Bildung immer linear gewesen – und zwar in zwei Dimensionen: erstens der Wissensweitergabe intergenerationell und zweitens der Wissensweitergabe intragenerationell. Die Weitergabe von Wissen (hier als Synonym des klassischen Bildungsideals) wurde von der Lehrerin auf die Schülerin durchgeführt. Dabei war die Lehrerin in der Regel mit mehr Lebenserfahrung ausgestattet und hat in den Fächern des Bildungskanons ihr Wissen auf die Schülerin weitergegeben. Oder anders ausgedrückt: Die Alten haben den Jungen etwas beigebracht. Genau das ist mit intergenerationeller Wissensweitergabe gemeint.

Durch die dynamischen Veränderungen, die auf unserem Planeten stattfinden, werden wir mit einigen traditionellen Perspektiven brechen müssen. Daher ist eine reine Weitergabe des Wissens von der älteren Generation auf die Jüngere nicht mehr allein zielführend. In einigen Bereichen wie zum Beispiel der künstlichen Intelligenz oder auch den Datenwissenschaften ist die lineare Wissensweitergabe geradezu sinnlos. Denn die Expertinnen entstammen häufig der jüngeren Generation. Um Zukunft zu gestalten, sollten wir also schleunigst die Kompetenzen von Jüngeren akzeptieren. Ähnliches zeigt sich aufgrund der zunehmenden Explorationsbemühungen der Generation Y im Bereich des Reisens und der neuen Kulturen. Viele Mitglieder der Generation Y haben schon heute einen breiteren Erfahrungsschatz in anderen Ländern und Kulturen sammeln können, als der durchschnittliche Babyboomer. Reisen ist zu einem Statussymbol und identifikationsstiftend für die Generation Y geworden. Die Babyboomer haben hier die einmalige Möglichkeit, von den Erfahrungen der Jüngeren zu profitieren.

Aber auch innerhalb einer Generation wurde das Wissen von Lehrenden auf Lernende weitergegeben. Hier lassen sich vor allem geografische Unterschiede betrachten, die stark mit dem „Entwicklungsstatus" des Landes zusammenhängen. Ein starkes Nord-Süd-Gefälle und Ost-West-Differenzen prägen dabei unsere Welt. Für den Norden stehen dabei Länder aus Nordeuropa, die USA und England, was sich im Blick des globalen Südens in den globalen Norden genauso ausdrückt wie die mangelnde Aufmerksamkeit des Nordens gegenüber dem Süden. Ganz ähnlich sieht es beim Verhältnis des Westens zu Russland und China oder der USA zur Pazifikregion aus – die vermeintlichen Entwicklungsländer wurden lange Zeit nicht ernst genommen. Kurzum: Es fehlt uns das Gespräch auf Augenhöhe über die unterschiedlichen Kulturen hinweg.

Noch im Mittelalter war der Blick der Europäer einzig auf Europa gerichtet und somit ein reiner Innenblick. Nach den beiden Weltkriegen zu Beginn des 20. Jahrhunderts hat sich ein nordatlantischer Blick etabliert. Die Europäer und die Amerikaner – zusammengenommen der Westen – dominierten mit militärischen Mitteln die Weltanschauung und versuchten die Demokratie weltweit zu etablieren, ganz zu schweigen von Regime-Change-Missionen. In den westlichen Ländern war die respektvolle und gleichwertige Behandlung von anderen Kulturen nicht verbreitet. Vielmehr wurde versucht, die eigene Weltanschauung, teilweise mit militärischen Mitteln, durchzusetzen.

Diese Haltung ist nicht zukunftsfähig. Denn das 21. Jahrhundert wird kein atlantisches mehr sein, sondern von den Mächten des Pazifiks dominiert. Der wirtschaftliche und militärische Aufstieg von China und Indien wird auch den Blick der Vereinigten Staaten von Amerika verstärkt Richtung Asien lenken. Auch aus deutscher Sicht haben wir uns im Rahmen der formalen Bildung viel zu wenig mit asiatischen Kulturen und Weltanschauungen auseinandergesetzt. Wer kennt hier schon den Konfuzianismus genauer? Ohne Respekt für andere Kulturen kommen wir global jedoch nicht weiter. Wer glauben wir eigentlich, wer wir sind, dass wir uns anmaßen, anderen Menschen vorzuschreiben, wie sie zu leben haben? In Zukunft muss der Wettbewerb der Systeme dialogisch ablaufen. Erst wenn uns das gelingt, kann auch das intragenerationelle Lernen besser funktionieren – und das westliche Prinzip des Egoismus langfristig aufgeweicht werden.

Stattdessen brauchen wir andere Mechanismen, um aus unserer Einbahnstraße in Sachen Bildung herauszukommen: Wir müssen zirkulieren, reisen und teilen. Das klingt ungewöhnlich im Zusammenhang mit einem Bildungsideal, ist jedoch der Schlüssel zu einem neuen Miteinander in der Weltgesellschaft.

DAS PRINZIP KREISLAUF

In vielen Wirtschaftsprofessionen spricht man bereits nicht mehr von der linearen Ökonomie, sondern der Kreislaufwirtschaft, der „Circular Economy". Damit ist gemeint, dass sich die Wertschöpfungsketten zu echten Kreisläufen verändern müssen. Die Circular Economy versucht Antworten auf Nachhaltigkeitsfragen zu finden. Wichtig ist dazu, die Nachvollziehbarkeit von Herkunft und Verwendung zu erhöhen, um weniger der noch verwendungsfähigen Produkte wegzuschmeißen – und mehr wieder- und weiterzuverwenden. Die Circular Economy ist vereinfacht gesagt die Übertragung des Recycling Prinzips auf andere Güter und Branchen. Das Gegenteil der Kreislaufwirtschaft ist die Linearwirtschaft, auch als „Wegwerfwirtschaft" bezeichnet. Sie ist das aktuell vorherrschende Prinzip der industriellen Produktion. In der Baubranche beispielsweise ist es viel günstiger, statt der Wiederaufbereitung von Altlasten diese neu produzieren zu lassen. Dadurch wiederum werden ständig Ressourcen der Erde benötigt.

Es gibt hier verschiedene Ansätze, um der Nachverwendung von Rohstoffen und der Abfallwirtschaft, beispielsweise im Bereich Recycling, mehr Aufmerksamkeit zukommen zu lassen. Rau und Oberhuber empfehlen ein „Madaster" anzulegen, das – analog zum Kataster für Liegenschaften – ein Register für Material anlegt.[40] Dadurch erhält jedes verbaute Material die Möglichkeit, einer geeigneten Nachverwendung zugeführt zu werden.

Wegwerfwirtschaft war auch in der Schifffahrtsbranche zu beobachten: Während Schiffsfonds in ihrer Blütezeit beachtliche Renditen erzielten, sind heute viele Fonds pleite. Hintergrund ist die Kalkulation der Fondsgesellschaften für ein Neubauschiff. Über die Laufzeit hinweg sollte durch Vermietung an Reedereien eine adäquate Rendite erzielt werden. Nach der Laufzeit von meist zwanzig Jahren wurden die Schiffe dann in andere Länder verkauft, um so noch eine Sonderrendite zu erzielen. Aber durch die Entwicklung des koreanischen und chinesischen Schiffsbaus wurde es effizienter, neue Schiffe zu bauen, statt alte weiter zu nutzen – zumal so der technologische Stand ständig verbessert wurde. Dadurch entfiel die Sonderrendite des Fonds und die Attraktivität ging verloren. Analog gilt dieses Vorgehen für andere durch Fonds finanzierte Produkte wie Flugzeuge oder Produktionsmaschinen. Das Geschäftsmodell ist nicht auf Kreislaufwirtschaft ausgelegt gewesen, sondern es gibt wirtschaftliche Nutzungsphasen und den anschließenden Verkauf von Einzelteilen oder die Verschrottung.

Doch die Kreislaufwirtschaft wird die Linearwirtschaft sukzessive ersetzen müssen. Dieses Beispiel zeigt den Paradigmenwechsel in der Wirtschaft, der sich auch in Politik und Gesellschaft vollziehen wird. Wir brauchen diese Veränderung in der Haltung aber auch in der

Wissenschaft und in der Bildung. Denn wichtig ist, dass dem zukunftsfähigen Bildungsideal nicht wieder das Prinzip des Egoismus innewohnt, sondern globales, gemeinschaftliches und respektvolles Lernen mit- und voneinander fest verankert ist. Nur so kann ein globaler Bildungsdialog etabliert werden. Und nur so können wir alle voneinander lernen, indem wir uns bewusst werden, dass unser Wissen und unsere Kompetenzen beschränkt sind. Wie sagte schon Cicero: „Ich weiß, dass ich nichts weiß."

Es geht also auch darum, im neuen Bildungsideal einen grundsätzlichen Fehler im System zu beheben. In Folge kann sich eine Perspektive auf globales und gemeinsames Lernen ausbilden, die heute noch nicht flächendeckend erkannt wurde. Die unterschiedlichen Kulturen sollten voneinander und miteinander lernen. Während zu Beginn des 21. Jahrhunderts in der Schule noch primär deutsche Literatur gelesen wird, ist es unabdingbar, globale Werke zu lesen, die das ganzheitliche Verständnis fördern. Legendäre Werke wie „100 Jahre Einsamkeit" von Gabriel Garcia Marquez[41], Gedichte von Pablo Neruda[42] oder Eduardo Galeonas Buch „Die offenen Adern Lateinamerikas"[43] sollten fest im Bildungskanon etabliert werden. Hugo Chavez sagte darüber einst zu Barack Obama, wenn er dieses Buch nicht gelesen hätte, dürfte er sich keine Meinung über Lateinamerika erlauben. Exemplarisch wurden Bücher aus Lateinamerika genannt, analog müssen wir über Themen aus Afrika, Nordamerika, Asien und Osteuropa diskutieren. Denn der gegenseitige Respekt kann nur dann gelingen, wenn ein Verständnis über die andere Historie und Kultur gegeben ist und ein Austausch auch auf informeller Ebene stattfinden kann. Statt also nur in unsere eigene Historie und Zukunft zu blicken, erscheint auch der globale Blick unabdingbar.

DAS PRINZIP REISEN

In einer intrakulturellen Kreislaufwirtschaft wird ein deutlicher Anstieg von Bildungsreisen notwendig werden. Diese Forderung soll unserem (wichtigen!) Bestreben, negative Klimafolgen zu reduzieren, natürlich nicht entgegenstehen. Es geht vielmehr um ein gesundes Maß an Reisen, das den menschlichen Horizont wachsen lässt. Reisen und interkulturelle Begegnung sind hierbei unabhängig und können idealerweise so klimaneutral wie möglich stattfinden. Sie sind aber, und dass muss man an dieser Stelle in aller gebotenen Deutlichkeit sagen, durch nichts zu ersetzen. Nur durch die Begegnung und das aktive persönliche Erleben können diese Erfahrungen gemacht werden, Ressentiments abgebaut und interkulturelle Gemeinsamkeiten aufgebaut werden. Um dem Klimawandel eine gemeinschaftliche, globale Antwort entgegenstellen zu können, müssen wir alle Gemeinsamkeiten bis hin zu einer Global Governance, einer Weltregierung, herausarbeiten, die Aufgaben eines Souveräns übernimmt. Die Voraussetzung dazu liegt in der horizonterweiternden Reise.

Bisher existieren viele westliche Programme wie das ASA-Programm oder das Global Education Network, beide durch die Gesellschaft für Internationale Zusammenarbeit finanziert. Sie fördern Auslandsaufenthalte und -reisen. Dabei entsteht keine Kreislaufbewegung, sondern die Ressourcen werden in die Bildung der westlichen Menschen und deren Aufenthalte in Entwicklungsländern investiert. Ein wirklicher Austausch auf Augenhöhe kann aber nur dann flächendeckend gelingen, wenn dieser Austausch bilateral und nicht unilateral stattfindet. Die Ausgaben für die Mobilität der ärmeren Länder müssen also erhöht werden, um einen fairen Austausch und eine ideale intragenerationelle Bildung zu ermöglichen. Aus einer persönlichen und intensiven Auseinandersetzung mit anderen Kulturen resultieren Akzeptanz und Toleranz für andersartiges. Wir brauchen dieses Gefühl für unsere Freiheit. Denn sie ist in erster Linie kein Massenphänomen, sondern ein individuelles Gefühl – und damit für unsere Bildung elementar.

Durch Reisen und Begegnungen können sich Leidenschaften entwickeln – für westafrikanisches Essen und Tanz genauso wie für den Salsa in Peru oder den Respekt der Quechua (indigene Bevölkerung der Andenregion) gegenüber der Muttererde. Wenn wir den Wert intragenerationeller Bildung erkennen und für wichtig erachten, ermöglichen wir auch anderen Menschen Leidenschaften zu entdecken und einander auf dem Weg zur individuellen Charakterbildung zu unterstützen. Und gerade für einen jungen Menschen bedeutet ein Aufenthalt in einem anderen Land Emanzipation vom Elternhaus und das Durchstehen von vielfältigen Herausforderungen. So eine Reise kann ein zentraler Schritt in der Persönlichkeitsbildung sein.

Doch nicht nur für die Individuen, sondern auch für die Etablierung eines Global Citizen Mindset ist intragenerationelle Bildung von herausragender Bedeutung. Das Verständnis, dass wir alle auf der gleichen Erde wohnen, hebt der Dalai Lama als wichtiges Element der Herzensbildung an. Es ist zentral, denn globalen Herausforderungen kann nur mit globalen Lösungen begegnet werden.

DAS PRINZIP TEILEN

Dieses Umdenken bedeutet auch zu teilen. Denn das multilaterale Teilen von relevanten Erfahrungen, Wissen, Einstellungen aber auch Emotionen wird dann zum akzeptierten Alltag. Die Grundhaltung, einerseits Erfahrungen zu teilen und andererseits den geteilten Erfahrungen Aufmerksamkeit zu schenken, also das Sharing-Prinzip, macht Bildung erfolgreich. Entscheidend für die Geschwindigkeit, neue Erkenntnisse, Fähigkeiten und daraus resultierend Wissenschafts- und Wirtschaftszweige zu implementieren, ist ein Austausch auf Augenhöhe zwischen den unterschiedlichen Generationen. Und dann?

Dann geht es ans Eingemachte. Denn wir brauchen definitiv ein neues Verständnis des Generationen- und Gesellschaftsvertrages. Unser derzeit gültiger „social contract" geht auf die Überlegungen von Alexis de Tocqueville im 19. Jahrhundert zurück. Der französische Politiker und Publizist beschreibt einen fiktiven Solidarvertrag zweier gesellschaftlicher Generationen. Wofür so eine Idee vom Grundprinzip her gut ist, zeigt das Beispiel unserer Rentenpolitik:

Hier trägt die jeweils jüngere Generation die Rente der Älteren – in dem Bewusstsein, dass sie es mit der nachfolgenden Generation genauso handhaben werden. Und warum braucht es dann ein Update? Weil die jüngere Generation derzeit kaum erwarten kann, dass die ältere – schon aus Eigennutz – in die Bildung investiert. Denn die Jüngeren müssen entsprechende Bildung erfahren, um für die älteren Verantwortung im Alter übernehmen zu können. Doch ist das die einzig mögliche Stoßrichtung? Wohl kaum. Sollte die ältere Generation nicht viel früher als bei Renteneintritt, also schon während des Erwerbslebens, durch das bessere Verständnis der Veränderungsdynamiken vom Nachwuchs profitieren?

So könnte man den Generationenvertrag der Bildung in einer Art schließen, dass die jüngere Generation einen stärkeren Einfluss auf die eigene Bildung bekommt, indem nicht veraltete Fähigkeiten erlernt werden. Oder andersherum gesagt: Die jüngere Generation darf von der älteren erwarten, dass sie das Bildungsideal und dessen Umsetzung so gestaltet, in Zukunft ein Leben in Frieden, Glück und Wohlstand zu ermöglichen. Im Anthropozän ist dieses Szenario gefährdet – und Bildung muss sich fundamental verändern, damit ein lebenswertes Leben weiterhin möglich wird.

Wir brauchen also Studienfächer, die für die Zukunft wichtig sind und wenige, die sich auf die Bewahrung der Vergangenheit konzentrieren. Heute noch werden zu viele Fächer aus einer klassischen Bildungsbetrachtung heraus als notwendig erachtet – und kaum aus der Perspektive der Zukunft und den Kompetenzen, die die Gesellschaft in Zukunft brauchen wird. Analoges gilt auch für andere Bereiche der formalen Bildung. Die Richtung wird dabei zu häufig von konservativen Kräften vorgegeben, deren Verständnis über die globalen und technologischen Veränderungen nicht ausreichend ausgeprägt sind. Die Investitionen der Gesellschaft in das Verständnis von Veränderungen ist zu gering und zu wenig disruptiv, um fundierte Entscheidungen treffen zu können. Dadurch verharren wir im Hier und Jetzt und sind geprägt durch das „Hawisoma"-Prinzip, als Synonym für „Haben wir immer schon so gemacht".

Ein Update des Generationenvertrages wird nachwachsenden Generation dabei helfen, angemessene und zeitgemäße Bildung vehementer einzufordern. Damit sie Kompetenzen erwerben dürfen, die sie wirklich brauchen. Und damit sie in die Lage versetzt werden, ein globales Miteinander zu prägen. So wird der neue Generationenvertrag zu einem Treiber in der intergenerationellen Kreislaufbildung, weil er den Fokus von der Vergangenheit auf die Zukunft richtet.

Durch einen neuen Generationenbildungsvertrag kann dann aus der heutigen linearen Bildungsform eine Kreislaufbildung werden, in der alle Generationen von den Erkenntnissen der jeweils anderen profitieren werden – und die Jüngeren ein Mitspracherecht an ihrer eigenen Zukunft erhalten.

Kapitel 5

BILDUNGSPLURALITÄT
STATT MONOKULTUR!

Wenn wir biologisch-natürliche Systeme mit technologischen Systemen vergleichen, fällt vor allem eines auf: Die natürlichen Systeme sind vielfältiger und widerstandsfähiger als die künstlichen. Durch zahlreiche Eingriffe in die natürlichen Produktionsprozesse leidet die Artenvielfalt jedoch.

Forschende haben herausgefunden, wie wichtig Bienen für das gesamte Ökosystem sind, da sie die Bestäubung vornehmen. Der US-Handelsriese Walmart, der größte private Arbeitgeber der Welt, hat sich ein Bestäubungsrobotersystem patentieren lassen, um „auf den Rückgang der natürlichen Bestäuber zu reagieren", so Walmart in der Patentschrift.[44] Warum aber patentieren wir künstliche Bienen, statt die natürlichen zu schützen? Die Anzahl der Kartoffelsorten in den Anden ist rapide gesunken, ähnliches gilt für Apfelsorten und Getreidesorten. Die Monokultur, die wir gezüchtet haben, um den Output pro Pflanze oder Quadratmeter zu maximieren, gefährdet die Widerstandsfähigkeit. Der Borkenkäfer zerstört die Wälder, auch weil die natürliche Vielfalt des Waldes durch die ökonomische Nutzung der Waldflächen limitiert wurde. Vielfalt ist in der Natur ebenso wichtig, wie in der Bildung. Was aus Fokussierung auf singuläre Zielsetzungen resultiert, können wir im brasilianischen Regenwald erkennen, der den großflächigen Weide- und Sojaflächen weichen musste. Die größte Monokultur der Welt ist jedoch im Weizen entstanden: schnelle und günstige Kalorien ohne wichtige Nährwerte für den Menschen. Erfunden von Norman Borlaug, ist die heute dominierende Hybridweizensorte dominierend für die Herstellung von weißem Weizenmehl. Mit 218 Millionen Hektar ist die Anbaufläche von Weizen die größte aller Nutzpflanzen und mit durchschnittlich knapp 500 Kalorien täglich auch der wichtigste Energielieferant.[45]

Ganz ähnlich sind wir in den vergangenen Jahrzehnten mit der Bildung umgegangen. Wir haben eine Monokultur entwickelt, in der durch die Fokussierung auf sehr enge Steuerungsgrößen die Vielfalt verloren geht. Schauen wir uns doch nur einmal die Ausbildungsberufe an: Viele handwerkliche Fähigkeiten, die auch Teil unserer Identität sind, gehen gerade verloren. Am linken Niederrhein wurde über Jahrhunderte die Hutmacherei praktiziert. Nun werden Hüte viel kostengünstiger in Masse produziert. Dadurch sinken die Qualität und jeder Hut sieht exakt gleich aus. Durch die Industrialisierung ist ein Standard entstanden und jede Abweichung und Individualisierung führt zu sehr hohen Preisen. Denn Individualität kostet heute viel Geld und wird als Luxus angesehen. Wollen wir diese Gleichheit wirklich?

ERST VIELFALT MACHT RESILIENT

Durch die Zentralisierung von Wissen und Ausbildung entstehen Qualitätsstandards, doch der Schein trügt. Denn diese Qualitätsstandards führen zu einer Verengung der zu erwerbenden Kompetenzen – und letztlich zu einer Verringerung der Vielfalt der menschlichen Kompetenzen. Viele Berufe sind durch die Industrialisierung und die maschinelle Produktion bereits ausgestorben.

Damit keine Missverständnisse entstehen: Es geht hier nicht darum, längst überholte Branchen und Berufe durch Subventionierung am Leben zu erhalten. Im Gegenteil: Das Ziel ist die Weiterbildung der erlangten Kompetenzen in der Gesellschaft. Wir müssen daher sowohl in der Gesellschaft als auch in unserem Bildungskanon ein Ideal der Vielfalt fördern. Denn erst größtmögliche Vielfalt macht uns resilient gegen äußere Schocks.

Ein Beispiel aus der Wirtschaft verdeutlicht das Problem fehlender Vielfalt und Resilienz eindrücklich und brandaktuell: Die Abhängigkeit der deutschen Wirtschaft von der Automobilindustrie oder der Finanzindustrie erhöht die Gefahr von wirtschaftlichen Krisen. Dies können wir in Zeiten der Corona-Pandemie erleben. Durch die Globalisierung der Wertschöpfungsketten sind vielen Betrieben die Kompetenzen zur Fertigung von Produkten abhanden gekommen. Denn der Kostendruck – und die reine Steuerung nach ökonomischen Messgrößen – haben dazu geführt, dass viele Fertigungsabschnitte ausgelagert wurden. Aber nicht nur die Pandemie zeigt die Abhängigkeit deutlich, sondern auch die Halbleiterknappheit im Jahr 2021. Die pandemiebedingte Schließung von Außengrenzen und Beschränkungen der Handelsfreiheit zeigen nun, dass eine gesamte Volkswirtschaft sich dadurch in eine Abhängigkeit begeben hat. Viele kleinere Betriebe haben schnell reagiert und ihre Produktion auf wichtige Produkte wie beispielsweise Mund-Nasen-Schutz oder Beatmungsgeräte umgestellt. Diese Beispiele zeigen, dass die Vielfalt der Kompetenzen auch zu Resilienz ganzer Volkswirtschaften führen können.

Die Idee der Vielfalt darf natürlich nicht erst in den Unternehmen beginnen, sondern sollte schon in frühester Kindheit und in der Schulzeit gefördert werden. Denn Menschen sind immer auch gesteuert durch ihr Umfeld. Damit ist gemeint, dass ein Kind, das nur ärztliches Personal oder Juristinnen in seinem Umfeld beobachten kann, viel schwieriger mit gänzlichen anderen Berufen wie dem Handwerk in Berührung kommt. Die so limitierte Perspektive des Kindes limitiert auch die Gesellschaft. Denn sie kann so nicht von den Neigungen und Fähigkeiten des Kindes profitieren.

Möglicherweise sind uns durch diese Limitierungen in der Gesellschaft Künstlerinnen und Erfinderinnen verloren gegangen, die nicht ausreichend gefördert wurden. Es muss also Aufgabe aller im Bildungsprozess Beteiligten sein, die Vielfalt und den Perspektivenreichtum der Individuen zu fördern.

Das wird natürlich auch Auswirkungen auf die Beschäftigung haben. Viele Beschäftigungsformen, die durch die technologische Disruption möglich werden, kennen wir heute noch nicht. Content Manager und Social Media Consultants sind Berufsgruppen, die erst durch die Erfindung der sozialen Medien Realität wurden. Ob diese Berufe sinnvoll sind, darüber lässt sich streiten, zumindest aber schaffen sie Beschäftigung in neuen Feldern. In die Zukunft gedacht werden viele neue Berufsgruppen im Bereich der menschlichen Interaktion entstehen, die heute noch nicht existieren. Möglicherweise wird es wieder mehr Berufsbilder geben, die der einer Seelsorgerin ähnlich sind, oder auch im Bereich der Entwicklung, Konservierung und Förderung von Artenvielfalt.

Wir betrachten unsere Bildungssystem viel zu häufig als Fabrik für Humankapital. Menschen sind Arbeitskräfte, die Output und Wertschöpfung generieren, um das Bruttoinlandsprodukt zu erhöhen. Dabei verkennen wir, dass eine kurzfristige Fokussierung auf einzelne Humankapitalaspekte die langfristige Zukunftsfähigkeit und Unabhängigkeit behindert.

Schauen wir uns also die vier Kernelemente zum Aufbau eines neuen Bildungsideals im Detail an, um zu verstehen, warum sie nebeneinanderstehen sollten – und veraltetes Hierarchiedenken nicht mehr zielführend ist.

Teil 4

DIE LEBENSRESSOURCEN

- *Welche menschlichen Ressourcen sind wie die Luft zum Atmen?*
- *Welche Ressourcen sollten wir stärker etablieren?*
- *Wer ist eigentlich „wir"?*

Kapitel 1

SCHAU MAL, WIE SCHLAU WIR SIND

Spätestens jetzt sollte uns klar sein: Wenn wir eine zukunftsfähige Bildungsvision entwickeln wollen, müssen wir die Vielfalt der einzelnen Aspekte menschlicher Bildung verbessern. Denn unser heutiges Ideal reduziert die Menge aller möglichen Kompetenzen durch die Ausrichtung der Gesellschaft und ihrer Individuen auf ökonomische Messgrößen wie den Aufbau des Humankapitals. Humankapital darf in Zukunft nicht mehr bedeuten, möglichst viele Kompetenzen auszubilden, die dem einzelnen ein möglichst hohes Einkommen bringen. Im Gegenteil: Humankapital sollte in Zukunft eine Messgröße für die real notwendige Wertschöpfung sein, in die alle externen Effekte internalisiert werden.

Wir neigen aufgrund unserer Historie und Sozialisierung dazu, vor allem jene Faktoren zu betrachten, die einen möglichst hohen ökonomischen Vorteil für die Gesellschaft erbringen. So sind wir zum Beispiel stolz darauf, dass in unserer westlichen Gesellschaft immer mehr Menschen Abitur machen und anschließend studieren. Schaut man sich die Zahlen an, müsste man zu dem Schluss kommen, dass unsere Gesellschaft immer schlauer wird. Denn die Studienanfängerzahl hat sich von 37,3 Prozent im Jahr 2002 auf 56,2 Prozent im Jahr

2019 in Deutschland erhöht[46]. Die Zahl der Schüler mit Hochschul-berechtigung[47] stieg auf 53 Prozent im Jahr 2015 – von 31 Prozent im Jahr 1992 und nur fünf Prozent respektive sechs Prozent zwischen 1950 und 1960. Das Potenzial der Menschen im Bereich der Bildung hat sich also offensichtlich stark verbessert. Ist demnach alles gut? Werden die Deutschen immer schlauer?

Der Schein trügt. Es gelingt den Menschen nur immer besser, sich in dem gesteckten Rahmen zu bewegen und zu entwickeln. Die Rolle der privaten Hochschulen ist stärker geworden – und immer mehr Schüler, die vor wenigen Jahrzehnten noch nicht hätten studieren können, können dies nun an einer Hochschule. Die Gesellschaft setzt dabei stärker auf einzelne Spezialexpertisen, anstatt die Ressourcen der Menschen ganzheitlich zu sehen und zu fördern.

Viele Menschen bereiten sich jahrelang auf das Abitur vor, in der Hoffnung, dass sie studieren können. Fähigkeiten wie schummeln oder Bulimie-lernen, also schnell rein und dann wieder loswerden, kurz vor der Prüfung werden belohnt, während andere Kompetenzen keine Belohnung erfahren. Doch was bedeutet das für unseren Bil-dungsstand? Schlauer werden wir in Deutschland so definitiv nicht! Aber wir haben gelernt, uns dem System perfekt anzupassen. Das ist leider die traurige Wahrheit.

In ordoliberalen Systemen wie unserer Sozialen Marktwirtschaft soll der Markt durch Anreizsysteme in gewünschte Richtungen gesteuert werden. Sie können sich das vorstellen wie ein Fußballspiel: Einer entscheidet über die Art und die Höhe der Bestrafung – und die Spielenden entscheiden, wie sie sich optimal innerhalb des gesteck-ten Regelwerks verhalten. Sie passen also ihre Verhaltensweise so an, dass sie beispielsweise eine gelbe Karte in Kauf nehmen, um den Kon-ter des Gegners zu verhindern. Das ist vergleichbar mit dem Risiko des Schummelns in der Schule, um eine bessere Note zu schreiben.

Diese falsche Prämisse überträgt sich auch auf die Gesamtgesell-schaft, den Fokus und die Akzeptanz von Berufsgruppen betreffend. Viel zu häufig bewerten wir Menschen im Hinblick auf ihren Job. Wer

Juristin oder Ärztin ist, hat es zu etwas gebracht im Leben, während die Putzkraft, die Krankenpflegekraft oder die Teamassistenz vermeintlich untergeordnete Aufgaben erfüllen. Ist eine Akademikerin möglicherweise nur besonders gut darin, auswendig zu lernen? Und ist sie vielleicht sogar so spezialisiert, dass sie nur für sehr wenige Personenkreise wichtig ist? Eine Teamassistenz oder die Pflegekraft hingegen spielen vielleicht eine zentrale Rolle für die seelische Gesundheit vieler Menschen. Stellen Sie sich nur einen Vater oder eine Mutter vor, die sich aufopfernd für ihre Kinder einsetzen: Für diese Rolle ist der formale Bildungsabschluss völlig unerheblich – geben sie doch ihren Kindern Werte und Liebe mit auf den Lebensweg, die von keinem Zertifikat ersetzt werden können.

Es stellt sich konsequenterweise die Frage, warum die Assistenz im Sekretariat nicht genauso viel Geld und Anerkennung erhält, wie die Geschäftsführung. Ohne den empathischen Support und das Organisationsgeschick kann die Geschäftsführung nicht richtig arbeiten.

Wir sollten also über andere Formen der Wertschätzung und Anerkennung von Menschen durch die Gesellschaft sprechen. Dabei ist es entscheidend, nicht nur das Aufgabenprofil, sondern den Menschen in seiner Gesamtheit zu sehen. Denn jeder Mensch braucht Wertschätzung für seine Arbeit und sein gesamtes Tun und Sein, um selbstbewusst und selbstbestimmt zu leben. Das gelingt uns bis heute nicht – erkennen wir doch immer erst in Krisen, welche herausragende Bedeutung einzelne Menschen für die Gesellschaft haben, die in guten Zeiten übersehen werden. Es sind immer die Engagierten, die sich für das Gemeinwohl einsetzen, denen während Krisenphasen gehuldigt und die danach wieder fallen gelassen werden: der Mensch, der der älteren Dame die Einkäufe bringt oder dem redebedürftigen alleinerziehenden Vater zuhört.

Die Gesellschaft braucht vor allem Menschen mit Kreativität und Empathie, die zu allen Zeiten wertgeschätzt werden sollten. In welchen Positionen sie arbeiten, ist dabei völlig unerheblich. Auch der Topmanager, der neunzig Stunden die Woche für die Sicherheit der

Arbeitsplätze, das Wohl der Firma und damit auch der Gemeinschaft arbeitet und von der Presse viel zu häufig verhöhnt wird, verdient Wertschätzung.

Aber wie können wir das erreichen? Eigentlich ist es ganz einfach: Wir müssen unsere Haltung gegenüber anderen ändern und die Bewertung eines einzelnen Faktors wie dem formalen Bildungsabschluss neu justieren. Dazu brauchen wir mehr Vielschichtigkeit in Bewertungsprozessen, um der Komplexität des menschlichen Handelns gerecht zu werden. Dieser Prozess sollte lediglich ein Übergang sein – hin zu Denkmustern, in denen wir andere nicht bewerten, sondern ihnen guttun, sie in ihrem Wesen wertschätzen und im Handeln ermutigen. Gelingt es uns, dieses Verständnis zu etablieren und uns von formellen Bildungskriterien zugunsten vielschichtiger und weitsichtiger Alternativen zu lösen, dann wird sich auch die Gesellschaft in eine Richtung entwickeln, die wir alle befürworten werden – und brauchen.

GEWINNERINNEN BRINGEN VERLIERERINNEN

Letztendlich geht es bei diesem Thema um Balance. Der Spielende wird dann nicht nur darüber nachdenken, wie er das Spiel mit allen Mitteln gewinnen kann, sondern er ist sich auch im Klaren darüber, dass nicht jeder Zweck die Mittel heiligt. Ihm wird es wichtiger sein, keine Verletzung des Gegners billigend in Kauf zu nehmen, um zu gewinnen. Denn in einer Ebene hinkt die Analogie zu Sport: dem Wettbewerbsdenken.

Die Lenker der Nationalstaaten bis ins 20. Jahrhundert haben immer versucht, sich Wettbewerbsvorteile gegenüber anderen Nationalstaaten zu sichern. Im 21. Jahrhundert wird dieser egoistische Ansatz zum Scheitern verurteilt sein, denn wenn einer gewinnt, dann verliert automatisch der andere bzw. die anderen. Wir sollten also darüber nachdenken, wie die Regeln aussehen müssen, damit wir alle gemeinsam noch lange und mit viel Spaß kollaborativ Fußball spielen können. Dafür braucht es neue Dimensionen der Bildung. Sie werden uns helfen zu verstehen, dass wir die Prioritäten bisher falsch gesetzt haben. Wir werden dadurch zu Musikproduzentinnen, die nicht den Regler des Musikmischpults nicht nur beim Wissen nach oben schieben, sondern auch an anderen wichtigen Frequenzen arbeiten. Denn der Ton, den das Wissen allein ergibt, klingt nicht schön im Vergleich zur Musik, die eine harmonische Gestaltung der unterschiedlichen Frequenzen erzeugt. Die Aufgabe einer Musikproduzentin liegt vor allem darin, etwas Schönes für die Zuhörer herzustellen; daher nutzt sie ganz selbstverständlich unterschiedliche Instrumente auf seinem Mischpult: Sie kann die Lautstärke hoch oder herunter regeln, Höhen oder Bässe dazu mischen, gezielt mit Effekten spielen. Rutscht ihr jedoch einer der Regler versehentlich aus der Hand, verzerrt sich der Gesamtton zu einer unangenehmen Kombination.

Diesen Misston könnten wir hören, wenn wir mit einiger Distanz und Achtsamkeit auf den Gesamtsound unserer Bildung blicken. Unserer Gesellschaft ist nämlich genau das passiert: Uns ist das Gesamte, der ausgewogene Klang verrutscht, weil wir uns nur noch auf ein einzelnes Element des Bildungsmischpults konzentriert haben: das Wissen. Und der Klang wird immer schlechter, wenn wir nicht endlich gegensteuern.

Es geht also darum, die Balance der unterschiedlichen Parameter wiederherzustellen, um den Gesamtsound angenehm klingend zu gestalten. Dazu werden wir uns unser Bildungsmischpult im Detail ansehen müssen, um herauszufinden, welche Regler es eigentlich noch gibt. Und wir sollten akzeptieren, dass Wissen allein nicht funktioniert, wenn wir andere Ressourcen nutzen wollen. Denn Ressourcen sind in allen Bereichen unseres Lebens nur begrenzt nutzbar, da unsere Kapazitäten nicht unendlich sind. Ein drastisches Beispiel verdeutlicht das Prinzip: Die Notfallsanitäterinnen des Deutschen Roten Kreuzes bringen ein Opfer eines Autounfalls, der erst zwanzig Minuten her ist, in die Notaufnahme des Uniklinikums. Von den Rettungssanitäterinnen wird die Patientin in die Obhut des Teams der Notaufnahme übersandt. Schwestern und Ärztinnen führen gemeinsam eine sogenannte Triage nach dem Manchester-Triage-System durch. Das bedeutet, dass sie die Patientin in fünf Kategorien je nach der Schwere ihrer Verletzungen einteilen, um so schnell erkennen zu können, wie dringend die Behandlung ist. Das Manchester-Triage-System wurde entwickelt, um in Krisensituationen die knappen Ressourcen der medizinischen Helferinnen optimal an die Bedürfnisse Eile und Zeit einzuteilen. Ist das Unfallopfer eine „rote" Patientin, muss sofort und ohne Toleranz bei der Wartezeit behandelt werden. Das gilt zum Beispiel auch für einen akuten Herzinfarkt. „Orange" benötigt eine sehr dringende Behandlung innerhalb der nächsten zehn Minuten, „gelb" innerhalb von dreißig Minuten. Eine „grüne" Patientin hat in der Regel keine lebensbedrohlichen Verletzungen, möglicherweise einen Knochenbruch, und kann bis zu neunzig Minuten auf ihre Behandlung warten; „blau", die niedrigste Triage-Stufe, sogar bis zu hundertzwanzig Minuten.

Dieses Beispiel illustriert die Verteilung von knappen Ressourcen, die Ressourcenallokation. Sie ist eine der grundlegendsten Planungsinstrumente und wird auf nahezu allen gesellschaftlichen Ebenen und in unterschiedlichsten Bereichen – übrigens häufig unbewusst – angewendet: etwa bei der Tagesplanung (Allokation der Ressource Arbeit), bei der Finanz- und Budgetplanung (Allokation der Ressource Kapital) oder bei der Verteilung von Landbesitz (Allokation der Ressource Boden). Auch Rohstoffe unterliegen der Allokation – und dadurch ist der Klimawandel ebenfalls im Wesentlichen ein Allokationsproblem, denn die limitierten Ressourcen (Sauerstoff, Wasser, Land etc.) bedürfen einer gerechten und nachhaltigen Verteilung. Wird eine Ressource über die Verfügbarkeit hinaus genutzt, so ist das Allokationsproblem nicht hinreichend gelöst worden.

Der kleine Exkurs verdeutlicht, dass die Neujustierung unseres Bildungsideals streng genommen die Folge eines nicht gelösten Allokationsproblems ist. Denn Schulen, Universitäten, Forschungsprojekte, Kindergärten, Vereine, Kultureinrichtungen usw. werden vom Staat und öffentlichen wie privaten Geldgebern gefördert – hier fließt viel

Kapital hinein. Auch die investierten Ressourcen Arbeit und Zeit sollten nicht unterschätzt werden – zum Beispiel, wenn ein Studium
sechs Jahre dauert, die nicht in andere Tätigkeiten investiert werden
können. Diese Kosten werden in der Wirtschaftslehre Opportunitätskosten genannt. Sie beschreiben den entgangenen Nutzen, der durch
das Unterlassen anderer Optionen entsteht. Sie könnten auch als
Alternativkosten bezeichnet werden. Jemand, der in seinem Eigen-
tum wohnt, verzichtet auf den monetären Nutzen der Vermietung. In
diesem Fall liegt der Nutzen durch das Selbstbewohnen über dem entgangenen Nutzen der Vermietung.

Ob Opportunitätskosten gut oder schlecht sind, entscheidet also die
Perspektive des Betroffenen.

Unser Bildungssystem ist dummerweise einer der größten Verursa-
cher von Opportunitätskosten. Unserer Gesellschaft entgeht nämlich
ständig Nutzen, weil Menschen anstatt zu arbeiten in der Schule sitzen. Oder weil sie sich nicht mit Inhalten befassen können, sondern
Zeit in Bürokratie investieren müssen. Der größte Kostenblock entsteht für die Gesellschaft jedoch dadurch, dass die Bildung nicht in
Lebensressourcen investiert, die dem Individuum zur Persönlichkeitsbildung, zu Entscheidungsfähigkeit und Selbstwirksamkeit verhelfen – und damit allen nutzen. Braucht ein Mensch im Laufe seines
Lebens zum Beispiel eine psychologische Betreuung, weil in der Bildung und Erziehung nicht in ausreichendem Maße Selbstwert vermittelt wurde, dann ist das fehlende Investment in diese Lebensressourcen mit zukünftigen Opportunitätskosten, der psychologischen
Betreuung, verbunden. Daher ist es so wichtig, Zeit und Geld, die in
die Bildung investiert werden, optimal zu allokieren, um diese negativen Folgekosten möglichst gering zu halten.

Das sind die Fakten: Das Bildungsbudget, die Ausgaben von öffentlichen und privaten Haushalten, stieg 2017 auf 210,2 Milliarden Euro
von 202,4 Milliarden Euro im Jahr 2016. Tendenz steigend. Insgesamt
wurden 2017 für Bildung, Forschung und Wissenschaft in der Bundesrepublik 298,9 Milliarden Euro ausgegeben, das sind ungefähr 9,2

Prozent des Bruttoinlandsproduktes. Rund 80 Prozent des Bildungsbudgets 2017 entfielen auf die formalen Bildungseinrichtungen wie Krippen, Kindergärten, Schulen, Berufsbildung und Hochschulen. Die Ausgaben der öffentlichen Haushalte für Bildung stiegen zwischen 2010 und 2017 um 41,3 Prozent auf 150,1 Milliarden Euro. Die Bundesländer finanzieren dabei mehr als zwei Drittel der Bildungsausgaben.[48] Die öffentliche Hand plant auch 2020 wieder mit steigenden Bildungsausgaben – wobei Ausgaben wohl das falsche Wort ist. Besser wäre es, wenn von Investitionen in die Zukunft gesprochen würde.

Wir sehen also, allein die öffentlichen Ausgaben, die in den direkten Bildungssektor fließen, sind immens. In der Haushaltsplanung geht es aber der Politik nicht nur darum, die Budgets in die richtigen Themen zu investieren, sondern auch darum, sie möglichst effizient einzusetzen. Wir sollten uns also bei jedem Euro, den wir als Gemeinschaft investieren, die Frage stellen: Ist dieses Investment wichtig für die Zukunftsfähigkeit oder wären alternative Ausgaben besser?

Genau um diese Alternativen geht es in den folgenden Kapiteln. Denn es liegt auf der Hand, dass viele Bildungsausgaben nicht optimal allokiert sind – weil sie entweder nicht dem Menschen und der Gesellschaft dienen, mit hohen Opportunitätskosten verbunden sind oder besser anders verwendet werden sollten. Es geht dabei um gleichwertige Angebote, um neue Megakompetenzen – oder, um noch einmal auf das Bild der Musikproduzentin zurückzukommen: Es geht beim Bildungsideal der Zukunft nicht nur um den Regler *Wissen*, sondern auch um die Anteile von *Fertigkeiten, Emotionen* und *Haltungen*. Das Ergebnis ist Musik. Sie klingt gut, ist in jeder Hinsicht ausbalanciert – und wird im Idealfall für Generationen zum Klassiker.

Kapitel 2

LEBENSRESSOURCE WISSENSBILDUNG – SOLO EIN AUSLAUFMODELL

Wissen, Rationalität oder Intelligenz? Die Begrifflichkeiten verschwimmen. Der Intelligenzquotient dient als Allheilmittel zur Bestimmung des Bildungsniveaus. Er drückt aus, wie gut ein Mensch im Verhältnis zu seiner Altersgruppe bestimmte Aufgaben lösen kann, indem er das Intelligenzalter durch das Lebensalter dividiert. Die Fragen, die gelöst werden müssen, sind von logischer, mathematischer oder allgemeiner Natur und werden an das Lebensalter des Probanden angepasst. Der Intelligenzquotient dient heute als wesentliches Merkmal für den Bildungsstand eines Menschen – allerdings isoliert auf die kognitiven Fähigkeiten und das Wissen. Ein perfides Beispiel, wird doch hier der Bildungsstand mit der Intelligenz gleichgesetzt.

Wissensbildung ist vermeintlich die trivialste aller Bildungsdimensionen, weil sie bereits fest in unserem Ideal verankert ist. Zweifelsfrei ist sie wichtig. Das Wissen über uns, unsere Herkunft, unsere Geschichte, über Daten und Fakten ist für unsere Entwicklung von großer Bedeutung. Wissensbildung ist im Grunde die Bildung des Kopfes. Dazu zählt die Ressource zu denken, das Erkennen von

Zusammenhängen und die Ausbildung von analytischen Fähigkeiten. Wissensbildung wird uns allen von Anfang an intensiv vermittelt. Es gibt dazu Lehrpläne, die inzwischen irreführenderweise Bildungspläne heißen. Dabei geht es darum, was wann gelehrt werden muss – nicht mehr und nicht weniger. Sie sind quasi das Grundlagendokument zur Wissensvermittlung, die „Must-knows" unserer Gesellschaft im Bildungskanon.

Neben Meta-Aufgaben wie Demokratiebildung oder Persönlichkeitsbildung, die der Unterricht verfolgen soll, werden auch sehr konkrete Lernziele vorgegeben. So sollten die Lernenden „Wörter in Wortfeldern und -familien einordnen und gemäß ihren Bedeutungen einsetzen können". Das heißt konkret, dass sie die im Bereich der Rezeption gelernten Wortarten Verb, Nomen, Artikel, Pronomen, Adjektiv, Konjunktion und Adverb richtig reproduzieren müssen. Beispiele sind dem Bildungsplan 2019 von Nordrhein-Westfalen entnommen.

Aber mal ehrlich: Was genau bringt es uns, zu wissen, dass sich ein Adverb im Gegensatz zu einem Adjektiv auf ein Verb, ein Adjektiv oder ein anderes Adverb bezieht, statt auf Nomen, wie das Adjektive tun? Wir benutzen diese Wörter einfach – und zwar sehr häufig richtig. Zugegeben: Die Sprache ist das wichtigste Kommunikationsmittel zwischen Menschen. Doch um Sender-Empfänger-Probleme zu lösen, ist nicht das Verständnis über die Struktur der Sprache vordergründig nötig, sondern vor allem das Verständnis über die unterschiedlichen Ebenen der Kommunikation. Denn Kommunikation ist stark abhängig von der jeweiligen Kultur. Während es Kulturen gibt, in denen die Sprache explizit das Gemeinte ausdrückt, gibt es andere, die viele Botschaften implizit senden. Bei kommunikativen Interaktionen interkultureller Natur zeigen sich diese Besonderheiten.

Der Anthropologe Edward T. Hall hat in seinem 1976 erschienenen Buch „Beyond Culture" den Unterschied zwischen starkem Kontextbezug und schwachem Kontextbezug in Kulturen beschrieben.[49] Die deutsche Sprache wird mit schwachem Kontextbezug benutzt; dies bedeutet nichts anderes bedeutet, als dass Deutsche expliziter ausdrücken, was sie sagen wollen. In südeuropäischen Ländern, in China oder Japan ist der Kontextbezug dagegen stark – die Dinge werden häufig nicht direkt beim Namen genannt. Schaut man sich allein dieses Phänomen an, dann erscheint eine Investition in das Wissen der unterschiedlichen Wortarten zwar nicht zwangsläufig unnütz. Doch vor dem Hintergrund der stärkeren interkulturellen Verflechtungen ist es zielführender, sich weniger auf die eigene Art der Kommunikation zu fokussieren und stattdessen andere Kommunikationsarten zu studieren. Denn die deutsche Sprache steht nicht alleine da, sondern immer im Bezug zu anderen Sprachen und Kulturen. Analog ist das Erlernen von Fremdsprachen nicht mit dem Schwerpunkt auf die richtige Grammatik der beste Weg, sondern die Kommunikation, die sprechen und verstehen auf interkultureller Ebene adressiert.

Dies ist nur eines von zahllosen Beispielen, in denen Lehrpläne – weil sie historisch gewachsen sind und nicht angepasst wurden – nicht die notwendigen realen Kompetenzen in den Blick nehmen. Vielmehr hat man das Gefühl, dass Lehrpläne vor dem Hintergrund entwickelt werden, die Schulzeit möglichst lückenlos zu füllen – mit was auch immer. Doch was ist die Alternative?

VERNETZTES WISSEN BRINGT VERSTÄNDNIS

Wir brauchen also ein Instrument, um zu hinterfragen, welche Inhalte oder Kompetenzen wir den Schülern vermitteln. Natürlich sollten wir dabei nicht vergessen, dass Schule nicht ein Zwang ist, der über Generationen übernommen wurde, sondern dass ein staatliches Bildungssystem eine der wichtigsten Errungenschaften der menschlichen Zivilisation ist. Denn Bildung ist ein Grundfundament für Freiheit und Demokratie. Sie darf eben nur kein Selbstzweck werden – und dem Ressourceneinsatz von Gemeinschaft, Lernenden und Lehrenden sollten wir in Zukunft mehr Aufmerksamkeit schenken. Es bringt nämlich nichts, die vermeintlich kostenlose Zeit von Lernenden nur zu füllen, sondern sie sollte möglichst sinnvoll genutzt werden. Ja, auch unser Blick auf die Lernenden sollte immer vor dem Hintergrund der Opportunitätskosten gesehen werden. Schulzeit sollte demnach auch vor dem Hintergrund der investierten Ressourcen Zeit und Geld sinnvoll gestaltet werden. Statt in der achten Stunde nur noch auf der Schulbank die Zeit abzusitzen, könnten die Schüler ihren eigenen Leidenschaften nachgehen und sich in den Feldern weiterentwickeln, die ihren eigenen Neigungen entsprechen. Die Veränderung unserer altehrwürdigen Wissensbildung ist übrigens kein Sakrileg. Sie hat in den vergangenen Jahren durch die ständige und kostenlose Verfügbarkeit von Wissen im Internet bereits begonnen und massiv in unseren Bildungskanon eingegriffen. Während noch vor wenigen Jahrzehnten die Fähigkeit auswendig zu lernen wichtig war, um sich Dinge zu merken, ist heute nahezu überall und ständig fast jede erdenkliche Information kostenlos verfügbar. Das entscheidende Wissen ist die Frage danach, wo entsprechende Informationen abrufbar sind. Dadurch unterscheiden sich Menschen, die viel wissen, von denen, die weniger wissen, nicht mehr durch die Verfügbarkeit von Daten und Fakten, sondern durch die Identifikation der relevanten Informationsquellen und die richtige Interpretation der Zusammenhänge. Das Problem: Maschinen können das inzwischen auch. In Zukunft werden sie uns Menschen sogar deutlich überlegen sein, denn wenn unser Speicher erschöpft ist, kann die Maschine durch die technologischen Innovationen ständig verbessert und erweitert werden. Und auch im Erkennen von Korrelationen werden Maschinen den Menschen langfristig in nahezu allen Disziplinen ablösen. Schon heute greift die Wissenschaft auf Statistikprogramme zurück, die per Knopfdruck die komplexen Zusammenhänge offenlegen. Dem Menschen bleibt dann die Interpretation, ob die Korrelationen auch in kausalem Zusammenhang stehen. Ein typisches Beispiel für diese Entwicklung ist das Thema „künstliche Intelligenz". Neuronale Netze und selbstlernende Algorithmen werden schon innerhalb der nächsten Jahre in der Lage sein, komplexe regelbasierte Probleme besser lösen zu können, als wir

Menschen. Unser Bildungsideal sollte sich also schnellstmöglich von der Limitation auf das reine Wissen lösen, denn das machen bald andere Systeme.

Wissensbildung muss sich in Zukunft noch viel stärker darauf ausrichten, kausale Zusammenhänge zu verstehen und zu deuten. Gleichzeitig darf sie nicht nur auf die Verfügbarkeit von Wissensbausteinen limitiert sein – im Gegenteil: Sie ist und bleibt ein wichtiger Bestandteil des menschlichen Charakters, wenn es um die Fähigkeit des selbstständigen und freien Denkens geht. Oder mit den Worten von René Descartes gesprochen: „Cogito ergo sum" – ich denke, also bin ich.[50]

Unser schulischer Bildungskanon ist stark auf die Wissensbildung limitiert. Das ist insofern berechtigt, da das Wissen und die Kompetenz zu denken wichtige Bestandteile der Entwicklung des menschlichen Charakters sind. Doch die Fokussierung auf die Wissensbildung ist enorm. Stellen wir uns sämtliche Lebensressourcen auf einer Skala von 0 bis 100 vor, so nimmt die Wissensbildung sicherlich 80-90 Punkte ein. Sie ist also die zentralste Dimension. Der Hintergrund ist die gelernte Erfahrung, dass Wissen zu höherem Einkommen führt. Denn akademische Berufe sind sehr häufig die mit dem größten monetären Nutzen für den *Homo oeconomicus*. Kurz: Wer über die regulären Kanäle Wissen anhäuft, wird finanziell belohnt.

Man kann also vereinfacht sagen, dass unser heutiges Bildungsideal quasi identisch mit der Lebensressource Wissen ist. Genau das ist die Ursache für die aktuell vorherrschende Steuerung von Gesellschaft und Politik durch Wissen. Ein Blick in den deutschen Bundestag der 19. Legislaturperiode zeigt, wo der Fehler im System liegt: Von 709 Abgeordneten sind mit abnehmender Quantität folgende Ausbildungsgruppen vertreten: 152 Juristinnen, 115 Wirtschaftswissenschaftlerinnen, 61 Politikwissenschaftlerinnen, 35 Lehrerinnen, 29 Naturwissenschaftlerinnen, 25 Ingenieurinnen, 25 Soziologinnen, 14 Medizinerinnen und zehn Polizistinnen. Von wenigen Exoten wie einem Winzer und einem Schauspieler abgesehen, sind fast ausnahmslos Akademikerinnen mit hoher Wissensbildung im deutschen Bundestag vertreten. Die Dominanz der Wissensbildung zeigt sich also auch in Deutschlands höchsten politischen Gremien. Verrückt, oder? Wo sind denn die Volksvertreterinnen der Handwerkszunft und die Gesundheitsberufe?

Erinnern wir uns noch einmal an den Vorwurf von Hannah Arendt an Adolf Eichmann, dem sie die Fähigkeit des Denkens aberkannte. Eichmann mag nach damaligen Verhältnissen eine vernünftige Schulbildung erfahren haben – und war dennoch in der Einschätzung Arendts nicht in der Lage, selbstständig zu denken. Offenbar muss es also über das reine Wissen hinaus Dimensionen geben, die das freie Denken ermöglichen. Sie wurden in den vergangenen Jahrzehnten definitiv vernachlässigt und es wird Zeit, sie neben der Wissensbildung wieder in die Waagschale zu werfen. Denn Balance entsteht nur durch ein ausgewogenes Verhältnis von Wissensbildung, Fertigkeitsbildung, Herzensbildung und Haltungsbildung.

Kapitel 3

LEBENSRESSOURCE FERTIGKEITSBILDUNG – SKILL SET FÜR SELBSTWIRKSAMKEIT

Die hohe Arbeitsteilung in der modernen westlichen Gesellschaft hat dazu geführt, dass immer mehr Menschen immer weniger breite Fähigkeiten und Fertigkeiten besitzen. Parallel zu kognitiven Kompetenzen aus der Wissensbildung brauchen wir jedoch mehr davon, um in Zukunft als Menschen zu bestehen und Sinn in unserem Dasein zu finden. Es geht darum – mit und ohne Talent – in die Lage versetzt zu werden, Reales zu erschaffen. Ein Bereich, der hier erheblich ausbaufähig ist, sind die Fähigkeiten und Fertigkeiten.

Fähigkeiten und Fertigkeiten werden häufig als Synonyme verwendet, unterscheiden sich allerdings in einigen Punkten gravierend. Fähigkeiten umfassen Begabungen und Talente, in der altgriechischen Literatur ist dies gleichbedeutend mit dem Begriff des Vermögens. Die Fähigkeit bezeichnet dabei die Eigenschaft, Veränderungen herbeizuführen – beispielsweise indem aus Grundmaterialen wie Holz oder Lehm ein Haus gebaut, aus Lebensmitteln ein Essen gekocht oder aus einem Gedanken ein Text formuliert wird. Fähigkeiten in dem klassischen Sinne hängen eng damit zusammen, etwas zu erschaffen, zu ermöglichen oder herbeiführen zu können. Fähigkeiten sind somit auch Grundlage für neue Schöpfungen.

Die Fähigkeiten eines Menschen, zu erkennen und zu fördern, ist eine wichtige Aufgabe für den Menschen selbst und für die Gesellschaft, um individuell und bestmöglich den Bildungsweg zu beschreiten. Die Erkenntnis korrespondiert eng mit dem Ikigai, dass eben jene Begabungen in den Fokus nimmt. An dieser Stelle werden durchaus befruchtende Elemente und Schnittmengen mit der Wissensbildung deutlich. Denn eine Architektin, die in der Lage ist, ein Haus zu planen, benötigt entweder die Fähigkeit des Bauens oder muss auf externe Unterstützung zurückblicken. Die Autorin eines Kochbuches benötigt die Fähigkeit und sicherlich auch das Talent, ihre theoretische Rezeptur umzusetzen. Fähigkeiten sind also enorm wichtig, um von der Theorie in die Praxis zu gelangen. Damit sind Fähigkeiten auch als Umsetzungs- und Realisierungskompetenz zu verstehen. Das Zusammenspiel aus Planung und Umsetzung führt meist zu den besten Ergebnissen.

Die Start-up-Szene, Software- und Innovationsentwicklung hat hier in den vergangenen Jahren zu einem Wandel in der Vorgehensweise geführt: Wo noch vor wenigen Jahren nie ohne langfristige Pläne gearbeitet wurde, zählt heute das agile Arbeiten zum Alltag. Agiles Arbeiten bedeutet einen Weg zu beginnen, ohne das Ziel oder die genauen Schritte zu kennen, sondern die Theorie auf dem Weg der Praxis nachzuziehen. Die Parallelität zur Fertigkeitsbildung zeigt sich deutlich.

Während Fähigkeiten aber eher als dem Menschen grundsätzlich innewohnend verstanden werden können, werden diese um die Fertigkeiten ergänzt werden, die durch das Erlernen kommen. Grundlegend für Fertigkeiten sind häufig Fähigkeiten, also Begabungen. Eine Fähigkeit allein ist mithin nicht ausreichend, um etwas zu können, sondern etwas zu *können* umfasst Fähigkeiten und Fertigkeiten.

Fertigkeiten sind beispielsweise sogenannte Grundfertigkeiten wie lesen, schreiben, rechnen und sprechen, aber unzählige weitere wie

Hockey spielen, Gitarre spielen, grillen und programmieren. Rein phonetisch können wir Fertigkeiten eng mit dem Begriff der *Fertigung* zusammendenken, also der Herstellung hin zur Benutzbarkeit. Anders als Fähigkeiten, die gegeben sind, können Fertigkeiten durch Übung, durch Kenntnisse oder Fachkompetenz, insbesondere aber durch die innere Motivation, den Willen, erlangt werden. Der Aufschlag beim Tennis gelingt immer besser durch Übung. Wer gutes Spanisch spricht, kann relativ viel im Französischen und Italienischen verstehen und wer den Willen hat, einen Marathon zu laufen, der wird so viel trainieren und optimieren, bis er es schafft.

In unserer Gesellschaft ist der Mangel an Fertigkeiten, insbesondere der Grundfertigkeiten, ein großes Manko. Aber auch grundlegende von der Sozialisation vorgegebene Fertigkeiten wie Rad fahren oder schwimmen können zum Ausschluss von gesellschaftlichen Prozessen führen. Fertigkeiten sind Grundvoraussetzungen für weiterführende Elemente der Bildung und eine Ressource, um am gesellschaftlichen Leben teilzunehmen. Damit ist die Lebensressource Fertigkeitsbildung eng verknüpft mit dem Gedanken der Teilhabe.

Aber welche Grundfertigkeiten bedarf es zur Teilhabe in einer Gesellschaft? Müssen Menschen, die wenig Talent im Mathematischen haben, rechnen lernen? Können wir Menschen dazu zwingen, schreiben zu lernen? Und können wir Menschen ausschließen, die keine Bücher lesen wollen (oder können)? Was möglicherweise auf den ersten Blick nach ziemlichem Unsinn klingt, sollten wir dennoch als Debatte in dieser Grundsätzlichkeit führen. Denn es gibt Menschen, die Grundfertigkeiten aus unterschiedlichsten Gründen nicht erwerben können, stattdessen aber besondere Fertigkeiten in anderen Bereichen besitzen, die es individuell zu fördern gilt. Obwohl keine Fertigkeit, gar Krankheit, kann man hier beispielsweise Menschen nennen, die unter Autismus leiden. Diese Menschen fühlen sich häufig besonders Wohl in mathematisch-logischem Denken.

Während analytische Fertigkeiten noch zur Wissensbildung gezählt werden, wie zum Beispiel die Analyse eines Gedichtes oder eines Zahlenmodells, können haptische Fähigkeiten und Fertigkeiten der Fertigkeitsbildung zugeordnet werden. Kochen, gärtnern, Reparaturarbeiten, aber auch künstlerische Fertigkeiten sind klassische Beispiele dafür. Auch Schwung, Kraftausdauer und Beweglichkeit können als Fähigkeiten verstanden werden – ebenso wie das „gewusst wie" und Handlungswissen. Dies beschränkt sich nicht auf haptische Vorgänge, sondern inkludiert alle prozeduralen Vorgänge in sämtlichen Professionen. In der Fertigkeitsbildung lernen wir Lösungsvorgänge zu verschiedensten Problemstellungen in technologischen, wissenschaftlichen oder verwaltenden Themenbereichen. Denn während sich die Wissensbildung darauf konzentriert neue mögliche Wege zu finden, fokussiert sich die Fertigkeitsbildung auf die tatsächliche und praktische Anwendung von bekannten Vorgehensweisen. Nahezu alle handwerklichen Tätigkeiten sind deshalb darunter zu verstehen.

Besonders im Sport ist diese Form der Bildung präsent. Denn die Menschen lernen im Sport Bewegungsabläufe und entwickeln ihre eigene Motorik weiter. Haben Sie einmal eine Quechua beim Bergab-Laufen beobachtet? Menschen der westlichen Zivilisationen tun sich relativ schwer damit – verglichen mit den Ur-Einwohnerinnen der Anden oder des Hindukusch. Die gute Qualität der Wege und die hohe Asphaltierungsquote haben uns westliche Menschen in der Fähigkeit stark limitiert, uns auf unbefestigten Wegen zu bewegen. Die Quechua hingegen, die in den Hochlagen der Anden in Peru, Bolivien und Ecuador leben, bewegen sich mit einer Sicherheit und Anmut über unwegsamstes Gelände, die Europäerinnen kaum erreichen können. Sie haben also – vor allem aufgrund der äußeren Stimuli – diese motorischen Fähigkeiten schon seit frühesten Kindeszeiten ausgebildet. Das geht sogar soweit, dass Lastenträgerinnen die extrem steilen und abschüssigen Wege nicht gehen, sondern laufen. Kaum eine Europäerin hat diese Kompetenz.

Das interessante Detail: Sowohl in der breiten als auch in der tiefen Ausbildung einzelner Fähigkeiten liegen gigantische Chancenräume für die Entwicklung. Das kennen wir alle bei kleinen Kindern, die ihren Eltern stolz zeigen, was sie selbst gemacht haben. Aus dem Gefühl, erfolgreich etwas erschaffen zu haben, entsteht Selbstwert und Selbstbewusstsein. Die Fähigkeitsbildung legt somit ein wichtiges Grundfundament für die Kreativität, die sich auf die Erschaffung von gänzlich Neuem richtet. Und wir werden sehen, wie wichtig in Zukunft die Förderung der Kreativität ist – schließlich sind wir darin besser als Maschinen.

Es wäre allerdings fatal, daraus die falschen Schlüsse zu ziehen und die Wissensbildung deshalb abzuschaffen – zumal viele Fähigkeiten und Fertigkeiten bereits heute schon von Maschinen übernommen werden. Kochroboter, Mähmaschinen und Operationsroboter wie das Da-Vinci-Operationssystem sind schon heute existent. Und das hat durchaus Vorteile: So kann der Da-Vinci gegenüber der menschlichen Operateurin den Tremor, also das natürliche Zittern der menschlichen Hand, herausfiltern und dadurch punktgenauer und sicherer arbeiten. Worum also geht es bei der Fertigkeitsbildung? Warum müssen wir Menschen überhaupt noch Fertigkeiten ausbilden?

FERTIGKEITEN MACHEN SICHER

Es sind vier Aspekte, die für eine gezieltere Fertigkeitsbildung sprechen: Einerseits sollten wir in der Lage sein, die regelbasierte Vorgehensweise von Maschinen zu überwachen. Und dazu müssen wir selbst wissen, wie es geht. Andererseits können wir nur durch unsere Fertigkeiten Selbstbewusstsein und Selbstwirksamkeit erlangen. Erinnern sie sich noch daran, wie stolz sie waren, als sie ihr erstes Gericht selbst gekocht haben?

Überlebenswichtig ist für uns Menschen der dritte Aspekt: Das Skill Set an erlangten Fertigkeiten gibt uns ein Gefühl der Sicherheit. Denn in Notsituationen können wir darauf zurückgreifen: wenn wir nachts mit dem Auto liegen bleiben und uns selbst zu helfen wissen, oder wenn wir Hunger haben und alle Restaurants geschlossen sind.

Zu guter Letzt liegt in unseren Fertigkeiten die Grundlage für neue Schöpfung. Denn wenn wir wissen, wie wir mit Pinsel und Farbe umzugehen haben, dann können wir selbst malen. Wenn wir die Nähmaschine beherrschen, dann können wir selbst schneidern. Oder wenn wir den Vermögensaufbau beherrschen, dann können wir selbst vermögend werden.

Denken wir in die Zukunft: Welche Fertigkeiten brauchen die Gesellschaft und der Mensch an sich? Andere glücklich zu machen, durch Humor, Kunst oder Unterhaltung kann eine Fertigkeit sein, die in Zukunft für die Gesellschaft noch wichtig wird. Oder diese Fertigkeiten: die Fertigkeit, komplexe Zusammenhänge zu erklären und so zu kommunizieren, dass das Gegenüber die Sachverhalte versteht; die Fertigkeit zur Ruhe und zu sich selbst zu finden und Wichtiges von Unwichtigem zu trennen, um neue Kraft zu tanken. Hier entsteht eine wichtige Schnittmenge zur Herzensbildung, die vor allem durch Achtsamkeitstraining erlangt werden kann. Konzentration und Achtsamkeit können aber natürlich auch als Fertigkeiten betrachtet werden.

Es gibt also unzählige Fähigkeiten und Fertigkeiten, die unser Leben materiell und ideell bereichern. Trotzdem wird diese Lebensressource der Wissensbildung nach wie vor untergeordnet – vor allem in akademischen Laufbahnen. Auf unserer Skala von 0 bis 100 Punkten auf dem Bildungsideal nimmt die Fertigkeitsbildung heute, je nach Laufbahn, vielleicht 10-20 Punkte ein.

Dieses Missverhältnis erklärt sich aus unserer eigenen Geschichte vor dem Hintergrund einer arbeitsteilig organisierten Gesellschaft. Denn in früheren Subsistenzwirtschaften war jeder in der Lage, mit seiner eigenen Hände Arbeit Nahrungsmittel zu produzieren. Erst die Arbeitsteilung führte dazu, dass wir diese Fähigkeit der breiten Nahrungsmittelbeschaffung zurückgebildet und stattdessen höherspezialisierte Kompetenzen ausgebildet haben. Die arbeitsteilig organisierte Gesellschaft bringt viele Vorteile mit sich, auf die wir nicht verzichten sollten, dennoch scheint ein höheres Maß an erschaffenden Kompetenzen bei dem Einzelnen sinnvoll. Hier ist auch ein deutliches Land-Stadt Gefälle zu erkennen. Da in der Stadt viel differenziertere Kompetenzen verfügbar sind, werden viele Kompetenzen an Dritte ausgelagert. Auf dem Land hingegen sind viel mehr Menschen in der Lage, sich *selbst zu helfen*, wenn das Auto nicht anspringt oder der Wasserhahn leckt.

Allein aus Gründen des Selbstwertes und der Selbstwirksamkeit, also dem Gefühl, selbstständig Probleme lösen zu können, müssen wir in der Gesellschaft einen höheren Schwerpunkt auf die Erlangung allgemeiner Fertigkeiten legen. Dabei sind viele Problemlösungswege bekannt und können durch Nachahmung erlernt werden.

Vergleicht man die Fokussierung der Schule als wichtiges Exekutionselement des heutigen Bildungsideals, die sich darauf konzentriert, vor allem analytische Kompetenzen statt haptische zu vermitteln, muss man von einer Fehlallokation sprechen. Denn die Schule konzentriert sich zu stark auf antiquierte Kompetenzen im Bereich der Wissensbildung. Wie zum Beispiel soll die Analyse eines Gedichtes dazu beitragen, ein selbstständiges und selbstbestimmtes Leben zu führen?

Auch in der Fertigkeitsbildung gibt es Spill-over-Effekte in andere Bildungsdimensionen hinein. Diese Effekte drücken aus, dass ein Ereignis oder Zustand Auswirkungen auf andere Ereignisse oder Zustände hat. Die Fertigkeit, Lebensmittel auf traditionelle Art zu produzieren, gibt dem Menschen viel in den Bereichen der Wissensbildung, Herzensbildung und Haltungsbildung. Wer in der Lage ist, Käse zu produzieren, kennt sich auch aus mit der Haltung von Milchkühen, der Bildung von Laktose und der Entwicklung von Geschmack. Die Kompetenz im Bereich der Milch- und Käseproduktion führt also gleichzeitig dazu, dass die Lebensressource Haltungsbildung steigt. Denn die eigene Rolle als Konsument und Produzent besser zu verstehen, gelingt leichter, wenn Fertigkeiten im prozeduralen Vorgehen vorhanden sind. Daneben erhöht sich emotionale Bindung im Sinne der Wertschätzung gegenüber dem Produkt „Käse" durch die eigene Herstellung.

Die Lebensmittelverschwendung (durchschnittlich wirft jeder Deutsche jährlich 85 Kilogramm Nahrungsmittel weg) ist übrigens eine typische Folge der Entkoppelung von Konsum und Produktion – und ein Zeichen mangelnder Fertigkeitsbildung. Denn die emotionale Bindung an das Produkt fehlt, weil es in standardisierter Form im Supermarkt gekauft wurde. Wenn wir also eine realistischere Einschätzung der Welt in der Haltungsbildung gewinnen wollen, dann sollten wir Wert darauf legen, dass Menschen sich über grundlegende Produktionsprozesse bilden. Dass sie wissen, welcher Aufwand hinter welchen Produkten steckt, um die Wertschätzung zu erhöhen. Und dass sie verstehen, dass viele Endprodukte eine Vielzahl von Zwischenprodukten benötigen.

Fazit: Wenn die Wissensbildung den Kopf füttert, steht die Fertigkeitsbildung symbolisch für die Hände. Nur Kopf oder nur Hände führen ins Nichts, nur gemeinsam und optimal aufeinander abgestimmt können beide Bildungsdimensionen erfolgreich wirken. Doch es fehlt eine weitere Dimension im neuen Bildungsideal: Das Herz.

Kapitel 4

LEBENSRESSOURCE HERZENSBILDUNG –
GEFÜHLE ERKENNEN UND NUTZEN

„Bildung, die zum verständnisvollen Umgang mit Menschen befähigt, Taktgefühl", schreibt das Digitale Wörterbuch der Deutschen Sprache als Definition für Herzensbildung. Herzensbildung ist ein Begriff, der vor 1800 gar nicht und ab etwa 1900 gelegentlich benutzt wurde. Heute wird eher immer noch eher selten verwendet.[51] Der Duden schreibt in seiner Definition: „durch Erziehung erworbener Besitz einer reichen und differenzierten Gefühls- und Empfindungsfähigkeit"[52]. Laut Lexika scheint sich Herzensbildung also im weitesten Sinne – und in diesem sehr weiten Sinne wollen wir es verstehen – mit der Bildung und dem Erleben von Gefühlen, Emotionen und Empfindungen zu befassen.

Nächstenliebe, Empathie, Liebe, Mitgefühl, Gerechtigkeitssinn, Toleranz, Vergebung – für Herzensbildung, einen Begriff, den der Dalai Lama auch benutzt, gibt es viele andere Wörter. Er fordert sogar „Wir brauchen mehr Herzensbildung".[53] Freier interpretiert meint der Dalai Lama die Herausbildung der Empathie. Empathie beschreibt die Fähigkeit, sich in andere Menschen hineinzuversetzen und zu verstehen, wie andere sich fühlen. Seine Begründung, warum wir mehr Herzensbildung brauchen, ist eindeutig: „Wir müssen miteinander leben. Geschwisterlich zusammenzuleben ist der einzige Weg zu Frieden, Mitgefühl, Achtsamkeit und mehr Gerechtigkeit. Wenn wir voller Hass, Angst und Zweifel sind, bleibt die Tür zu unserem Herzen verschlossen und jeder kommt uns verdächtig vor."[54]

Die schönste, wenn auch poetische Erklärung, warum Herzensbildung eine notwendige Ergänzung der Wissensbildung ist, liefert der russische Schriftsteller Fjodor Michailowitsch Dostojewski, indem er sagt: „Man kann vieles unbewusst wissen, indem man es nur fühlt, aber nicht weiß." Gefühle scheinen also in einem ungreifbaren Gegensatz zu stehen zum rationalen Wissen. Ist es daher nicht ratsam, professionell und notwendig Gefühle besser zu verstehen?

Genug der religiösen und ethischen Annäherung an die Lebensressource Herzensbildung – nähern wir uns nun aus der Betrachtung des Mangels heraus an und blicken auf die psychische Gesundheit der Gesellschaft. Die psychischen Erkrankungen respektive Störungen nehmen in der Gesellschaft rapide zu. Weltweit geht die Weltgesundheitsorganisation von 264 Millionen Menschen aus, die unter Depressionen leiden, 45 Millionen Menschen mit einer bipolaren Störung, 20 Millionen Menschen mit Schizophrenie und über 50 Millionen Menschen, die an Demenz leiden.[55]

Der relative Anteil psychischer Erkrankungen am Arbeitsunfähigkeitsgeschehen in Deutschland kletterte in den vergangenen 40 Jahren von zwei auf 16,6 Prozent[56]. Vor zwei Jahrzehnten noch marginal, sind sie heute der zweithäufigste Grund für eine Krankschreibung. Zusätzlich relevant: Die Dauer bis zur Genesung ist beinahe dreimal so lang wie bei somatischen Erkrankungen, im Durchschnitt von 2019 beinahe vier Wochen.[57] Laut der Deutschen Rentenversicherung stieg der Anteil der Frühberentungen aufgrund von verminderter Erwerbstätigkeit wegen psychischer Störungen von 8,5 Prozent im Jahr 1983 auf 43,7 Prozent im Jahr 2016.[58]

Die Erforschung der Ursachen von psychischen Störungen dauert bis heute an. Es lässt sich aber aufgrund der Symptombehandlung durch psychologische Psychotherapeutinnen davon ausgehen, dass ein enger Zusammenhang zum Verständnis der eigenen Gefühle und von sich selbst existiert.

DIE LÖSUNG STECKT SCHON IN UNS

Die US-amerikanische Psychotherapeutin Virginia Satir, die als eine der bedeutendsten Familientherapeutinnen, gar als Mutter der Familientherapie gilt, sagte einmal: „Der Mensch hat alle Ressourcen zur Lösung seiner Probleme in sich, das Problem ist das Beste für ihn, und er verfügt über die besten Mittel, um dieses Problem zu lösen".

Die Ressourcen eines Menschen umfassen alle Kompetenzen, die ihm zur Verfügung stehen, um sein Leben selbstständig zu bewältigen. In der Psychotherapie liegt der Fokus auf einer salutogenetischen Grundhaltung (Gesundheitsfokus), die besagt, dass der Mensch selbst die Ressourcen, die er für die Lösung eines Problems braucht, in sich trägt.

Ressourcen(aktivierung) ist in der psychotherapeutischen Behandlung unabdingbar. Dabei liegt der Schwerpunkt auf der Förderung eigener Handlungspotenziale, die beispielsweise für die Entscheidungsfähigkeit, die Zielerreichung und zum Ausgleich von Defiziten wichtig sind.

Die Herausbildung von ganzheitlichen Ressourcen fördert nicht nur Bewältigungspotenziale wie Problemlöse- und Lösungsstrategien, sondern hilft vor allem dabei, handlungsfähig zu bleiben, sich zu schützen oder zu fördern, was wiederum zur Selbstwirksamkeit und der Resilienz eines Menschen beiträgt. Dies hat einen positiven Einfluss auf den Selbstwert und die eigene Identität.

Neben der salutogenetischen Betrachtungsweise ist vor allem der Blick auf das „Biopsychosoziale Modell" als Basis für die Identifizierung, Aktivierung und Übertragung von Ressourcen notwendig. Dieser integrative Ansatz beschreibt die Wechselwirkung von biologischen (unter anderem genetischen Dispositionen), psychischen (unter anderem Stressbewältigung, Einstellungen, emotionale Regulation, Ambiguitätstoleranz) und auch sozialen (unter anderem sozioökonomischer Status, soziale Netzwerke) Faktoren und deren Einfluss auf Gesundheit und Krankheit eines Menschen.

DER PRIMAT DER GEFÜHLE

Herzensbildung hat vor allem aber enorme positive Effekte auf den Einzelnen und auf die Gesellschaft. Die Gesellschaft könnte nicht nur die aus den negativen Effekten mangelnder Herzensbildung resultierenden Gesundheitskosten enorm reduzieren, sondern vor allem von der gegenseitigen Empathie profitieren. Herzensbildung gibt beispielsweise durch den achtsamen Blick auf sich selbst die Chance, Konsum und Wettbewerb differenzierter zu betrachten. Die Herzensbildung kann vor allem in Form der Achtsamkeit dabei helfen, aus dem Hamsterrad zu kommen. Denn Herzensbildung lässt uns erfahren, dass wir überhaupt in einem Hamsterrad stecken, weil wir uns selbst stärker bewusst werden.

Wir haben bereits zu Beginn über den *Homo oeconomicus* diskutiert, denn aufgrund des rationalen Menschenbildes wurden Gefühle und Emotionen in der Entscheidungsforschung lange vernachlässigt. „Ein Gefühl bezeichnet die Reaktion auf einen Stimulus, die als mehr oder minder angenehme (positive) oder unangenehme (negative) Empfindung von der Person erlebt wird."[59] Demgegenüber sind „Emotionen (...) dynamische Prozesse, die von konkreten Ereignissen ausgelöst werden. Sie sind gekennzeichnet durch eine Reaktionstriade bestehend aus Veränderungen auf der neurophysiologischen, der Gefühls- und der Verhaltensebene."[60]

Robert Zajonc geht sogar 1980 so weit, von einem „Primat der Gefühle" im Kontext menschlicher Entscheidungen zu sprechen.[61] Wir sollten zumindest davon ausgehen, dass wir menschliche Entscheidungen ohne die Betrachtung der Gefühle nicht richtig verstehen können. Doch führt uns nicht erst der *Zugang* zu Gefühlen zu guten und verantwortungsvollen Entscheidungen für uns und die Gemeinschaft? Dabei kann unterschieden werden zwischen zweckgebundener Empathie und mitfühlender Empathie. Bei vielen vertriebsaffinen Menschen hat sich durch die Anforderungen in ihrem Job eine zweckgebundene Empathie entwickelt. Menschen, die in sozialen Berufen arbeiten, tendieren meist zur mitfühlenden Empathie. Zur Herzensbildung zählt jedoch nicht nur Empathie, sondern alle emotionalen Fertigkeiten, die wie Schmiermittel für gesunde Gesellschaften sind. Man spricht deshalb auch von *sozialer Intelligenz*.

Der Gedanke ist nicht neu und wurde bereits 1920 von Edward Lee Thorndike und David Wechsel aufgeworfen.[62] Seine These war, dass die beste Mechanikerin eines Teams als Vorarbeiterin scheitern würde, wenn ihr die soziale Intelligenz fehlt. Wissenschaftlicher betrachtet drückt sich die Herzensbildung in der Form der emotionalen Intelligenz aus, einem Begriff, den Daniel Goleman, ein kalifornischer Psychologe und Wissenschaftsjournalist, in seinem Buch *EQ. Emotionale Intelligenz* im Jahr 1995 maßgeblich prägte.

Als *Emotionale Intelligenz* wird hierbei die Kompetenz bezeichnet, eigene und fremde Gefühle wahrzunehmen und richtig zu interpretieren. Goleman bewegt sich in seiner Forschung immer an der Schnittmenge zwischen geistiger Gesundheit, die er in Form von Meditation und Stressreduktion verbessern möchte, und Führungsverhalten, das er vor allem im Sinne von humanistischer Führung interpretiert.

Inzwischen ist die Ausbildung von emotionaler Intelligenz als Grundlage für gutes Führungsverhalten in der internationalen Managementforschung akzeptiert. Allerdings sind diese Führungskräfteseminare nur einer ausgewählten Gruppe an Top-Managerinnen vorbehalten – sind sie doch aufwendig und teuer. Andersherum betrachtet muss man sich fragen, warum Managerinnen überhaupt der besonderen Ausbildung dieser Kompetenz bedürfen, erscheint sie doch als eine der vier Lebensressourcen, die wichtig sind für die Entwicklung aller Menschen.

Wir dürfen in einem wirtschaftlichen Kontext Herzensbildung jedoch nicht auf die Ebene der Personalentwicklung im Sinne von Soft Skills degradieren. Denn Herzensbildung hat nicht den lapidaren Zweck, das Humankapital anzuheben und Teams effizienter zu machen. Die Lebensressource, die im Zugang zu Gefühlen und Emotionen liegt, ist viel mehr als das, sie ist die Grundlage für das Glück des Individuums und der Gemeinschaft.

Menschen mit einem hohen Niveau an Wissensbildung und Fertigkeitsbildung, aber einem niedrigen Niveau an Herzensbildung, können die Gesellschaft in einigen Bereichen inhaltlich verbessern, aber nicht den Zusammenhalt und die Führungskraft aufbringen, die es braucht. Denn die beste Spielerin ist in der Regel nicht gleichzeitig der beste Kapitän, der die Mitspielerinnen motivieren und führen kann.

Die Gesellschaft braucht aber Menschen, die sich im Ehrenamt und über ihre eigenen persönlichen Zielsetzungen heraus engagieren, um ein gutes Miteinander zu ermöglichen. Man sagt, dass Mitarbeiterinnen nie Firmen verlassen würden, sondern immer Vorgesetzte. Damit ist gemeint, dass die Kultur und das Geschäftsfeld der Firma weniger entscheidend für den Verbleib in einem Unternehmen sind, als das Verständnis, der Umgang miteinander und das Vertrauen zu den Vorgesetzten. Um wirklich eine gute Führungskraft zu sein, muss also die Fähigkeit der Empathie, des Zuhörens und sich Kümmerns ausgeprägt sein, um die Mitarbeitende zu halten. Dabei geht es nicht darum, der Mitarbeiterin immer das zu geben, was sie möchte, sondern zu verstehen und aufmerksam zu sein. Allein deshalb müsste eine Fokussierung auf die Ausbildung von emotionalen Kompetenzen auch im Interesse der Wirtschaft sein.

Zur Herzensbildung gehört Zwischenmenschlichkeit. Denn darum geht es: das Verhältnis zu den Mitmenschen, der Zugang, das Verständnis und auch die eigene Abgrenzung. Daher hat Herzensbildung immer etwas mit dem Erlernen der Reflexion und dem Verständnis für die Handlung anderer zu tun – und mit unseren eigenen Einstellungen zu anderen Menschen. Wenn wir denken, die anderen sind minderwertig oder weniger smart, dann merken diese das und werden sich auf ihre Weise revanchieren.

Es ist also von entscheidender Bedeutung für die Zukunftsfähigkeit eines Bildungsideals, die Kompetenzen im Bereich der Herzensbildung in gleichem Maße wertzuschätzen, wie die im Bereich des Wissens oder der Fertigkeiten. In unserer westlichen Gesellschaft ist dieses Bewusstsein bislang nur rudimentär vorhanden. Hier können wir viel aus dem säkularen Buddhismus lernen, der schon seit langer Zeit die Herzensbildung der Menschen in den Blick nimmt.

Herzensbildung ist definiert als die Kompetenz zu fühlen und empfinden. Es geht darum, eine Resonanz zu erzielen und Emotionen zuzulassen und auch auszubilden. Wir können Herzensbildung daher auch Schule der *Emotionen* nennen.

GUTE ENTSCHEIDUNGEN MIT EMOTIONEN?

Welche Rolle Emotionen etwa bei Entscheidungsprozessen spielen – dies ist heute noch zu großen Teilen nicht in der Öffentlichkeit angekommen. Die Werbebranche hat schon vor langer Zeit verstanden, dass das Triggern von Emotionen eine Kaufentscheidung begünstigt und richtet die Kommunikationsmechanismen entsprechend auf emotionale Themen aus. Dabei geht es der Werbebranche um die Manipulation – hin zu einer Entscheidung zu Gunsten des beworbe nen Produktes.

Wir kaufen teure Autos, da sie unsere Leidenschaft wecken, entscheiden uns für kostspielige Kleidung, da sie unsere Eitelkeit befriedigt, leisten uns Prestige-Uhren, weil wir uns nach Anerkennung in der Gesellschaft sehnen. Wir wählen die überteuerten Pralinen, da ihre Schokolade Sinnlichkeit verspricht, nehmen das Luxus-Parfüm, das für Liebe und Glück steht. Und lassen uns dabei häufig von Farben und Motiven leiten, die uns gezielt an bestimmte positive Dinge im

Leben erinnern und suggerieren, daran mit dem Kauf eines Produktes anknüpfen zu können.

Richard Thaler wurde im Jahr 2017 der Nobelpreis dafür verliehen, dass er sich mit den Fragen befasste, wie rational sich Menschen bei Entscheidungen verhalten und wie sehr sie dem Bild des gängigen *Homo oeconomicus* entsprechen. Er zeigte, dass tatsächlich nicht nur rationale Argumente eine Rolle bei der Entscheidungsfindung spielen, sondern vor allem emotionale. Seiner Vorstellung des *liberalen Paternalismus* entstammt die Idee, dass Menschen durch die berühmten Nudges zu kleinen Verhaltensänderungen in ihrem Sinne – wer das auch immer zu entscheiden vermag – beeinflusst werden können[63]. In der Begründung der Entscheidung zur Verleihung des Nobelpreises heißt es, dass Thaler die „Wirtschaftswissenschaft menschlicher macht".

Die Frage, die sich aus unserem emotionalen Entscheidungsverhalten ergibt, ist spannend: Kann Herzensbildung möglicherweise zu besseren Entscheidungen führen? Geht man einmal davon aus, dass Gefühle erlernbar und formbar sind, müsste es doch möglich sein, Menschen in dieser Dimension der Bildung gut auf das Leben vorzubereiten.

IST ACHTSAMKEIT AUCH FÜR TOP-ENTSCHEIDERINNEN WICHTIG?

Die umfassende Durchdringung unseres (Arbeits)-Alltags mit Technologie hat nicht nur viele Vorteile für die Geschwindigkeit und Qualität des Informationsaustausches gebracht, sondern auch Schattenseiten: Denn die Transponierung unseres Lebensalltags in die digitale Welt führt auch an vielen Stellen zu Zerstreuung und De-Fokussierung. Wer hat sich nicht schon einmal dabei ertappt, wieder sinnlos auf dem Handy rumgedaddelt zu haben? Diese Art der Zerstreuung führt dazu, dass insbesondere komplexe oder strategische Entscheidungen nicht mehr mit der Qualität getroffen werden können, wie sie sollten. Denn die Qualität der Entscheidungen hängt tatsächlich auch von unserem Unterbewusstsein ab. Was im 20. Jahrhundert noch als spiritueller Aberglaube abgetan wurde, hat zu Beginn des 21. Jahrhunderts eine neue Dynamik und Akzeptanz erfahren.

Eine Entscheidung hängt von einer großen Zahl teilweise unterschiedlich gerichteter Faktoren ab. Um richtige Entscheidungen zu treffen, sollten wir also zwei Dinge tun: Erstens eine Informationsbasis schaffen. Dazu sollten wir uns mit relevanten und spezifischen Informationen zur Fragestellung ebenso auseinandersetzen, wie mit der aktuellen Gesamtlage, die wir aufgrund unserer Allgemeinbildung beurteilen können.

In einem zweiten Schritt sollten wir unserem Unterbewusstsein freien Lauf lassen. Vielen Entscheiderinnen hilft der Spaziergang, das Jogging oder die Dusche. Ja, die Dusche! Denn während wir unser Bewusstsein auf ein Objekt lenken, das nichts mit der eigentlichen Fragestellung zu tun hat, geben wir – vereinfacht gesagt – unserem Unterbewusstsein die Chance zu arbeiten. Das funktioniert nicht planbar und auch nicht von heute auf morgen, sondern bedarf regelmäßiger Übung. Hier gilt: Einfach das tun, was Spaß macht und entspannt.

Dieser Prozess klappt allerdings nur dann, wenn wir zuerst die ausreichende Informationsbasis geschaffen haben. Die beste Entscheidung hängt also auch von Quantität und vor allem Qualität der unserem Geist zu Verfügung gestellten Informationen ab.

Dabei lässt sich viel aus den seit Jahrtausenden angewandten Meditationstechniken adaptieren. Denn Ziel der Meditation ist immer der Zustand der Achtsamkeit. Achtsamkeit wird beschrieben als ein Zustand der Kontrolle der Einflüsse auf die eigenen Denkstrukturen. Achtsamkeit ist immer nach innen gerichtet und nur durch die eigene Praxis erfahrbar.

In unserem Kontext soll die Achtsamkeitspraxis dazu führen, dass wir uns bewusst werden über die unterschiedlichen emotionalen Faktoren, die bei einer Entscheidung eine Rolle spielen. Damit ist natürlich nicht gemeint, nur auf unsere Emotionen zu hören oder nicht zu hören, sondern nur – das gilt für alle Achtsamkeitsschulen – dass wir uns völlig über sie bewusst werden. Ein Beispiel verdeutlicht diesen Prozess: Sie stehen vor der Entscheidung, ob Sie Unternehmen A oder Unternehmen B akquirieren sollen. Wir nehmen an, dass alle relevanten Elemente gleich sind, abgesehen vom Ort. Während Unternehmen A den Hauptsitz am Mount Wai'ale'ale auf der Insel Kauai auf Hawai hat, hat Unternehmen B seinen Hauptsitz in der Stadt Yuma im US-Bundesstatt Arizona. Yuma ist der weltweit unangefochtene Spitzenreiter, was die Anzahl der Sonnenstrahlen angeht, zwischen zehn und elf Stunden täglich über 365 Tage im Jahr. Am Mount Wai'ale'ale hingegen regnet es durchschnittlich 335 Tage im Jahr, 12.000 Millimeter pro Quadratmeter, der weltweite Spitzenwert. Der einzige Faktor, der in unserem Beispiel einen Unterschied macht, ist das Wetter. Schließlich wissen wir, wie sehr Sie die Sonne lieben. Sie entscheiden sich also mit hoher Wahrscheinlichkeit für Unternehmen B mit Hauptsitz in Yuma – eine emotionale Entscheidung. Sind Sie sich tatsächlich bewusst darüber, dass Ihre Sonnenliebe hier den entscheidenden Anstoß gibt? Daran ist natürlich überhaupt nichts verwerflich.

In komplexeren Umfeldern gibt es allerdings nicht immer diese identische Datenlage, sondern viel mehr unterschiedliche Abstufungen der Graubereiche. Stellen wir uns also einfach einmal vor, dass Unternehmen A in allen relevanten Bereichen Unternehmen B deutlich überlegen ist und ein wichtiger Zukunftsbaustein für ihre Gruppe werden kann. Entscheiden Sie sich trotzdem für Unternehmen B, weil Sie Regen so hassen und Sonne so lieben?

Keine Frage: Unsere persönlichen Vorlieben und Emotionen spielen immer eine Rolle – und zwar bei allen Entscheidungen, die wir treffen. Doch anders als der *Homo oeconomicus*, der rationale Entscheider, dient Achtsamkeitspraxis dazu, nicht automatisch die rationale vor die emotionale Entscheidung zu stellen. Sowohl rationale als auch emotionale Faktoren haben ihre Begründung.

Es gibt unterschiedliche Wege, um in den Zustand der Achtsamkeit zu gelangen. Jede große Glaubensgemeinschaft oder spirituelle Vereinigung hat ihre eigenen Arten der Meditation. Wir wollen uns hier exemplarisch auf eine Weise konzentrieren, die 2.500 Jahre Tradition hat und keine ideologischen oder dogmatischen Züge in ihrer Praxis aufweist: Die Vipassana Meditation, auch Einsichtsmeditation oder Achtsamkeitsmeditation genannt. Sie hat ihren Ursprung im Theravada-Buddhismus, einem der beiden zentralen Stränge des Buddhismus, und wird auf die Lehrreden des historischen Buddha, den Pali-Kanon, zurückgeführt. Diese Form wird ohne Religionszugehörigkeit praktiziert und findet häufige Beachtung in der psychologischen Literatur. Wir wollen nur einige wenige Aspekte herausgreifen, die wichtig sind, damit wir in unserem Alltag bessere Entscheidungen treffen können.

Die Ebenen der Achtsamkeit gliedern sich in vier Kategorien auf: den Körper, die Empfindung, den Geist und die Geistesobjekte. Alle diese dem ungeübten Meditierenden sehr häufig verschlossenen Ebenen des menschlichen Geistes tragen zu einer Entscheidung bei und beeinflussen diese in die eine wie in die andere Richtung. Achtsamkeit bedeutet in diesem Kontext also, ein Bewusstsein dafür zu entwickeln, welche Faktoren dies sind und wie sie auf unsere Entscheidung wirken. So können uns Kopfschmerzen, Magenverstimmungen, Stress oder Knieschmerzen unbewusst so beeinflussen, dass wir uns sogar gegen eine richtige Entscheidung sträuben.

Auch in der Wissenschaft finden sich Ansätze, die in eine ähnliche Richtung argumentieren. Prof. William Duggan von der Columbia University in New York hat einige bemerkenswerte Bücher geschrieben, in denen er den Einfluss des Unterbewusstseins auf die Kreativität analysiert. In seinem Buch „The Seventh Sense" animiert er eben dazu, dieses Unterbewusstsein stärker zu nutzen und sich dessen Chancen bewusst zu werden. Die Achtsamkeitspraxis hilft uns im Übrigen nicht nur dabei, die besten strategischen Entscheidung zu treffen, sondern auch im Alltag oder in einer Rolle als Führungskraft. Denn die Praxis führt auch zu Gelassenheit und bietet uns die Fähigkeit, uns auf das Positive zu konzentrieren – zum Beispiel bei unseren Arbeitskolleginnen.

PLÖTZLICH GETRENNT: KÖRPER UND GEIST

Von der Antike bis zum Ende des 19. Jahrhundert waren Verstand und Emotionen wichtige Teile der menschlichen Entwicklung. Zu Beginn des 20. Jahrhundert und mit Aufkommen der kartesianischen Trennung von Körper und Geist, verschwand die Ausbildung der Emotionen aus den pädagogischen Konzepten. Die kartesianische Sichtweise geht zurück auf René Descartes, einen Philosophen des 17. Jahrhunderts, der den Körper wie eine Maschine betrachtete: als „Leib ohne Seele". Immer dann, wenn man von einem kartesianischen Weltbild spricht, ist der Dualismus aus Körper und Geist gemeint. Und es ging sogar noch weiter: In der Betriebswirtschaftslehre des 21. Jahrhunderts wird Emotionalität sogar häufig mit Irrationalität gleichgesetzt. Oder anders herum gesagt: Emotionen in Form von Leidenschaften werden auf dem Weg zu einer rationalen Entscheiderin als hinderlich angesehen. Aber ist die rationale Entscheiderin wirklich die beste Entscheiderin? Können Menschen überhaupt gänzlich rational entscheiden? Müssen Entscheiderinnen nicht auch die eigenen Emotionen besser verstehen?

Unbedingt. Herzensbildung ist ein wichtiger Baustein, um die natürliche Entscheidungskompetenz der Menschen zu fördern und zu akzeptieren. Denn sie basiert tatsächlich auf unseren Emotionen wie Angst, Freude oder Enthusiasmus. Das ist auch in den Top-Ebenen von Unternehmen der Fall – nicht *wegen*, sondern *trotz* der mangelnden Ausbildung der eigenen emotionalen Intelligenz. Es klingt absurd, ist aber eine Tatsache, die nachdenklich machen sollte: Obwohl das Verständnis der eigenen Emotionen im Bildungssystem bisher nicht ausreichend gefördert wurde, treffen Menschen mit Verantwortung für viele andere genau darauf aufbauend wichtige Entscheidungen. Ganz schön riskant, oder? Manchmal – und das wissen wir alle – ist es am sinnvollsten auf sein eigenes Bauchgefühl zu hören. Das funktioniert meist gut, vorausgesetzt, wir können unsere Gefühle richtig verstehen und interpretieren. Denn das Bauchgefühl ist ein guter natürlicher Ratgeber, auf den wir solide bauen können. Wichtig dafür ist ein Bewusstsein für dieses „irrationale" Entscheidungsgremium in uns, das auch im Rahmen von Bildung mehr wertgeschätzt und besser verstanden werden sollte. Denn es ist ebenso wichtig, sich von seinen Emotionen leiten zu lassen, wie sich diesen bewusst zu werden. Dazu ist eine intensive Schulung in menschlichen Grundemotionen notwendig. Wir alle kennen diese Gespräche über die Frage, wie sich Liebe anfühlt – und doch können wir sie erst wirklich verstehen, wenn wir selbst das Gefühl der Liebe gespürt haben.

Sind wir uns aber einig darüber, dass die *Lehre der Gefühle* eine Notwendigkeit ist und dass Emotionen eine besondere Bedeutung in den menschlichen Entscheidungsprozessen haben, so müssen wir diskutieren, in welchem Maße und wie wir diese optimal ausbilden und fördern können.

Im weiteren Verlauf und mit steigendem Bildungsniveau der Herzensbildung sollten wir zusätzlich erlernen, wie wir gewisse Gefühle kontrollieren können. In unserer Leistungsgesellschaft liegt das Augenmerk viel zu häufig auf dem Verbergen von Gefühlen. Denn wer Gefühle offen zeigt und darüber spricht, wird als schwach bewertet oder sogar diffamiert. Wir können dies beispielweise bei der Diskriminierung von Homosexuellen beobachten, auch heute noch. Wenn ein Mann darüber spricht, dass er einen anderen Mann liebt, wird dies allzu häufig nicht als ein Zeichen der Stärke, sondern der Schwäche gesehen. Das ist nicht akzeptabel, sondern auch kontraproduktiv auf dem Weg zu einer offenen Gesellschaft, in der sich die Menschen über die eigenen Fähigkeiten und Gefühle im Klaren sind.

Im Leistungssport bringen viele Psychologinnen ihren Klientinnen bei, wie sie in gewissen Situationen Emotionen unterdrücken können, um die sportliche Maximalleistung abrufen zu können. Dabei wäre es viel zielführender, darin geschult zu werden, diese Emotionen zu verstehen und in positive Energie umzuwandeln.

Es existieren positive und negative Emotionen. Die sogenannten primären Emotionen sind bereits bei Säuglingen zu erkennen: Freude, Interesse, Überraschung, Furcht, Ärger, Trauer und Ekel.[64] Diese Emotionen verändern sich im Verlauf der menschli chen Lebenszeit in ihrer Ausprägung und Funktion ebenso, wie das Verhältnis der Emotionen untereinander. Wir alle kennen die Situationen, in denen das Interesse bzw. die Neugier der Furcht obliegt und wir uns in Lebenssituationen begeben, die eine externe Gefahr beinhalten. Aus Emotionen wie der Freude können wir auch Motivation ziehen, weil wir diese Momente, beispielsweise nach dem Gewinn einer Meisterschaft, wieder und wieder erleben möchten.

Ekel wiederum schützt uns vor potenziellen Gefahren, beispielsweise in der Ernährung. Ekel darf dabei nicht missverstanden werden als systemischer Ekel, denn Kleinkinder probieren auch Dinge, die Erwachsene nicht essen würden – wie Regenwürmer, Erde oder Ähnliches. Dieser systemische Ekel entwickelt sich stärker im Laufe der Lebensjahre.

Vergleichbares geschieht in Stress- und Risikosituationen, die durch die Emotion der Furcht geprägt sind. Furcht war schon immer ein schlechter Ratgeber – und doch ist Furcht eine der natürlichsten Emotionen der Welt. Bringen wir unseren Körper und Geist aber immer wieder in Situationen, in denen wir Angst verspüren, so weicht diese Emotion der Furcht sehr häufig dem des Respektes. Wir beginnen dadurch, dass wir diese Emotion bereits häufig erlebt haben, die Starrheit, die die Angst bei uns ausgelöst hat, zu verlieren und trotzdem voller Respekt und Vorsicht in jeder Entscheidungssituation zu handeln.

Aber warum ist es für die Bildung überhaupt notwendig, diese Emotionen zu erleben und zu verstehen? Die Antwort liegt in der Balance und in der Freiheit der Entscheidung: Wenn Emotionen unser Entscheidungsverhalten dominieren, wir also überwiegend emotional entscheiden, dann gehen wichtige rationale Entscheidungsparameter verloren. Die Ratio spielt dann eine untergeordnete Rolle. Zielführend wäre es, diese beiden Lebensressourcen, die uns Menschen letztlich auch schützen, besser auszubalancieren und durch Fertigkeiten und Haltung zusätzlich aufzuladen. Wir benötigen also ein Bildungsideal, in dem der Bildungshorizont durch Routine in dem Erleben und Erfahren unserer Gefühle stetig erweitert wird und das unser Herz kontinuierlich schult.

Der Dalai Lama interpretiert die Herzensbildung übrigens aus einer ethischen Perspektive: Er fordert, dass religiöse und nicht-religiöse Menschen Herzensbildung und Herzenserziehung erfahren, um ein globales Denken über die Zukunft der Welt zu ermöglichen. Dabei ist die Perspektive des Dalai Lamas stark durch ein kosmopolitisches Gefühl geprägt und er mahnt für das lebenswichtige Verständnis, dass es nur *eine Menschheit auf dem Planeten* gibt. Er zeigt also den engen Zusammenhang zwischen Herzensbildung und Haltungsbildung.

Als Folge dieser sehr dezidierten Bildung des Herzens zeigt sich ein geringeres Stressniveau, weniger Gewalttätigkeit und auch bessere Konzentrationsfähigkeit durch Meditation. Die Herzensbildung ist also auch wichtig für die geistige Gesundheit des Menschen und dem guten Zusammenwirken in zwischenmenschlichen Beziehungen. Stellt sich nur die Frage, warum wir dieses längst bekannte Wissen nicht umsetzen? Fehlt uns der Wille? Der Mut? Oder vielleicht der Blick aufs große Ganze?

Dazu brauchen wir in der Tat noch die vierte Lebensressource für ein neues Bildungsideal: die Haltungsbildung. Denn die drei anderen Kompetenzen zeigen große Spill-over-Effekte auf diese letzte Dimension.

Kapitel 5

LEBENSRESSOURCE HALTUNGSBILDUNG – SELBSTWIRKSAMKEIT ERLEBEN

Die Haltung beschreibt im Wesentlichen die Einstellung einer Person im Sinne von Grundhaltung, Gesinnung, Denkweise und jenen Denkstrukturen, die häufig unbewusst ablaufen. Dazu zählen zum Beispiel Vorurteile und Annahmen, die durch die Entwicklungsgeschichte vorgezeichnet sind und in der Erziehung, den Traditionen und der Öffentlichkeit sichtbar werden. Die Rolle von Mann und Frau, von Weiß und Schwarz oder von Bildung und Unbildung haben wesentliche Auswirkungen auf den Blick und die Chancenverteilungen in der Welt. Haltung beschreibt auch die kulturellen Werte innerhalb einer Gesellschaft – zum Beispiel im Kontext der Eheschließung auf globaler Ebene. In vielen Ländern existieren noch heute die Mitgift und die Auslösung einer Frau aus ihrer Geburtsfamilie gegen Bezahlung durch die Familie ihres zukünftigen Mannes, wie im Stamm der Bamileke, einem Stamm in der Nordwestregion Kameruns, dessen Hauptstadt Bamenda eines der wirtschaftlichen und kulturellen Zentren Kameruns ist.

Doch Haltung ist auch Gastfreundschaft gegenüber Fremden, eine Willkommenskultur und die Wertschätzung der Familie. Denn Haltung ist nicht nur die eigene Perspektive auf die Welt, sondern auch die Perspektive auf die Mitmenschen. Vereinfacht gesprochen zeigt die Haltung, ob das Glas halb voll oder halb leer ist. Daher hat Haltung auch eine moralische Perspektive. Moral und Ethik müssen immer wieder hinsichtlich ihrer Richtigkeit geprüft werden. Denn die Gesellschaften verändern sich – und damit auch die Haltung ihrer Mitglieder. So war vor wenigen Jahrhunderten Sklaverei üblich, vor wenigen Jahrzehnten die Rassentrennung in den USA Alltag und bis vor wenigen Jahren Homosexualität moralisch verwerflich. Das hat sich glücklicherweise geändert, doch oft hinkt die Haltung der Gesellschaft hinterher.

Auf die Bildung bezogen überragt eine Zielsetzung die aller anderen: die Haltung der Selbstwirksamkeit. Als Selbstwirksamkeit bezeichnen Psychologinnen den Blick auf die eigenen Horizonte, das innere Gefühl, durch eigenes Zutun Ziele erreichen zu können und Veränderung anzustreben. Eines der höchsten Maße der Selbstwirksamkeit ist die der Auflehnung gegen die Mächtigen und die Machtstrukturen in einer Gesellschaft. Der Kampf für die eigenen Rechte und sich selbst zutrauen, dabei eine Rolle spielen zu können, ist eine besonders hohe Form der Selbstwirksamkeit und nicht zu verwechseln mit Verzweiflung. Denn sehr häufig wissen insbesondere die Führerinnen von Revolutionen ganz genau, wozu sie Kraft ihrer Worte, Taten und Vorbilder imstande sind. (Wir klammern hier für einen Moment die ideologische Richtigkeit und ethische Korrektheit der Verhaltensweisen aus.) Joshua Won in Hongkong, Luisa Neubauer in Deutschland oder der Urtyp eines Revolutionsführers, Che Guevara, sie alle glauben oder glaubten fest daran, durch ihre Arbeit und ihren Einsatz Veränderungen in ihren Ökosystemen und Ländern herbeiführen zu können. Für die Bildung muss der Glaube an sich selbst und die eigene Kompetenz, also die Selbstwirksamkeit, eines der zentralen Elemente sein. Denn nur so schaffen wir es, globale und flächendeckende Veränderungen vorzunehmen, die Klimawandel, Ressourcenknappheit und eine gerechtere Verteilung der Güter berücksichtigen. Wissensbildung versorgt uns mit Informationen, Fertigkeitsbildung mit der Realisierungskompetenz und Herzensbildung mit dem Verständnis der Gefühle. Wofür braucht es überhaupt die Lebensressource Haltungsbildung für die Zukunft? Die Antwort ist nicht trivial und korrespondiert stark mit dem Blick auf die Zukunft der Welt im Anthropozän: eine Welt, in der der Einfluss des Menschen auf alle natürlichen Prozesse an zentraler Bedeutung gewonnen hat; eine Welt, in der Klimawandel und globale Migration an der Tagesordnung stehen; eine Welt, in der immer noch institutioneller Rassismus existiert, also Rassismen von Institutionen, Gesetzen, Normen, Werten und Logiken ausgehen; in der männliche Küken geschreddert werden, in der alle zehn Sekunden ein Kind an Unterernährung stirbt[65] und gleichzeitig jeder dritte fettleibig ist.[66]

Alle Menschenrechtsbewegungen für Gleichstellung, gegen Rassismus oder für Nachhaltigkeit zeigen, wie wichtig Haltung für die Zukunft der Menschen werden kann. Dabei geht es in der Haltungsbildung aber nicht darum, ideologischen Dogmen zu folgen, sondern einen emanzipierten Blick auf die globalen Prozesse zu gewinnen – zum Beispiel, um institutionellen Rassismus im Kontext der Geschichte, insbesondere der Kolonialgeschichte, zu erkennen und in aller gebotenen Schärfe zu bekämpfen.

Haltungsbildung ist so besonders für die Zukunft, weil sie dazu beiträgt, Ausgrenzungen, Benachteiligungen oder Marginalisierungen zu entgegnen – nicht nur in der Politik, sondern auch in der Gesellschaft, im Arbeits- und Wohnungsmarkt und natürlich in der Teilhabe an Bildungsprozessen. Haltungsbildung führt dadurch zu einer Art „Selbstreinigung" der Bildung an sich und der gesellschaftlichen Systeme und Institutionen, die vor allem durch intensive Diskussion und Reflexion erreicht werden kann. Haltungsbildung ist bedeutend für die Teilhabe, nicht nur national, sondern vor allem global.

Letztlich ist Haltungsbildung vor allem aber der Blick, den wir auf die Welt und andere richten. Dieser Blick kann negativer und positiver Natur sein. Unsere Haltungsbildung sollte dazu beitragen, dass dieser Blick mit Wertschätzung und Respekt geworfen wird. Haltungsbildung ist damit die innere Wahl bzw. die Einstellung zur Welt.

Albert Bandura, einer der einflussreichsten Psychologen, dessen Hauptschwerpunkt auf der klinischen Psychologie lag, erforschte seit den 1960er-Jahren, wie das Denken durch selbstbezogene Überzeugung positiv beeinflusst werden kann[67]. Er fand heraus, dass ein überwiegender Teil seiner Probanden nur dann eine Handlung begann, wenn vor Beginn die tiefe Überzeugung vorhanden war, dass die Handlung erfolgreich durchgeführt werden könnte. Dabei war es unerheblich, ob die Überzeugung tatsächlich der Realität entsprach.

Selbstwirksamkeit kann nach Bandura durch mindestens vier Wege erreicht werden:

- Erfolgserlebnisse,
- Beobachten von Modellpersonen,
- Einfluss sozialer Gruppen (überwiegend mit negativem Effekt),
- Interpretationen von Emotionen und Empfindungen.

In der Bildung muss es darum gehen, zwei Gegenpole in Einklang zu bringen: die Selbstwirksamkeit auf der einen und der Realismus auf der anderen Seite. Denn illusionierte Selbstüberschätzung führt nicht zu einer idealen Haltungsbildung im hier formulierten Sinne. Es gilt also für jeden Einzelnen auch ein Verständnis über die eigenen Grenzen zu entwickeln. Dabei kann der Einfluss der sozialen Gruppen korrigierend wirken.

Wer sich damit intensiv auseinandersetzt, ist in der Lage, Möglichkeiten zur Grenzverschiebung zu erlangen. Exemplarisch kann man hier eine Fußballspielerin nehmen, die kein Dribbling gewinnt. Durch das Verständnis über die eigene Kompetenz kann die Spielerin alternative Strategien entwickeln, um an ihrer Gegenspielerin vorbeizukommen.

Zur Erinnerung: Unsere Haltung gegenüber der (Um-)Welt ist nicht ausschließlich durch externe Faktoren geprägt. Besonders prägend wirken mitgegebene Einstellungen, etwa durch Erziehung, formale Bildung oder Kultur. Auch Impulse spielen eine Rolle oder Erfahrungen, insbesondere emotionaler und schockierender Natur, die die eigene Einstellung, Perspektive und Haltung zur Welt in Frage stellen. Neudeutsch würde man sagen das *Mindset* und die *Transformation* dessen. Das Mindset meint dabei die Perspektive auf die Welt, die Einstellung, und ist für Unternehmen und Teams von besonderer Bedeutung für den Erfolg. Während aber in diesen beiden Fällen der ökonomische oder sportliche Erfolg im Vordergrund steht, muss in der Bildung die Erfüllung der Bedürfnisse des Einzelnen ins Spannungsverhältnis mit den Bedürfnissen der Gesellschaft gesetzt werden. Die Haltung ist entsprechend stark geprägt von Normen und Werten der Gesellschaften. Die Haltung der europäischen Gesellschaften steht vermutlich vor der größten Wandlung der Neuzeit hinsichtlich der Globalisierung, Ernährung und des Klimawandels. Denn hier spielt sie eine entscheidende Rolle: *Beim Erlernen des Zusammenlebens.*

Daher gehören in der konkreten Umsetzung zur Haltungsbildung auch viele Bildungskomponenten, die wir aus der globalen Bildung kennen: Friedensbildung, Interkulturelle Bildung, Menschenrechtsbildung, Gesundheitsbildung, Bürgerrechtsbildung, Bildung für nachhaltige Entwicklung, Humanitäre Bildung und Wertebildung.

In der Haltungsbildung geht es also darum, den Menschen beizubringen zu verstehen, dass jedes Individuum ein Element eines großen, komplexen Ökosystems ist. Dass diese Ökosysteme fragil sind und dass die Rollenbilder zwar gesellschaftlich vorgegeben, aber nicht unveränderbar sind. Im Gegenteil, dass sie eine kontinuierliche Überprüfung auf Richtigkeit benötigen, um die Ubiquität zu gewährleisten. Die Förderung des kritischen Geistes ist hier gefragt. Wir sehen in den politischen Entwicklungen in den USA oder China, wie auch Demokratie ein dynamischer Prozess ist, der sich nur durch den

Willen zur Teilhabe immer neu legitimiert. Haltungsbildung führt somit zum Verständnis der eigenen Rolle in den großen Prozessen und Zusammenhängen – und der Erkenntnis des eigenen Einflusses und der Selbstwirksamkeit auf diese Entwicklungen.

Kapitel 6

DIE RELEVANZ DER VIER LEBENSRESSOURCEN

Welche Töne sollte die Regisseurin auf einem Musikmischpult schalten können, um zu einem idealen Gesamtton zu gelangen? Welche Ressourcen braucht der Mensch in sich, um sein Leben ideal – was auch immer das im Sinne des Ikigai bedeuten mag – bestreiten zu können? Unzweifelhaft wichtig ist die Ressource des Denkens, die Wissensbildung. Denn das Verständnis und das Wissen sind ein wichtiger Baustein im Verständnis der Welt – und um glücklich das eigene Leben gestalten zu können. Die Theorie ist notwendig, um ganzheitliche Probleme zu verstehen und Losungswege zu identifizieren.

Neben dem Wissen braucht der Mensch die Ressource der Fertigkeitsbildung, also die Fertigkeit, durch eigenes Zutun aus der Theorie Praxis werden zu lassen und etwas zu erschaffen. Insbesondere die Grundfertigkeiten sind wichtig, um Teilhabe an der Gesellschaft zu erlangen und darüber hinaus weitere Fertigkeiten zu erlenen. Wichtig ist hier jedoch, dabei nicht das Individuum zu vernachlässigen und besonders die Talente und Begabungen in den Blick zu nehmen, statt zu kollektivistisch zu handeln. Fertigkeiten setzen schöpferische

Potenziale in uns Menschen frei und verankern tief die Selbstwirksamkeit in uns.

Nachdem wir nun Theorie und Praxis verbunden haben, benötigt es die Ressourcen des Herzens, um Empathie für die Gesellschaft und Achtsamkeit für uns selbst freizusetzen. Wissen und Fertigkeiten alleine versetzen uns zwar in die Lage, Dinge zu verstehen und umzusetzen, jedoch ohne ausreichenden emotionalen Kompass. Wir Menschen sind aber hochemotionale Wesen, die überwiegend emotional entscheiden und die unbewusst durch Emotionen wie Sympathie, Sorgen, Angst oder Enthusiasmus in unseren Handlungen gelenkt werden. Es gilt daher die Lebensressource Herzensbildung als dritten Ton zu betrachten, den das Bildungsmischpult beinhalten muss – auch, weil die Herzensbildung eng verknüpft ist mit der Suche nach dem individuellen Glück.

Wir könnten nun zu uns selbst, zur Gesellschaft und zur Schöpfung finden, nicht aber zur Reflexion unserer eigenen Rolle in einer multikulturellen und globalisierten Welt. Da wir nicht im Naturzustand, also im Zustand ohne den Aufbau von Gemeinschaften und -wesen leben, ist es von enormer Bedeutung, Historie und Gegenwart in ein Verhältnis zur globalen Gesellschaft zu setzen – auch zur Natur. Denn in der Betrachtung von Lebensressourcen des Menschen aus der Bildungsperspektive muss es auch um die Verhinderung von Kriegen, nuklearen Katastrophen, Klimakatastrophen und die Herstellung des globalen sozialen Friedens gehen. Die Lebensressource Haltungs-bildung ist daneben für eine positive Lebenseinstellung wichtig – und um Potenziale und Wege der Zusammenarbeit mit anderen zu finden.

LEBENSRESSOURCEN UMFASSEN DIE TOOLBOX DES LEBENS

Wir erinnern uns: Es gibt viele Ressourcenarten, bei denen es sich lohnen würde, sie aufzuzählen. Ressourcen sind die Luft, die wir atmen, das Wasser, das wir trinken – und sie sind unerlässlich für die Zukunft von uns, der Gesellschaft und des Planeten. Aber auch in uns selbst haben wir Kompetenzen, Fertigkeiten und Wissen, das wir für unser Leben brauchen. Lebenskompetenzen eben, die uns überhaupt erst in die Lage versetzen, unser Leben zu leben.

Kapitel 7

EMANZIPATION DURCH REBELLION

Fassen wir noch einmal zusammen: Wir brauchen ein neues Bildungsideal, um die Herausforderungen der Zukunft zu meistern; das steht außer Frage. Dazu benötigen wir mehr, als die institutionelle Wissensvermittlung über Schulen, Ausbildungen oder Universitäten bieten können. Denn neben dem reinen Wissen muss es sinnvollerweise auch um geförderte Fertigkeiten, bewusst wahrgenommene Emotionen und eine innere Haltung zu sich selbst und der Umwelt gehen. Das klingt in der Theorie gut und schlüssig. Doch wie kann es funktionieren, unsere seit Jahrhunderten eingefahrenen Bildungsstrukturen aufzubrechen und zu erweitern? Die vielen Menschen und Institutionen, die sich im System Bildung gemütlich eingerichtet haben, weil es schon immer so war wie es ist, werden nicht jubelnd aufspringen und die Veränderung begrüßen! Im Gegenteil: Gerade diese Kreise werden vielleicht sogar verstört reagieren – sehen sie doch ein ach so bewährtes System gegen die Wand fahren. Mit gutem Zureden wird hier nichts zu erreichen sein, es braucht Rebellion.

VORBILD SONITA: MIT RAP RAUS AUS DER SKLAVEREI

Die Geschichte von Sonita Alizadeh verdeutlicht, was damit gemeint ist: Im Alter von zehn Jahren sollte sie zum ersten Mal zwangsverheiratet werden. So ist das in Afghanistan üblich. Doch die Ehe kam nicht zustande. Die Familie floh vor den Taliban nach Teheran, wo sie bis zu ihrem sechzehnten Lebensjahr lebte, in eine Flüchtlingsschule ging und ihre Leidenschaft für Rap entdeckte. Durch die iranische Rapperin Yas und den US-Amerikaner Eminem beeinflusst, begann sie eigene Lieder zu schreiben und aufzunehmen. Die Musik und der Rap wurden ihre Leidenschaft und sie träumte von einem Leben als Künstlerin.

Doch es sollte anders kommen: Ihr Leben nahm plötzlich eine dramatische Wendung, als ihre Familie beschloss, sie an eine afghanische Familie zu verkaufen, um ihrem Bruder mit dem Erlös eine Braut zu finanzieren. Ihr Preis: 9.000 US-Dollar. Weniger als ein gebrauchter Kleinwagen.

Das, was für uns empörend klingt, ist in Afghanistan üblich. Mädchen, die mit dem 16. Lebensjahr als ehemündig gelten, werden von den Familien an potenzielle Ehemänner verkauft. Häufig sind diese Familien bettelarm und ein Verkauf der jungen Mädchen ist die einzige Option, um an Geld zu gelangen. Die verkauften Bräute sind dann verdammt zu einem Leben in Unterdrückung – und ohne Chance auf eigene Bildung und eigene Entscheidungen, so ist eben die Tradition. Auch Sonita, die 1997 in Herat in Afghanistan geboren wurde und die im Iran etwas mehr Freiheit und westliche Musik kennenlernen durfte, sollte am Ende die archaische Tradition der Zwangsheirat akzeptieren. Denn so ist es eben Brauch im Hindukusch – und wie Sonita ergeht es hunderttausenden Mädchen, die sich in ihr Schicksal fügen und die Traditionen leben müssen.

Doch es kam anders: Die „Sundance Award"-Gewinnerin und iranische Dokumentarfilmerin Rokhsareh Ghaemmaghami, später berühmt geworden durch den Dokumentarfilm „Sonita", entdeckte in Teheran in einem Flüchtlingsprojekt das Talent der jungen Sonita Alizadeh und entschloss sich, einen Dokumentarfilm über die Künstlerin zu drehen. Während der Dreharbeiten entschied Sonitas Mutter, die junge Frau zu verheiraten und der Film nahm eine völlig andere Wendung. In ihrer Verzweiflung schrieb Sonita den Song „Brides for Sale", in dem sie die Strukturen anklagte. Entgegen dem dokumentarfilmerischen Grundsatz, nicht in die zu erzählende Geschichte einzugreifen, entschied sich Maghami, Sonita zu helfen und sie dabei zu unterstützen, ein Musikvideo zu drehen.

Das Video wurde auf YouTube über 500.000-mal angeklickt und machte Strongheart, eine amerikanische NGO, auf sie aufmerksam. So wurde es Sonita ermöglicht, 2015 in die USA auszureisen und die Wasatch Academy in Utah zu besuchen. Ein Happy End in gewisser Weise also. Aber was macht Sonitas Geschichte so spannend im Zusammenhang mit Bildung und dem Menschen innerhalb des Systems?

Es ist ihre Rebellion! Der Drang des Einzelnen gegen die traditionellen Systeme aufzubegehren, wenn sie sich nach Unrecht anfühlen. Das junge afghanische Mädchen und die Dokumentarfilmerin erzählen nicht nur eine Geschichte über die Tradition der Zwangsverheiratung, sondern auch eine Geschichte über Bildung. Denn ohne den festen Willen, selbst über ihr Leben zu entscheiden und ihre innere Anstrengung wäre diese Erfolgsgeschichte nicht möglich gewesen. Und ohne ihren persönlichen Mut hätten viele andere junge Frauen in vergleichbaren Situationen nicht erkannt, dass es möglicherweise auch einen Plan B oder C gibt.

Sonita ist also nicht nur eine Aktivistin gegen die Zwangsverheiratung, sondern auch eine Aktivistin für die Bildung – und die damit einhergehende Auflehnung gegen bestehende Denkstrukturen, die die Freiheit des Einzelnen einschränken. Der Kampf Sonitas sollte uns damit gleichermaßen Mahnung wie Ansporn sein, auch die Systeme, in denen wir leben, zu hinterfragen. Denn nur, wenn uns das gelingt, können wir unsere Systeme so weiterentwickeln, dass sie uns dienen und nicht wir Menschen ihnen. Mit Systemen sind neben den politischen und religiösen vor allem die gesellschaftlichen Systeme gemeint: also das, was in einer Gesellschaft ideal scheint, zum Beispiel Übergewicht oder Magersucht, und das, was als geächtet gilt, zum

Beispiel Laissez-faire oder wechselnde Partnerschaften. Diese Ideale werden im Naturzustand nicht gelebt, sondern erst durch die Herausbildung der Gesellschaft vorgelebt und entwickelt. Doch nicht alles, was die Gesellschaft vorlebt, ist ideal, im Gegenteil. Entscheidend wird es hier sein, Wichtiges von Unwichtigem und Richtiges von Falschem zu differenzieren. Werden wir beispielsweise aus dem Jahr 2050 zurückblicken und uns fragen, wie wir tote Tiere essen konnten, dass Frauen und Menschen anderer Hautfarbe vor dem Gesetz nicht gleichgestellt waren oder wir noch in Universitäten geraucht haben?

Gesunder Menschenverstand reicht aus, um zu fordern, dass kein ökonomisches oder politisches System einen anderen Zweck verfolgen darf, als den Menschen zu dienen!

Bisher haben wir immer darüber gesprochen, ein neues Bildungsideal für das 21. Jahrhundert zu entwickeln und uns über die einzelnen Themenfelder Gedanken gemacht. Nun wird deutlich, dass es dabei um viel mehr gehen muss: Im Fokus steht ein gesamtes neu gestaltetes Umfeld, das den Menschen auf seiner Suche nach dem eigenen Charakter und der Entscheidungsfähigkeit begleitet. Dazu reichen keine klassischen bilateralen Beziehungen wie die zwischen Lehrenden und Lernenden aus. Es müssen vielmehr multilaterale Netzwerke entstehen, in denen sich jedes Individuum, aber auch ganze Gruppen bewegen können.

Wir haben in der Vergangenheit viel zu häufig versucht, in Systemen zu denken, die lediglich Komplexität reduzieren und nach einzelnen Variablen optimieren: das eigene Einkommen, der Output pro Quadratmeter Ackerland oder das Bruttoinlandsprodukt. Dabei haben wir aber vergessen, das gesamte Ausmaß der Folgen unserer Handlungen abzuschätzen. In der Agrarwirtschaft hat Düngung zu einem Artensterben geführt, das die Gesellschaft billigend in Kauf genommen hat, um günstige Nahrungsmittel erwerben zu können. Durch die reduzierte Artenvielfalt verändern sich aber auch viele andere natürliche Prozesse, wie etwa das Fehlen der Bestäubung durch Bienen oder Monokulturen, die zu nährstoffarmen Böden führen. Somit steigen die individuell optimierten Erträge, aber parallel dazu auch die Gesamtkosten für die Gemeinschaft.

Es ist also zu klein gedacht, immer nur die eigene Perspektive zu sehen, sondern es braucht Perspektivwechsel, einen aufmerksamen Blick für die Details, viele Fragen und den Mut, gegen scheinbar Bewährtes aufzustehen. Um gegen unser Bildungssystem rebellieren zu können, müssen wir die verschiedenen Einflussfaktoren, die häufig nicht sichtbar sind, offenlegen. Hier ist ein Blick auf die strukturelle beziehungsweise systemische Diskriminierung hilfreich, also die Formen der Diskriminierung, die durch die Struktur der Gesellschaft immanent sind – beispielsweise durch Normen und Regeln wie etwa die Lohnunterschiede zwischen Männern und Frauen (Gender-Wage-Gap). Viele weitere Formen der strukturellen Diskriminierung halten sich bis heute in den Systemen, fortgeführt aus alten Zeiten der Kolonialisierung, der Rassentrennung oder der Religion. Beispiele gibt es viele, das Kastensystem in der hinduistischen Gesellschaft, das den Aufstieg der untersten Kasten, den Dalits, den Unberührbaren, nahezu unmöglich macht oder die Tatsache, dass Queen Elizabeth II. auch im Jahr 2021 noch Staatsoberhaupt von 53 Ländern des Commonwealth of Nations ist.

DIE STAKEHOLDER IM BILDUNGSÖKOSYSTEM

Indem wir unseren Umgang mit komplexen natürlichen Systemen auf die Bildung übertragen, werden wir ihrer Vielschichtigkeit gerecht. Denn es geht nicht nur darum Schule, Sportvereine, Universitäten und Ausbildungsstätten neu zu denken, sondern die Grundlagen für ein ganzheitliches *Bildungsökosystem* zu legen. Bildungsökosystem deshalb, weil die Diskussion der Bildung im Sinne einer Plattform nicht weitgehend genug ist. In einem Ökosystem hingegen sind auch Beziehungen zwischen einzelnen Playern ohne Nutzung der Vermittlungsplattform möglich.

Die Stakeholder innerhalb eines Ökosystems haben direkten bildenden Einfluss. Als Stakeholder werden alle die Personen bezeichnet, die im klassischen Sinne bei einer Organisation etwas „at risk" haben. Also zum Beispiel Menschen, die abhängig sind von den Handlungen des anderen. Damit sind wir per se durch die Nutzung der gemeinsamen Umwelt Stakeholder des jeweils anderen. Wir haben also ein intensives Interesse daran, dass unsere Mitmenschen sich auch in unserem Sinne verhalten. Für die Entwicklung des Einzelnen sind wiederum Mitmenschen, Eltern, Medien, Lehrende und Trainierende Stakeholder. Und die Einstellung der Menschen im direkten Umfeld sind von fundamentalem Einfluss auf die Bildungswilligkeit des Einzelnen.

Im Volksmund wird sehr häufig davon gesprochen, dass das Umfeld entscheidend ist für die Entwicklung eines Menschen. Sprich: Die Geburt allein ist ausschlaggebend dafür, welche Potenziale ein Mensch entfalten wird. Dieser Zusammenhang lässt sich in vielen Studien nachweisen. Der Ökonom Raj Chetty, Professor an der Stanford University, hat in seinem berühmten *Opportunity Atlas*[68] den Zusammenhang zwischen Herkunftsort und der Wahrscheinlichkeit des Aufstiegs aus der Armut in den USA dargelegt. Denn der Einfluss, den unser Umfeld auf uns ausübt, ist erheblich. Daher sollte es zur Aufgabe der Gesellschaft werden, ein möglichst optimales Umfeld für alle Menschen zu etablieren.

Wir können speziell bei Kindern aus prekären Verhältnissen beobachten, dass die positive Vorbildfunktion fehlt, wenn etwa die Eltern arbeitslos sind und sie dementsprechend morgens auch nicht aufstehen und zur Arbeit müssen. Diese Kinder haben es häufig schwer, einen Alltagsrhythmus zu finden. Auf der anderen Seite der Lebensverhältnisse gibt es viele Kinder in Akademikerfamilien, die von Anfang an einem hohen Drang nach ökonomischem Erfolg ausgesetzt wurden. In diesen Umfeldern lässt sich gelegentlich ein reduzierteres soziales Bewusstsein beobachten. Und trotzdem leben beide Familien im selben Staat und haben – theoretisch – die gleichen Möglichkeiten.

Doch der Staat kann viele Angebote schaffen, die gut gemeint sind, aber ins Leere laufen, wenn nicht das gesamte Ökosystem um den

Menschen herum Entwicklungswege befürwortet. Den Eltern kommt hierbei eine besondere Rolle zu. Insbesondere in der frühkindlichen Erziehung sind Kinder sehr stark vom Elternhaus geprägt, während später Lehrende in Schulen, Ausbildung oder Universitäten die Rolle der Eltern komplementär oder substituierend ergänzen.

Im späteren Erwerbsleben kommen dann sogenannten Mentorinnen besondere Verantwortungen zu – prägen sie doch die Einstellung zur Arbeit und die Perspektiven auf die Welt. Ihnen widmen wir im fünften Teil, in dem es um die konkreten Ansatzpunkte geht, mehr Aufmerksamkeit.

Wir sehen also, dass wir alle Stakeholder des jeweils anderen sind und dass somit eine wechselseitige Bildungsbeziehung existiert. Dabei ist das engere Umfeld wichtiger, als das weitere – vor allem, was den direkten Einfluss betrifft. Es lohnt sich darüber nachzudenken, wie Stakeholder die Bildung des Einzelnen positiv statt negativ begünstigen können – um sich dann in einem zweiten Schritt darüber bewusst zu werden, dass sie Teil der Bildung sind.

Welche Stakeholder gehören zum Bildungsökosystem?
- Familie (Eltern, Geschwister und Verwandte)
- Formale Erziehung und Bildung (Kita, Kindergarten, Schule, Universität, Ausbildungsbetrieb).
- Freiwillige Bildung (Sport, Musikschule, Sprachunterricht)
- Privates Umfeld (Freundinnen, Gemeinschaften)
- Medien (klassische und soziale)
- Berufliches Umfeld (Unternehmen, Behörden)

Das Bildungsökosystem muss also um jeden Einzelnen herum so ganzheitlich gedacht werden, dass Lenkungswirkungen im Sinne von Stimuli sowohl befürwortend als auch korrigierend möglich werden, ohne dabei die freie Entwicklungsmöglichkeiten des Individuums zu stark zu limitieren.

Ökosysteme leben von Dynamik, Komplexität und Offenheit. Die Beziehungen untereinander fördern die Optimierung und den Kreislauf. Wie in den Naturwissenschaften gelten diese Zusammenhänge auch für bildende Ökosysteme. Der Begriff kommt ursprünglich aus dem Altgriechischen und bedeutet soviel wie „das verbundene Haus". Moderner interpretiert bezeichnet das Ökosystem einen vernetzten Bildungsraum im Sinne eines Umfeldes. Das Ökosystem verfolgt die Logik, dass eins plus eins gleich drei ist, sich also Bildung und Stimuli mehrfach auszahlen. Das Lernen der Sprache Spanisch hat zum Beispiel Auswirkungen auf die Reflexion der eigenen Kultur und löst Kreativität im wirtschaftlichen Kontext aus. Das Bildungsökosystem wird somit zu einem dynamischen Komplex von Gemeinschaften und Partnerinnen sowie deren Wechselwirkungen: So wie Bienen Pflanzen bestäuben, sollen die Stakeholder des Bildungsökosystems die Bildung des Einzelnen und der Gemeinschaft stimulieren und befeuern.

Bei Kindern aus Akademikerfamilien der ersten Generation sieht das häufig ganz anders aus: Sie sind überdurchschnittlich stark durch ein ökonomisches Leistungsmotiv geprägt. Während in diesen Haushalten der Blick von außen ein positives Bild vermittelt, zeigt doch ein Blick hinter die Kulissen, dass viele Kinder gedrängt werden, Dinge zu tun, die nicht ihrem Naturell entsprechen, sondern aus ökonomischer Motivation heraus.

Dies ist übrigens auch ein Grund für den rapiden Anstieg der Quantität an Studienplätzen an privaten Universitäten: Gerade in diesen Kreisen gehört es quasi dazu, zu studieren. Ist das Kind von der kognitiven Leistungsfähigkeit her möglicherweise nicht in der Lage oder nicht interessiert an einem Studium, wird doch eine Berufsausbildung als gesellschaftlicher Abstieg vom Elternhaus gesehen. Während das Kind vielleicht besondere Fähigkeiten im pädagogischen oder künstlerischen Bereich hat und hier auch seinen Lebenssinn gefunden hätte, fühlt sich so mancher vom familiären Umfeld doch dazu gedrängt, Betriebswirtschaftslehre oder Jura zu studieren – und das dann eben mangels passendem Numerus Clausus an einer Privatuniversität. Wir sehen also: Es reicht nicht, das System an sich zu verändern, sondern wir müssen auch an den Einstellungen der Älteren drehen, um Ökosysteme zu schaffen, die eine optimale Entwicklung im Sinne des Einzelnen, der Natur und der Gesellschaft fördern.

Darüber hinaus wird es nötig sein, in der öffentlichen und privaten Debatte ein besonderes Augenmerk auf die Wertschätzung diverser Berufsgruppen zu legen. Besonders prominent wurden in den vergangenen Jahren die Rolle und Wertschätzung gegenüber der Pflege diskutiert. Aber auch Kindergärtnerinnen, Erziehende, Reinigungskräfte, Sportlerinnen, Kreativschaffende und Gärtnerinnen übernehmen in unserer Gesellschaft wichtige Aufgaben. Menschen, die in diesen Funktionen arbeiten, werden jedoch nicht im selbem Maße durch die Gesellschaft wertgeschätzt wie beispielsweise Ärztinnen, Juristinnen oder Lehrerinnen.

Sicher will jedes Elternteil für sein Kind nur das Beste. Aber ist das Beste nicht das, worin das Kind Selbsterfüllung findet – und eben nicht das, wo der größte monetäre Wert erzielt werden kann? Ist das Kind nicht dann erfüllt, wenn es sich auf die Suche nach seinem Ikigai macht? Wir alle müssen also gemeinsam diskutieren, welche Strukturen es benötigt, um sowohl formelle, als auch informelle Bildungswege zu initiieren, damit Menschen den Mut finden, eigene Wege zu beschreiten.

Die Stakeholder für die Bildung des Menschen haben einen hohen Einfluss auf den Bildungsweg, den jeder Einzelne geht. Sind sie sich dessen wirklich bewusst? Es ist gar nicht so einfach, hier die eigene Wichtigkeit zu erkennen, die Aufgaben anzugehen und sie dann selbstlos zu erfüllen. Gute Stakeholder agieren wie Trichter, die Menschen in gewisse Richtungen steuern, ohne individuelle Eigeninteressen oder zu eng zu werden und die freie Entfaltung zu hemmen. Nur dann ist für den anderen eine optimale Entwicklung innerhalb des Ökosystems möglich.

Kapitel 8

OHNE MICH GEHT ES NICHT

Jeder ist seines eigenen Glückes Schmied. Diese Redewendung haben Sie bestimmt auch schon einmal von ihren Eltern oder ihren Lehrkräften gehört, oder? In ihr steckt etwas Wahres: Geht es um Bildung, dann geht es nicht nur um das, was die Gesellschaft anbietet, erzwingt und weiterentwickelt, sondern auch um die Rolle jedes Individuums in diesem System. Es gibt viele Beispiele von starken Menschen auf der ganzen Welt, die sich gegen das herrschende System gestellt haben und für bestimmte Themen eintreten. Menschen, die aufgrund von Ehrgeiz und Notwendigkeit Großes erreicht haben. Dabei muss Großes nicht immer ein Leistungsziel sein, sondern kann im Kleinen das individuelle Lebensglück bedeuten. Entscheidend ist: Ich selbst will es und handele dementsprechend.

Dieses Prinzip gilt auch für die Bildung: Ohne Selbstmotivation funktioniert es nicht. Wir kennen alle Situationen aus unserem Alltag, in denen wir uns ärgern, weil andere Menschen wiederholt denselben Fehler machen, ohne etwas dazugelernt zu haben. Nicht immer liegt dabei der Fehler bei den Lehrkräften und Mentoren, sondern häufig auch bei den Lernenden selbst. Denn wenn die Weitergabe von Wissen nicht aktiv eingefordert wird, kann der Prozess der

Wissens- und der Fertigkeitsvermittlung nicht richtig umgesetzt werden. Die positive Einstellung dazu, Bildung erlangen zu wollen, ist ein Element der Haltungsbildung. Ist diese Haltung oder Grundeinstellung nicht da, wird man auch nichts dazulernen. Damit einhergehend wird der Begriff des Bildungsbürgers neu definiert werden müssen. Denn ein Bildungsbürger wird in Zukunft nicht mehr derjenige sein, der einer gewissen Gruppe entstammt oder eine hohe Wissensbildung aufgebaut hat. Bildungsbürger wird derjenige sein, der den *Willen zur Bildung* der eigenen Lebensressourcen entwickelt.

Sonita Alizadeh und auch Malala Yousafzai, die 2012 von den Taliban angeschossen wurde,[69] sind herausragende Persönlichkeiten. Ihnen ist es gelungen, ihren eigenen Weg gegen das limitierende System zu gehen. Das sollten wir uns stets vor Augen halten, wenn wir auf uns selbst als Individuum schauen und über die Bildung des Einzelnen nachdenken. Bewegen wir uns nur in den Systemen, die uns durch Eltern, Umfeld und Schule vorgegeben werden, dann verlieren wir unser eigenes Potenzial. Interessanterweise verbirgt es sich genau in den Themen, die uns nicht behagen, vor denen wir uns ekeln oder die uns Angst machen. Haben Sie beispielsweise Angst davor, eine heiße Kartoffel mit bloßen Händen anzufassen, hassen Sie es, ein dickes Buch zu lesen oder wird Ihnen allein bei dem Gedanken an einen Fallschirmsprung schlecht? Dann muss das Bildungsideal ihnen empfehlen: Tun Sie es! Trotzdem und gerade deshalb. Denn Sie selbst spielen die wichtigste Rolle für ihre Bildung.

Unsere Eltern haben versucht, ein möglichst wohlbehütetes Umfeld zu bilden, in denen sich Kinder angst- und sorgenfrei entwickeln können. Sicherlich gilt dies nicht für alle Kinder und einige, beispielsweise Sonita und Malala hatten weniger Glück. Dennoch ist es vor allem in westlichen Gesellschaften üblich, dass Lernende heutzutage in einer Blase und teilweise sogar verwöhnt aufwachsen. Doch irgendwann sollten wir unseren eigenen Weg gehen, neue Dinge ausprobieren: sei es der erste Vollrausch oder die erste Reise außerhalb Europas, von der unsere Eltern uns immer aus Angst gewarnt haben. Auch Menschen, die von außen betrachtet alles haben – inklusive idealer Voraussetzungen für ein gutes und gebildetes Leben – müssen sich irgendwann Freiräume erkämpfen und ihre eigene Rolle spielen. Ja, das bedeutet: Raus aus der Komfortzone.

Während die Kriegsgeneration noch ums Überleben kämpfen musste und nicht immer genug zu essen hatte, kennen die Generation der Babyboomer und die Generation Y diese Entbehrungen nicht mehr. Das ist gut so und dafür sollten wir dankbar sein. Und trotzdem brauchen wir uns dafür nicht schämen und vor allem nicht anhören müssen, dass wir ja nie im Krieg gelebt haben. Die Dinge verändern sich und alle gemeinsam müssen wir daran arbeiten, dass sich menschliches und tierisches Leid möglichst nicht wiederholt. Aber dennoch hat die Haltung unserer Großvätergeneration an einer Stelle recht. Wir müssen Grenzerfahrungen machen, um zu reifen.

GRENZERFAHRUNGEN ALS SCHLÜSSEL ZUR REIFE

Der Staat und das System können natürlich nicht dafür sorgen, dass jedes Individuum Grenzerfahrungen macht – das wäre im Übrigen auch ethisch nicht vertretbar. Stellen Sie sich nur mal ein kleines Mädchen vor, dass große Angst vor Ratten hat und nun gemeinsam mit einem Praxisanleiter im Rahmen einer Berufserfahrung in die Kanalisation muss. Dieses Mädchen wäre traumatisiert. Das darf und kann der Staat nicht wollen. Was das Bildungsideal aber beinhalten muss, ist die Erkenntnis, dass diese Erfahrung das Mädchen in der Persönlichkeitsreifung weiterbringt. Die Gesellschaft müsste also die Haltung vertreten, das Ausreizen des eigenen Horizonts ebenso zu fördern wie das Erleben von Grenzerfahrungen. Grenzerfahrungen sind dabei nicht planbar und können auch nicht durch das System gestaltet werden.

Es ist die Aufgabe jedes Einzelnen aus der Bequemlichkeit der eigenen Komfortzone auszubrechen und Grenzerfahrungen zu machen. Die Zeit der Pubertät scheint dazu ideal geeignet – ist die Pubertät doch eine Phase der Selbstfindung, wie auch der Rebellion gegen die elterlichen Autoritäten. Die Jugendlichen sind stark mit sich selbst beschäftigt und versuchen sich selbst und ihren eigenen Körper zu verstehen. Während in der Phase der Kindheit eine stärkere Behütung und Bemutterung zu emotionaler Stabilität und Sicherheit führt, muss spätestens mit der Pubertät die Phase der Exploration eingeleitet werden, in der die Jugendlichen bewusst Grenz-, Trauma- und unbequeme Erfahrungen machen sollen, um ein stabiles Selbstbewusstsein zu erlangen. Denn was uns nicht umbringt, bildet uns.

Es gibt so viele Gefahren auf der Welt, gegen die eine Persönlichkeit, die nie wachsen und reifen musste, nicht gefeit ist. Daher ist es wichtig, in das Ökosystem der Bildung Elemente einzubauen, die diese Grenzerfahrungen bewusst triggern und den Menschen das Gefühl geben, dass sie etwas selbst und ohne fremde Hilfe geschafft haben. Der daraus resultierende Stolz lässt das Selbstbewusstsein stark wachsen. Geben wir jedoch Menschen immerzu Hilfestellungen und betonen sogar in unserem eigenen Narzissmus, dass sie das nur mit unserer Hilfe und niemals alleine geschafft hätten, wäre der positive Effekt verpufft. Nimmt man den Menschen den Stolz auf das Durchstehen und die Entwicklung von eigenen Kreationen, so nehmen wir der Persönlichkeit ein wichtiges Tool des Wachsens.

Die Rolle des Einzelnen war nicht immer so wichtig beim Thema Bildung. Zur Erinnerung: Bildungspolitik entstand aus der Logik heraus, Menschen zu guten Staatsbürgern zu machen. Individualität ist bei dieser Perspektive eher kontraproduktiv. Die Preußen schauten Anfang des 19. Jahrhunderts auf die Franzosen und entdeckten, dass die westlichen Nachbarn durch ein besseres Schulsystem auch bessere Beamte und Militärs ausbildeten. Schnell adaptierte Preußen viele Elemente – unter der Anleitung Wilhelm von Humboldts. Der preußische Bildungstheoretiker lebte in einer Zeit, in der die militarisierte Verwaltung noch vorherrschend war. Daher sind auch viele Schulen aufgebaut wie Kasernen, Menschen werden durch Normierung bewertet und in Altersklassenverbänden ausgebildet; Schulgebäude erinnern gar an Kasernen.

Im 21. Jahrhundert ist diese Grundvorstellung jedoch überholt. Die Disziplin ist ein wichtiges Element in der menschlichen Erziehung, dennoch ist es mit Blick auf die Zukunft völlig missinterpretiert. Sie sollte nicht aus der militärisch-preußischen Tradition heraus vermittelt werden, sondern aus dem Blick auf das Skill Set, das die Menschen in Zukunft wirklich brauchen. Der kategorische Imperativ von Kant steht hier Pate: „Handle nur nach derjenigen Maxime, durch die du zugleich wollen kannst, dass sie ein allgemeines Gesetz werde."[70] Überträgt man den kategorischen Imperativ auf das Bildungsideal, so müsste man automatisch zu ganzheitlicher und praxisorientierter Bildung kommen. Umso erstaunlicher ist die Erfahrung, dass man heute immer noch häufig hört, „da mussten wir früher auch durch" oder „das hat uns auch nicht geschadet". Es kann aber nicht darum gehen, dass etwas nicht schadet, sondern darum, dass man einen Nutzen für Gesellschaft und Individuum aus einem Bildungsprozess zieht!

Lehrmeistern und Befehlshabern zu folgen ist leicht, doch die Anweisungen zu hinterfragen und an geeigneten Stellen weiterzuentwickeln, das ist die eigentliche Herausforderung der Bildung. Denn Bildung ist immer getrieben von dem Verständnis der Unendlichkeit. Würden wir die Wissenschaft als final akzeptieren, würden wir unsere menschliche Weiterentwicklung immens hemmen.

Im 19. Jahrhundert galten Physik oder Teile der Mathematik als final. Hätte Max Planck die Empfehlung seiner Lehrmeister befolgt und wäre Pianist geworden, weil es in der Physik nichts mehr zu entdecken gäbe, so hätte er nie die Quantenphysik begründen können. Bildung muss daher jedem Individuum die Rebellion gegen das Bestehende zugestehen: die Rebellion gegen die elterlichen Vorgaben und gegen die Lehrenden. Denn nur die Rebellion hat die Chance das Bestehende weiterzuentwickeln und zu hinterfragen. Hätten die Frauen nicht gegen die patriarchalischen Systeme rebelliert, die Afrikaner nicht gegen die Kolonialherren und die Kinder nicht gegen ihre Eltern, dann dürften wir uns heute nicht über emanzipierte Persönlichkeiten und Kulturen freuen.

GUTE IDEEN? HER DAMIT!

Jeder von uns sollte also etwas dafür tun, dass sein eigener Bildungsprozess voranschreitet, indem er die eigene Komfortzone und auch die Begrenztheit des Denkens durchbricht. In einem Kreativitätstraining im Rahmen eines Innovationswettbewerbes in Kamerun der NGO Reach Out Cameroon wurde auf große Tafeln geschrieben, dass keine Idee dumm ist und über alles gesprochen werden kann, darf und soll. Nachdem anfangs Skepsis herrschte, da die Menschen diese Herangehensweise aus ihrem institutionellen Bildungssystem nicht kannten, blühten Erwachsene auf wie Kinder. Die Menschen begannen zu verstehen, dass ihre eigene Perspektive wichtig ist und Bedeutung hat. Sie entwickelten gemeinsam Low-Tech-Innovationen, um die dörfliche Gemeinschaft in Tole, einem 2000-Seelen-Dorf im Süd-Westen Kameruns, weiterzuentwickeln und innovative Business-Konzepte zu etablieren. Seitens der Organisatoren wurde dabei nichts anderes gemacht, als einen Rahmen, ein System, zu schaffen, in dem sich Gedanken und Emotionen entwickeln dürfen und nicht im Keim erstickt werden.

Anschließend wurden die Ideen in bilateralen Gesprächen zur Marktreife weiterentwickelt und mithilfe einer lokalen Bank, der Tole Tea Credit Union, finanziert, wenn Aussicht auf Erfolg bestand. Interessanterweise haben sich aus einhundert eingesandten Ideen acht finanzierte Neugründungen entwickelt, von denen nach Ablauf der Jahresfrist noch sieben existierten. Die dafür bereitgestellten finanziellen Mittel von „nur" 100 US-Dollar waren gut investiert.

Die Menschen sollten in einem geschützten Denkraum arbeiten und ihre Prämissen wurden immer wieder durch provokante Fragen getriggert, um parallel Denkstrukturen und Perspektiven aufzubrechen. So konnten sie ihre eigene Rolle besser wahrnehmen. Dabei

wurde keine Lösung vorgegeben, sondern ihr eigenes Denken angeleitet. Denn der Stolz auf die eigene Idee und das Verlassen der eigenen
Perspektiven lässt die Persönlichkeiten wachsen. Nicht nur im Praktischen, sondern auch im Theoretischen ist das Verlassen der Komfortzone wichtig, um zu reifen.

Prof. Maja Göpel hat dazu einen wichtigen Denkanstoß in ihrem
Buch *Die Welt neu denken* geliefert[71]: Ihrer Ansicht nach haben sich
die Voraussetzungen durch die globale Industrialisierung so stark
verändert, dass wir mit klassischer Wachstumsdenke nicht mehr
weiterkommen. Bereits im Bericht an den Club of Rome mit dem Titel
Grenzen des Wachstums von 1972[72] wurden die bestehenden wachs-
tumspolitischen Denkmuster hinterfragt und im Zeitverlauf eine
Postwachstumsgesellschaft gefordert. Eben jenes revolutionäre Denken ist eine wichtige Komponente in der Bildung, da die von der
Elterngeneration angenommenen Prämissen hinterfragt und Anpas-
sungen vorgenommen werden.

Die Rolle des einzelnen Menschen ist von entscheidender Bedeutung für den individuellen und gesamtgesellschaftlichen Bildungsprozess. Denn der Wunsch nach Bildung kann nicht verordnet werden, sondern muss gewollt sein.

KONZENTRATION AUF DAS WESENTLICHE

Haben Sie schon einmal mit dem Fahrrad gegen den Wind ange-
kämpft? Oder sich im Meer von der Strömung der Wellen treiben lassen? In diesen Situationen ist es wichtig, sich nicht wie ein Besessener
an ein Tempo zu halten, sondern sich den Umständen anzupassen:
also während des Ritts auf einer Welle Kraft zu sparen und im Wind-
loch stärker zu strampeln, um vor der nächsten Böe Geschwindigkeit
aufzunehmen. Klingt logisch, oder? Und doch strampeln wir Menschen häufig „aus Prinzip" mit der gleichen Geschwindigkeit, kämpfen gegen die Kraft der Wellen an. Der Grund ist simpel, aber folgen-
schwer: Wir hören aus alter Gewohnheit auf das, was andere von uns
erwarten und wollen.

Stellen Sie sich einmal vor, dass Sie vielleicht fünfzehn Minuten ihres Tages für das Lesen der Post aufwenden. Davon sind möglicherweise zwei Drittel Werbung. Sie verschwenden also jeden Tag zehn Minuten für das Lesen von Dingen, die für Sie völlig irrelevant sind, weil die Werbeindustrie Ihnen das ungefragt vorsetzt. Viel dramatischer ist die Situation in den Medien, insbesondere in den sozialen. Wann haben Sie das letzte Mal ihren Facebook-, Instagram- oder Snapchat-Account durchgescrollt? Was haben Sie gelesen oder gesehen, das für Sie relevant war – und wie viel ihrer Lebenszeit wurde Ihnen dabei durch Vermarktung gestohlen?

Hier soll klar werden, dass eine bewusste Entscheidung, womit wir unseren Horizont erweitern, ebenso wichtig ist. Wir sollten also die Fähigkeit ausbilden, uns auf das Wesentliche zu konzentrieren. Denn wir haben immer die Wahl, ob wir Buch A oder Buch B lesen, die Nachrichten schauen, uns mit Freunden unterhalten oder den Großeltern einen Besuch abstatten. Nur lassen wir uns erstaunlich oft von unserem Umfeld so stark beeinflussen, dass wir nicht das tun, was wir wollen, sondern dass, was andere von uns erwarten. Das kuriose Detail: An dieser Stelle sind wir irgendwie blind. Hilflos gegenüber der Steuerung durch externe Einflüsse merken wir häufig gar nicht, wie wir fremdgesteuert leben.

Die größte Gefahr steckt dabei in den Einflüssen von außen, die im Verborgenen stattfinden, der subtile Rat oder der Vorschlagsalgorithmus, der unseren eigenen Vorlieben folgt. Wir sollten uns darüber klar werden, dass jeder in gewisser Weise auch von außen gesteuert wird. Kennen wir die Gefahr, dann können wir uns besser auf das konzentrieren, was wir wollen. Wie kann es uns also gelingen, nicht gegen die Welle zu schwimmen, sondern symbiotisch und im Einklang mit unserer Umgebung, ohne uns dabei an Land spülen zu lassen, wenn wir eigentlich weiter aufs Meer wollen? Empfehlenswert ist das Gelassenheitsgebet des US-amerikanischen Theologen Reinhold Niebuhr[73]. Es ist durchaus lebensnah und allgemeingültig – und kann auch nicht-religiösen Menschen Halt und Orientierung geben:

„Gott, gib mir die Gelassenheit, Dinge hinzunehmen,
die ich nicht ändern kann,
den Mut, Dinge zu ändern, die ich ändern kann,
und die Weisheit, dass eine vom anderen zu unterscheiden."
Im deutschen Sprachgebrauch kennen wir alle den Ausdruck
„gegen eine Wand laufen". Um in unserem Bild der Welle zu bleiben,
würde man eher sagen „gegen eine Welle schwimmen". Das kostet uns
zu viel unnötige Energie. Wir sollten lernen, unsere Energie auf Sinnvolles und für uns selbst Relevantes zu konzentrieren. Die Lehre aus
diesem Mantra ist im neuen Bildungsideal wichtig. Die Entscheidung,
worauf wir uns konzentrieren wollen, wird uns nämlich zu häufig
durch Dritte abgenommen. Algorithmen treffen für uns die Voraus-
wahl und schränken unsere Perspektiven ein.

Auch unsere bisherigen Erfahrungen und unser Wissen begrenzen
uns, wenn wir nicht nach neuen Ufern suchen. Das Gleiche gilt für
Lebenserfahrungen und das Wissen unserer Eltern und Lehrenden.

DER JOKER IST, DIE WAHL ZU HABEN

Es gibt da diese Geschichte eines afrikanischen Mädchens, das noch
als Baby zur Adoption durch ihre Mutter freigegeben wurde, um eine
ordentliche Schulbildung und die Chance auf eine vernünftige beruf-
liche Karriere zu bekommen. Später lernen sich Mutter und Tochter
kennen. Spannend daran ist, dass die Tochter nicht verstand, warum
ihre Mutter sie abgegeben hatte. Denn sie wollte selbst keine Karriere
machen, sondern Hausfrau und Mutter sein. Im Gespräch mit ihrer
Mutter stellte sich heraus, dass die Mutter damit überhaupt kein Problem hatte. Im Gegenteil: Ihr ging es darum, ihre Tochter in die Lage
zu versetzen, die Wahl zu haben, die sie selbst nicht hatte.

Die Wahl zu haben, versetzt uns in die Lage der Fokussierung. Meist
entscheiden wir jedoch unbewusst und ohne uns über die langfristigen Konsequenzen im Klaren zu sein. Daher ist es wichtig, ein besseres Verständnis und Gefühl dafür zu entwickeln, wie hart viele unserer Vorfahren dafür gekämpft haben, dass wir heute die Wahl haben.

Und dort, wo diese Option nicht besteht, sollte alles dafür getan werden, es Menschen zu ermöglichen. Dazu müssen wir der Bedeutung der Wahl wieder mehr Gewicht geben, damit Menschen Entscheidungen treffen, die für sie richtig sind – und nicht nur aus Sicht ihrer Umwelt. Erst dann wird es uns gelingen, Mündigkeit, Selbstbestimmtheit und Glück des Einzelnen zu steigern und langfristig in einer gesünderen Gesellschaft zu leben.

Kapitel 9

MACHT, MEDIEN UND MONTESQUIEU – EIN NEUER BLICK

Jacinda Ardern wurde im Juli 1980 in Hamilton, Neuseeland, geboren. Sie ist seit 2017 die 40. Premierministerin des Inselstaates vor der Küste Australiens. Die Sozialdemokratin ist die zweite Regierungschefin der Welt, die während ihrer Amtszeit ein Kind bekam. Es gäbe noch viel Beeindruckendes über die Tochter von Mormonen, die in Waikato Kommunikationswissenschaften studierte, zu erzählen. Ihr Weg an die Macht, ihre Reaktion auf die Terroranschläge auf zwei Moscheen in Christchurch oder ihre Beliebtheit bei den Bürgern Neuseelands. Aber ein politisches Novum ragt über die anderen Themen weit heraus: ihr Wellbeing Budget!

Als erstes Land der Welt hat Neuseeland im Mai 2019 ein *Wellbeing Budget* vorgestellt. Es setzt fünf Schwerpunkte: nachhaltiges Wirtschaften, die digitale Transformation, die Gleichstellung der indigenen Völker, die Verringerung von Kinderarmut und die psychische Gesundheit der Bevölkerung. Hintergrund ist die Neuausrichtung der Wirtschaft weg von rein ökonomischen Zielgrößen hin zu zusätzlichem gesellschaftlichen Wohlbefinden. Die neuseeländischen Finanzen sollen immer auch durch Errungenschaften in den fünf Schwerpunktthemen legitimiert werden – und nicht nur mit Bezug zum wirtschaftlichen Wachstum. Damit ist plötzlich nicht mehr das Bruttoinlandsprodukt der Messwert für den Wohlstand des Landes, sondern die Zufriedenheit seiner Bürger. Jacinda Ardern ermutigt ihre Minister durch dieses Budget dazu, Initiativen zu erarbeiten, die im Sinne der Zielsetzungen sind: „Wir müssen damit anfangen, unseren Erfolg anders zu messen", sagte sie. Denn die reinen wirtschaftlichen Faktoren wie Wachstum und Produktivität lassen zu viele Menschen zurück und nützen am Ende nur wenigen.[74]

Wir haben gezeigt, dass der Aufbau und die Zielsetzungen eines Staates maßgeblichen Einfluss auf das Bildungsideal einer Gesellschaft haben – insbesondere, weil der Staat die formale Bildung über Steuereinnahmen finanziert. Daher hat der Staat in der Vergangenheit das Bildungsideal vorgegeben: die Vision von guten Staatsbürgern. Politische Entscheidungsträger sind qua Amt dazu befugt, hier nachzujustieren, zu optimieren und Einfluss auf die Bildung zu nehmen. Voraussetzung dafür sind Messgrößen, die unterm Strich den Menschen dienen. Jacinda Ardern hat das versucht – und schon werden erste Stimmen laut, die beim *Wellbeing Budget* von einem Marketingcoup sprechen. Trotzdem hat sie sich das getraut, was viele Regierungschefs vor ihr nicht konnten. Sie hat dem Wirtschaftswachstum nicht alles untergeordnet, sondern das Ziel ausgegeben, sozialer und ökologischer zu wirtschaften. Denn obwohl es den Neuseeländern mit nur 3,9 Prozent Arbeitslosigkeit und drei Prozent Wachstum des BIP auf den ersten Blick verhältnismäßig gut geht, hat das Land doch eine der höchsten Selbstmord- und Obdachlosigkeitsraten in der OECD. Laut dem Kinderhilfswerk UNICEF leben zudem 27 Prozent der neuseeländischen Kinder in Armut[75].

BRUTTONATIONALGLÜCK ALS NEUE STEUERUNGSGRÖSSE

Der Kommunikation kommt in diesem Prozess also eine große Rolle zu, um Ideen unter die Menschen zu bringen und Überzeugungsarbeit zu leisten, wo Skepsis vorherrscht. Es geht um Wachstum – aber nicht um jeden Preis. Das klingt zunächst vernünftig. Auch andere Länder experimentieren bereits mit alternativen Messgrößen und richten wichtige Entscheidungen auf das Wohl ihrer Bürger aus. Das Himalaya-Königreich Bhutan definiert den Lebensstandard der Bevölkerung im Hinblick auf humanistische und psychologische Faktoren neu. Das so entstandene *Bruttonationalglück* ist eine wichtige Steuerungsgröße und wurde bereits durch die Gelehrten Bhutans im Jahr 1729 als Ziel von Entwicklung und Politik in Bhutan definiert. 1979 antwortete Jigme Singye Wangchuck, der vierte König Bhutans, auf die Frage indischer Journalisten hinsichtlich der Höhe des Bruttoinlandsproduktes, dass das *Bruttonationalglück* wichtiger sei, als das Bruttoinlandsprodukt.[76] Später wurden dann die vier Säulen des Bruttonationalglücks genauer definiert: erstens die sozial gerechte Gesellschafts- und Wirtschaftsentwicklung, zweitens die Förderung von kulturellen und religiösen Werten, drittens das nachhaltige Wirtschaften und der Schutz der Umwelt und viertens verantwortliche Regierungs- und Verwaltungsstrukturen, die die Bedingungen und Regeln für die Menschen festlegen.

Man kann Bhutan also als einen der Vorreiter im Bereich der Entwicklung von neuen und menschendienlicheren Messgrößen zur Zielerreichung der Politik bezeichnen. Bhutan war es dann auch, der im Jahr 2011 die Einführung des *World Happiness Report* der Vereinten Nationen initiierte – eine Studie, die die Lebenszufriedenheit der Menschen der Erde misst.

Auch die beiden Andenstaaten Ecuador und Bolivien verankerten 2008 respektive 2009 in ihren Verfassungen indigene Prinzipien der Lebenszufriedenheit. Das Prinzip des *„buen vivir"*, des guten Lebens, ist ein zentrales Prinzip in der Weltanschauung indigener Völker im Andenraum. Das Prinzip zielt darauf ab, die eigene Zufriedenheit im materiellen, spirituellen und sozialen Sinne nicht auf Kosten anderer Mitglieder der Gesellschaft und der natürlichen Lebensgrundlagen zu erlangen. Es wurde zusammen mit dem Pachamama-Gedanken an prominenter Stelle der ecuadorianischen Verfassung aufgeführt.

Es ist zu erwarten, dass weitere Staaten nachziehen und die Messgrößen für politischen Erfolg im Sinne ihrer Bürger anpassen. Denn die reinen Wachstumsziele sind vor allem im Zeitalter der Menschen überholt. Nur dann, wenn Wirtschaft und Politik der Gesellschaft dienen, ist sie auch erfolgreich. Es wäre daher global gesehen optimal, vor allem die Klima- und Nachhaltigkeitsziele, die bisher verabschiedet wurden, ebenfalls stärker in die nationalen Messsysteme einzugliedern. Denn die natürlichen Ressourcen machen nicht an Landesgrenzen halt. Sie sind sogar im höchsten Maße abhängig von den Handlungen und Entscheidungen der aggregierten Menschheit.

Die hohe politische Kunst besteht darin, auch für jeden einzelnen Menschen ein Rahmenwerk vorzugeben, das größtmögliches individuelles Glück gewährt. Zufriedenheit für den Menschen und die Gesellschaft werden dann zur Doktrin. Die Neuseeländer hoffen darauf, dass Jacinda Arden mit ihrem eingeschlagenen Kurs die Wirtschaft wieder an den Bedürfnissen der Menschen ausrichtet. Den Rahmen dafür hat sie mit ihrem *Wellbeing Budget* geschaffen und das Wohlbefinden der Bürger zur Staaträson erklärt.

MONTESQUIEUS IRRTUM – DIE VIERTE GEWALT IM STAAT

„Eine Erfahrung lehrt, dass jeder Mensch, der Macht hat, dazu neigt, sie zu missbrauchen. Deshalb ist es nötig, dass die Macht der Macht Grenzen setzt. Es gibt in jedem Staat dreierlei Vollmacht: die gesetzgebende Gewalt, die vollziehende und die richterliche. Es gibt keine Freiheit, wenn diese nicht voneinander getrennt sind", schreibt Baron von Montesquieu in seinem 1748 erschienenen, zentralen Werk *Vom Geist der Gesetze*[77]. Montesquieu war ein französisches Multitalent, Staatsphilosoph und Schriftsteller des 17. Jahrhunderts. Lebend in der Epoche der Aufklärung ist besonders sein Konzept der Gewaltenteilung bis heute Teil des philosophischen Grundwissens. In seinen Sätzen steckt Sprengstoff. Nimmt man seine Forderung heute als gegeben an, dann müssen sich im 21. Jahrhundert seine Schlüsse über die Gewaltenteilung in Exekutive, Judikative und Legislative noch einmal grundlegend verändern. Denn in unserer Zeit gibt es eine Macht, die mindestens die gesetzgebende Gewalt und die vollziehende Gewalt in ihrer Macht erheblich einschränkt: die mediale Gewalt. Fox News im Präsidentschaftswahlkampf 2016, die Bildzeitung in Deutschland oder soziale Medien wie Twitter oder Facebook verändern das staatliche Machtgefüge. Politiker, die in westlich-demokratischen Systemen durch Wahl und Wiederwahl legitimiert werden, brauchen mediale Aufmerksamkeit, um ihre persönlichen Ziele zu erreichen. Gleiches gilt auf negative Art und Weise durch Shitstorms und Zerriss in der Medienberichterstattung, beispielsweise für ebenjene Politiker, Richter oder die Polizei.

Aber die Medien – auch die öffentlich–rechtlichen – üben nicht nur auf dem Weg der Kommentierung und Präsentation von Ereignissen Einfluss auf die öffentliche Meinung und damit auf die Politik aus, sondern auch auf dem Weg der Schwerpunktsetzung. Die Schwerpunktsetzung in politischen Talkshows, Zeitungen oder Reportagen unterliegt in westlichen Gesellschaften keinerlei Zensus (zum Glück). Einzig im ökonomischen Erfolg, auch zur Selbsterhaltung der Medien von Bedeutung, liegt eine Limitation der Berichterstattung. Denn die Auflage und die Reichweite führt zu Geldern oder Werbeerlösen. Somit sind die Redakteure beeinflusst, die Informationen zu veröffentlichen, die am meisten konsumiert werden – ohne besondere Rücksichtnahme auf die breite und ausbalancierte Berichterstattung in allen gesellschaftsrelevanten Bereichen.

Wie wichtig es ist, gesellschaftsrelevante Themen auf die Agenda der öffentlichen Debatten zu setzen, kann man an Beispielen wie „#metoo", „#blacklivesmatter" oder „#fridaysforfuture" erkennen. Denn werden Themen, die die Menschen bewegen, nicht repräsentiert, kann dies zum Auseinanderbrechen des sozialen Friedens führen. Das Erstarken der *Alternative für Deutschland* ist ein typisches Beispiel dafür: Ein Hintergrund ist hier auch die fehlende Auseinandersetzung in der öffentlichen Debatte zu Migrations- und Integrationsfragen.

Es ist also für die Freiheit und den sozialen Frieden von zentraler Bedeutung, dass die private Debatte in den öffentlichen Raum gelangt. Nur so fühlen sich Menschen wirklich repräsentiert – und erlangen gleichzeitig öffentliche Relevanz.

In Deutschland gewährt Artikel 5 des Grundgesetzes die Pressefreiheit und zusätzlich die Meinungs-, Rundfunk- und Informationsfreiheit. Dieser Passus ist grundlegend für die deutsche Nachkriegsdemokratie. Ein Angriff auf Artikel 5 wird daher häufig als Angriff auf die gesamte liberale Demokratie verstanden. Doch das ist nur die halbe Wahrheit: Denn dieser Artikel entstammt noch einer Zeit, in der die Omnipräsenz von Medien, wie wir sie heute erleben, kein Thema war – und Fake News noch in den Kinderschuhen steckten.

Besondere Freiheit, die die Medien zweifelsfrei und richtigerweise haben, bringt auch immer besondere Verantwortung mit sich, die wir als Gesellschaft stärker einzufordern müssen. Medien stehen heute nicht nur in der besonderen Verantwortung, umfassend zu informieren, sondern vor allem für eine saubere Trennung von Fake News und korrekten Fakten. Ihnen kommt damit eine große Rolle für den Erhalt und die Weiterentwicklung der liberalen Demokratie zu. Das Problem: Die sozialen Medien machen durch ihre Dynamik und die dezentrale Veröffentlichung und Kommentierung diese Herausforderung zu einer Sisyphus-Aufgabe – und schon heute ist die Macht der geteilten Gewalten, wie Montesquieu es forderte, dadurch eingeschränkt. Wir müssen also darüber diskutieren, ob diese Form der Medienberichterstattung von den öffentlichen Protagonisten auszuhalten ist, oder ob die Gesellschaft hier mehr Verantwortung einfordern müsste, um die freie Machtentfaltung der bisherigen Gewaltenteilung zu ermöglichen.

Sicher ist: Die Medien haben die Aufgabe, Politik zu kontrollieren und Machtmissbrauch entgegenzuwirken. Wenn aber die Medien diese Macht selbst missbrauchen und Politik nicht nur ausbalanciert kritisieren, sondern auch aktiv in die Gestaltung der Politik eingreifen, dann sollten wir darüber nachdenken. Schauen Sie sich nur Entscheidungen hinsichtlich Personalfragen an, die zur Prime Time im Fernsehen diskutiert werden: Wenn Anne Will, eine wichtige deutsche Talkmasterin, mit ihren Gästen über eine Stunde darüber diskutiert, ob Markus Söder, der Spitzenkandidat der CSU, in der Lage ist, Kanzler zu werden, dann hat der Ausgang dieser Sendung nicht nur auf das Wahlverhalten Einfluss, sondern auch auf die Nominierung durch die Partei. Wenn in der Folge die politische Willensbildung aufgrund von positiver Medienresonanz stattfindet, dann ist die politische Willensbildung nicht mehr frei.

Dabei ist unsere Freiheit das höchste Gut, das unser Grundgesetz in der Bundesrepublik Deutschland schützt. Sie ist aber in Zukunft nur dann sicher, wenn die Macht der vier neuen Gewalten im Staat, Legislative, Exekutive, Judikative und Medien, sich gegenseitig einschränken. Die Macht der Medien im Hinblick auf die freie Willensbildung ist jedoch im 21. Jahrhundert sprunghaft angewachsen – sowohl in den sozialen als auch den klassischen Medien. Das sollten wir unbedingt auf dem Schirm haben.

Die Frage, die sich aus dieser Entwicklung ergibt, liegt auf der Hand: An welchen Stellen können wir den Medien Rahmen vorgeben, um in Zukunft die Balance im System und die allgemeine Freiheit – auch im Sinne der freien politischen Willensbildung – nicht zu gefährden? Dabei ist natürlich Fingerspitzengefühl gefragt, denn Pressefreiheit ist und bleibt ein hohes Gut. Als Forderung nach Zensur darf dieser Gedankengang daher nicht verstanden werden, sondern als Reformargument, um sich den aktuellen und zukünftigen Herausforderungen in geeignetem Maße anzupassen. Das hätte bestimmt auch Montesquieu so gewollt.

MEDIEN – VORSICHT BEI MEINUNGSBILDUNG

Die Rolle der Medien differenziert zu beschreiben, ist sehr komplex. Wir haben in den westlichen Ländern eine Medien- und Pressefreiheit. Allein das ist eine große Errungenschaft der Bürgerinnen im

Vergleich zu den Zeiten der Diktaturen. Die Presse wurde nämlich immer schon machtpolitisch instrumentalisiert.

Die deutsche Bundesakte von 1815 beschreibt die juristische Fundierung der Pressefreiheit in Deutschland. Doch schon kurz danach und auch immer wieder in den folgenden beiden Jahrhunderten wurde sie durch Zensur beschnitten. Heute kann man in vielen westlichen Ländern von einer bedingten Pressefreiheit sprechen. So sind die Medienvertreter zwar meist geschützt vor Verfolgung, stehen jedoch unter einem enormen ökonomischen Druck. Mit dem Rückgang der Printmedien sind auch die Verlage in finanzielle und existenzielle Schwierigkeiten geraten. Genau dieser ökonomische Druck führt dazu, dass Schlagzeilen dann Vorrang bekommen. Sie sind aufmerksamkeitsheischend formuliert und wirken teilweise bewusst fehlleitend. Die journalistische Sorgfaltspflicht steht in solchen Fällen manchmal im krassen Gegensatz zu den ökonomischen Interessen der Zeitungen.

Warum dieses Phänomen auch mit Bildung zu tun hat, ist einleuchtend: Mit der Presse verhält es sich wie mit der Wissenschaft. Wenn sich Wissenschaft einem ökonomischen Druck beugt, dann bleibt sie nicht unabhängig. Auch die Presse kann unter Druck ihre Unabhängigkeit verlieren – und damit einhergehend ihre hohe journalistische Qualität und ihr Verantwortungsbewusstsein gegenüber der Bevölkerung. Das Problem: Die Presse ist meinungs*bildend*, und zwar unabhängig davon, ob sie fundiert recherchiert oder polarisierende Schlagzeilen liefert.

Wenn nun aber die ökonomischen Interessen vor denen der Korrektheit liegen, dann kann auch nicht gewährleistet werden, dass die Bevölkerung ausreichend informiert wird. Insbesondere in den Medien, die kurzfristig konsumiert werden, wie Tageszeitungen, Fernsehen und Soziale Medien, werden Emotionen durch Schlagzeilen geschürt. Häufig sind diese Emotionen fehlleitend, wenn nicht sogar falsch. Die Medienlandschaft hat aber auch die Aufgabe, Menschen über die richtigen Themen zu informieren und dabei nicht nur auf diejenigen Nachrichten zu setzen, die die höchste Aufmerksamkeit (und damit den größten ökonomischen Erfolg) erzielen. Allein Donald Trump hat seit seinem Amtsantritt bis zum 10. Dezember 2019 über 15.000 Falschaussagen getroffen – und damit meinungsbildend wirken können. Hier ist es eine wichtige Aufgabe der Presse, zu der nötigen Transparenz zu gelangen, indem möglichst ohne *News-Bias* informiert wird, also ohne Einseitigkeiten und politische Nuancierung in der Nachrichtenberichterstattung.

Jeder Mensch konsumiert durchschnittlich 20.000 Nachrichten pro Jahr, davon ist ein Großteil negativ. Diese schlechten Nachrichten wiederum prägen unser Bild auf die Welt und verzerren – wieder ein *News-Bias*. Hier kann ein News-Detox helfen, damit wir uns wieder auf die wesentlichen Dinge der Welt konzentrieren und beginnen zu reflektieren, was uns die Nachrichten eigentlich vermitteln. Doch nicht nur das. Die Art des Newstransports verändert unsere Denkstrukturen. Die ständige Auseinandersetzung mit News-Schnipseln macht es unserem Gehirn viel schwerer, sich mit komplexen Inhalten auseinanderzusetzen. Wenn also die Medien durch den äußeren ökonomischen Druck dazu gezwungen werden, News und Schlagzeilen immer kürzer, negativer und provokativer zu gestalten, dann verändert das langfristig unsere Denkstruktur zum schlechten. Wollen wir das? Finden wir es wirklich o.k., wenn Medien nicht nach dem nötigen Transparenz-Prinzip handeln können? Und wollen wir Medien, die abhängig von der Wirtschaft werden?

Eine besondere Rolle kommt dabei den sozialen Medien zu. Wenn man davon ausgeht, dass die journalistische Sorgfaltspflicht in den klassischen Medienhäusern noch weitestgehend eingehalten werden kann, dann trifft dies für die sozialen Medien nicht zu. Denn in den westlichen Ländern gilt nicht nur die Freiheit der Presse, sondern auch die der Meinungen. Die Meinungsfreiheit ist eines der wichtigsten Güter unserer liberalen Demokratie, da sie die Freiheit des Andersdenkenden schützt. Niemand muss in Deutschland Angst um sein Leben haben, wenn er seine Meinung frei äußert. Auch Donald

Trump nicht, obwohl viele seiner Aussagen schlichtweg falsch sind. Die aktuelle Debatte rund um die Kontrolle von Twitter und Facebook hinsichtlich der Löschung von Falschinformationen ist glücklicherweise bereits angelaufen, wenn auch sehr langsam.

Fakt ist: Die absolute Meinungsfreiheit bringt durch den neuen Kanal der sozialen Medien erhebliche Nachteile mit sich – kann doch nun jeder auf einem direkten und unreflektierten Kanal eine große Anzahl an Lesern und Zuhörern erreichen. Stellen wir uns nur mal vor, dass ein bekannter Fußballspieler mit über einhundert Millionen Followern rechtsradikales Gedankengut verbreitet. Es ist wahrscheinlich, dass einige ihm folgen – bei der hohen Anzahl seiner Follower eine ziemlich große Gruppe. Ähnliches gilt auch für Themen wie Frauenfeindlichkeit, Fehlinformationen und Verschwörungstheorien. Die Presse- und Meinungsfreiheit schützt leider auch unreflektierte Beiträge oder Falschaussagen in sozialen Medien. Das macht es für den *ungebildeten Menschen* sehr schwierig, zwischen richtigen und falschen Informationen zu unterscheiden. Während der Journalist idealerweise frei von eigener Meinung schreibt, schreibt der Verfasser in den sozialen Medien aus seinem eigenen Mindset heraus.

Wir sind uns alle einig, welches hohe Gut die Meinungs- und Pressefreiheit bedeutet. Dennoch haben sich die Zeiten geändert und die direktere Kommunikation über die sozialen Medien ist möglich geworden. Es ist daher wichtig zu verstehen, dass sich eine mehrklassige Medienlandschaft herausgebildet hat: erstens die Medien, die der Sorgfaltspflicht des Journalismus unterliegen, zu denen klassische Zeitungen, Fernsehdokumentationen, öffentlich-rechtliche Nachrichten und viele Podcasts zählen – und zweitens die sozialen Medien, auf denen jeder frei seine eigene Meinung äußern darf und damit eben auch meinungsbildend wirkt.

Wir sollten daher vor dem Hintergrund eines neuen Bildungsideals unbedingt auch über die neuen Medienstrukturen differenziert nachdenken. Denn die meinungsbildende Wirkung birgt nicht nur großes

Glück und Chancen, sondern auch Gefahren für die freie Entfaltung des menschlichen Charakters. Interessanterweise nennen sich die Menschen, die ihr Geld über Marketing auf Instagram verdienen, Influencer. Sie beeinflussen also andere Menschen dazu, eine Kaufentscheidung zu Gunsten des beworbenen Produktes zu treffen. Für den Menschen wird es dadurch immer schwieriger zu unterscheiden, wessen Informationen und Empfehlungen aufrichtig sind und welche durch den eigenen ökonomischen Erfolg motiviert sind.

Wir müssen die Rolle der Medien neu denken, die Presse- und Meinungsfreiheit neu strukturieren und die Verbreitung von Falschinformationen verhindern. Dabei sollten wir die vielen positiven Einflüsse der Medienlandschaft auf unsere Haltungs- und Wissensbildung allerdings nicht vergessen: Würden sie nämlich nicht schon seit einiger Zeit intensiv über den Klimawandel informieren und dabei auch die Emotionen der Menschen durch Bilder ansprechen, wäre dieses Thema sicherlich nicht so präsent.

Im Sinne der Bildung sollten wir verstehen, dass Journalismus, Presse und Medien eine besondere Bedeutung zukommen. Denn die Aufgabe der Medien, der Presse und des Journalismus ist in seiner öffentlichen Wirkung besonders. Die Folgewirkungen, die aus Berichterstattungen entstehen können, überragen – nehmen wir nur einmal das Beispiel der Berichterstattung rund um den Impfstoff von Astra Zeneca im Frühjahr 2021, der zu einer hohen Unsicherheit in der deutschen Bevölkerung gegenüber dem Impfstoff führte. Oder die Entwicklung des Aktienkurses von Gamestop, der ausgelöst durch die Kommunikation in Filterblasen und Echoräumen wie Telegram-Gruppen Ende Januar 2021 explodierte.

Die Folgewirkung von medialer Berichterstattung kann an vielen Beispielen abgelesen werden. Daher ist es umso bedeutender, dass sich Journalisten wieder stärker am Pressekodex von 1973 orientieren.[78] In diesem wird in §1 eindeutig festgelegt: „Die Achtung vor der Wahrheit, die Wahrung der Menschenwürde und die wahrhaftige Unterrichtung der Öffentlichkeit sind oberste Gebote der Presse."

Wir sollten hier stärker an die Verantwortung appellieren! Damit ist explizit nicht die Nicht-Berichterstattung oder die Zensur gemeint. Im Gegenteil: Die Pressefreiheit ist eines der höchsten Güter unserer liberalen Gesellschaft und um jeden Preis zu bewahren. Es geht um verantwortungsvolle Neutralität bei besonders sensiblen Themen. Angetrieben von dem Willen nach Transparenz sind daher öffentliche Finanzierungsvehikel anzustreben. Denn die Rolle der Medien für die Wissensbildung und Haltungsbildung ist bedeutend – und die öffentliche Aufgabe der Journalisten für Bildung und Demokratie für die Gesellschaft wichtiger, als deren Beitrag zum Bruttoinlandsprodukt.

Teil 5

WAS AUF DIE LEBENSRESSOURCEN EINZAHLT: ANSATZPUNKTE

- *Was können wir kurzfristig tun?*
- *Auf welche Ressourcen können wir dabei einzahlen?*
- *Wie erreichen wir Balance?*

Kapitel 1

DEM GROSSEN SPRUNG MIT SALAMI-TAKTIK BEGEGNEN

Wir brauchen ein neues Bildungsideal – das war die Eingangsthese dieses Buches. Fassen wir also an dieser Stelle noch einmal zusammen, was das konkret für uns Menschen bedeutet, ehe wir über erste Ansatzpunkte reden.

Aus allem, was wir bisher entwickelt haben, wollen wir das herausarbeiten, was wir sofort umsetzen können, um uns in Richtung des neuen, zukunftsfähigen Bildungsideals zu entwickeln. Das ist erst ein Anfang, ja, aber irgendwo müssen wir beginnen, um das Bewusstsein der Gesellschaft für das drängende Thema zu wecken. Und es ist vermutlich die einzige Möglichkeit, im Kleinen auf die Chancen des großen Ganzen aufmerksam zu machen.

Kommen wir noch einmal zurück zu unserem Beispiel mit Daedalus und Ikarus. Wie hätte unser neues Verständnis von Lebensressourcen ihre Geschichte verändert? Das Wissen um die Natur der Dinge war sicherlich nicht das Problem – galt Daedalus doch als einer der gelehrtesten Männer seiner Zeit. Doch schon mit seinem Sohn beginnt das Problem: Vermutlich wurde er von Daedalus in väterlichem Sendungsbewusstsein mit Wissensinformationen zugeschüttet

– und Ikarus bildete sich eben nicht selbstständig und ganzheitlich in allen Lebensressourcen. Die Pluralität der Lebensressourcen fehlte. Das ist normal und geht vielen Vätern und Söhnen so – bis heute. Schade, dass er nicht bewusst auf die Lebensressource Fertigkeitsbildung zurückgreifen konnte, um die gemeinsame Flucht mit einem soliden Skill Set abzusichern. Denn dann hätte Ikarus aus eigener Anschauung erfahren, wie sich Bienenwachs in verschiedenen Temperaturen verhält. Auch die Kraft der Sonne wäre ihm vertraut gewesen. Durch Herzensbildung hätte er zusätzlich seine persönliche Eitelkeit, respektive Überheblichkeit, überwinden können und nicht ausgerechnet in dieser Situation seinen mahnenden Vater überflügeln wollen. Er hätte das große Ganze gesehen und eben auch die unendliche Liebe seines Vaters. Gefestigt und charakterstark wäre er in der Lage gewesen, mit einer neuen inneren Haltung gegenüber seinem Vater, sich selbst und seiner Umwelt wirksam und richtig zu handeln. Kurz: Die Geschichte wäre anders ausgegangen.

Wir haben argumentiert, dass unser bisheriges Ideal der Bildung, das sich aus der Humboldt'schen Tradition des 19. Jahrhunderts ableitet, definitiv nicht mehr ausreicht, um die Herausforderungen der Zukunft zu bewältigen, die sich schon heute abzeichnen. Herausforderungen wie den Klimawandel, das Verhältnis von Mensch und Maschine oder das individuelle Glück und die psychische Gesundheit. Stattdessen brauchen wir eine Toolbox des Lebens, die – natürlich individuell ausbalanciert – jedem Menschen Ressourcen an die Hand gibt, um ihn (über-)lebensfähig zu machen. Dazu haben wir vier Lebensressourcen identifiziert: Wissen, Fertigkeiten, Herz und Haltung. Nur dann, wenn Menschen gleichermaßen Wissensbildung, Fertigkeitsbildung, Herzensbildung und Haltungsbildung erfahren, kann das Individuum im Sinne des Ideals reifen – im Charakter und der Persönlichkeit ebenso wie in der Kompetenz zu entscheiden und im Bewusstsein über die eigene Selbstwirksamkeit. Oder anders gesagt: Damit der Mensch die besten Entscheidungen treffen und eine eigene resiliente und selbstwirksame Persönlichkeit entwickeln kann, müssen wir die vier Dimensionen optimal ausprägen. Dann können genau diese vier Lebensressourcen ein Rahmenwerk geben, das größtmögliches individuelles Glück gewährt. Neben dem Menschen an sich wird auch die Gesellschaft zum Nutznießer, denn die Menschen handeln – gebildet in den vier Lebensressourcen – auch im gesellschaftlich optimalen Sinne.

Dass dies ein Prozess ist, der nicht von heute auf morgen funktioniert, liegt auf der Hand – stellen wir doch vermeintlich Bewährtes und altehrwürdige Werte infrage. Wir rütteln hier an den Grundfesten, den Fundamenten unseres heutigen Systems. Wir argumentieren, dazu alles auf den Prüfstand zu stellen, um zur Zukunftsfähigkeit zu gelangen. Ja, wir plädieren dazu, den Blick in die Zukunft zu richten und Vergangenheit als solche anzuerkennen. Wir können sofort damit beginnen, einzelne Aspekte zu verändern, an kleinen Zahnrädchen zu drehen, die dann automatisch das gesamte Räderwerk in Bewegung setzen. Diese ersten Schritte sind alles andere als ein vollständiger Maßnahmenplan, sondern kleine „Sparks" (engl. Funken), um die vier Lebensressourcen des Menschen besser auszubalancieren und zu stärken.

Das ist eine ausdrückliche Einladung. Wir selbst entscheiden über unsere Zukunft. Und wir haben jetzt die Möglichkeit, etwas Fundamentales, Zukunftsweisendes und Nachhaltiges zu ändern. Diese Chance müssen wir nutzen, um unsere Welt jeden Tag ein Stückchen besser zu machen. Damit unsere Kinder ein bisschen glücklicher sein können (als viele von uns das heute sind), weil sie sich zu ausgeglichenen Persönlichkeiten mit hoher Selbstwirksamkeit gebildet haben und weil wir definiert haben, wie das neue Bildungsideal aussieht. Denn wir beginnen, es zu leben.

Unser neues Bildungsideal hat einen großartigen Nebeneffekt: Es wirkt auch inkludierend und damit im Sinne des sozialen Friedens. Denn es strahlt Respekt und Wertschätzung gegenüber unterschiedlichsten Kompetenzen aus – explizit vor allem gegenüber Menschen, die möglicherweise weniger wissen, dafür aber mehr können.

Um die schier unendlich scheinenden Lebensressourcen schnell Realität werden zu lassen, beschäftigen wir uns in diesem Teil mit möglichst konkreten Ansatzpunkten, die auf mindestens eine der vier Lebensressourcen einzahlen. Dabei zahlt jeder Ansatz nicht ausschließlich auf eine Lebensressource ein, sondern diffundiert auch immer in andere Lebensressourcen hinein, indem er unterstützt oder einfach in Teilen besonders gut passt.

Ein ganz einfaches Bild verdeutlicht, wie wir dabei vorgehen. Stellen Sie sich vier Gläser nebeneinander auf einer Wippe vor: Das erste ist fast voll, in den drei anderen stehen unterschiedlich niedrige Pfützen. Logisch: Die Wippe neigt sich auf der Seite mit dem hohen Wasserspiel nach unten. Das volle Glas symbolisiert die geltende Ausprägung der Wissensbildung in unserem System; die drei anderen stehen für Fertigkeitsbildung, Herzensbildung und Haltungsbildung. Es geht nun darum, das Wasser ausgewogener zu verteilen, um in eine Balance zu kommen.

Kapitel 2

WISSENSBILDUNG

Alle Maßnahmen, die relevantes, lebensnahes Wissen vermitteln, steigern unsere Wissensbildung. Auch in der Wissensbildung geht es darum, die Frage des *Warum* zu stellen. Warum Englisch lernen, wenn wir in wenigen Jahren einen Chip im Ohr haben, der uns die Sprache simultan übersetzt? Warum Formeln lernen, die sich schnell nachschlagen lassen? Warum gar lesen, rechnen und schreiben lernen?

Neben der Frage des *Warum* gilt es hier aber auch, das *Was* und das *Wie* zu evaluieren. Wissensbildung wird bereits von vielen Autoren aufgegriffen: So finden sich in der aktuellen Debatte beispielsweise bei Verena Pausder und Gerald Hüther viele Vorschläge, wie Schulen, Universitäten und Digitalisierungskompetenz verbessert werden können. Optimierte Wissensbildung hat zwei Ausprägungen: erstens welches Wissen vermittelt werden sollte (was) und zweitens auf welche Art und Weise es vermittelt wird (wie). Um Ressourcen für die anderen drei Lebensressourcen freizuschaufeln, sollte die Wissensbildung allerdings vor allem reduziert werden. Oder um in unserem Bild des Musikmischpultes zu sprechen: Die Kernmaßnahme sollte demnach sein, Wissensbildung herunter zu regeln, um eine bessere

Balance der Lebensressourcen zu erreichen – Pi-mal-Daumen von etwa neunzig auf ca. fünfundzwanzig Prozent. Denn die Fokussierung und Optimierung hin zur Wissensbildung hat überhandgenommen und Freiräume im Sinne von Zeit und Geld für andere Lebensressourcen zunehmend eingeengt. Deshalb wollen wir hier nur wenige Ansatzpunkte eher im Sinne von Beobachtungen vorstellen, wie Wissen besser vermittelt werden kann und von den richtigen Menschen wird.

AUF NACH ENGLAND, AUCH ZUM ENGLISCH LERNEN

Wer kennt es nicht: Viele Jahre Englischunterricht und trotzdem nicht den Mut gehabt, zu sprechen? Tausende Vokabeln und Grammatik auswendig gelernt und trotzdem nicht in der Lage, einen Film zu verstehen? Das Gefühl, ständig zwischen zwei Sprachen hin und her übersetzen zu müssen? Nirgends ist es so nötig, eine Frage zu stellen, wie beim schulischen Englisch lernen: Warum?

Wie gerade beschrieben, geht es vielen Menschen, die in Deutschland Englisch in der Schule gelernt haben. Meist waren sie per System dazu gezwungen, eine Fremdsprache von einer Nicht-Muttersprachlerin beigebracht zu bekommen. Ein effizient denkender Mensch empfindet allerdings keine Notwendigkeit darin, mit einem anderen Deutsch-Muttersprachler – noch dazu in einem sterilen, schulischen Umfeld – Englisch zu sprechen. Der Grund, das *Warum* fehlt.

Dazu zählt auch das Übersetzen von Vokabeln, denn das Gehirn entwickelt so lediglich ein Sprachbild, das einen deutschen Satz formuliert und ins Englische übersetzt – etwas, was schon bald der Chip im Ohr für uns erledigen wird. Die Natürlichkeit und Schönheit der jeweiligen Sprache gehen durch diese Vorgehensweise leider völlig verloren. Denn Sprache ist immer auch ein Ausdruck von Klang und Kultur. Die reine Stimmfärbung lässt verstehen, ob Ironie im Spiel ist oder eine Frage gestellt wurde. Diese Besonderheiten und Nuancen sollten durch die Schülerinnen erlebt, gefühlt und interpretiert werden, anstatt ein maschinell-industrielles Lernen zu vollziehen.

Das klappt am besten mit dem System der Immersion. Hier wird eine Sprache nicht durch Übersetzen erlernt, sondern durch das Fühlen und Erleben von fremdsprachlichen Gesamtkontexten und Situationen. Das Lernen durch Immersion macht nicht nur deutlich mehr Spaß, sondern ermöglicht auch intuitiveres, spielerischeres Lernen. Vor allem aber bezieht es sich durch die hohe Kontextualisierung nicht ausschließlich auf die reine Sprache, sondern vor allem auch auf den kulturellen Zusammenhang. So lernt der Mensch schneller und die Speicherung vollzieht sich nachhaltiger. Das Lernen wird durch die praktischere Relevanz wesentlich leichter, könnte man sich doch sonst nicht unterhalten. Das entscheidende Detail: Immersion funktioniert am besten vor Ort.

Immersion führt auch zu einem viel natürlicheren Umgang mit der Sprache an sich: So werden keine Wörter mehr übersetzt, sondern direkt Sinnzusammenhänge und Nuancierungen erlernt – und die Kultur des Sprachraumes wird verstanden.

Ideal und auf ganz natürliche Art und Weise wird eine Fremdsprache im jeweiligen Land während eines Auslandaufenthaltes gelernt. Sicherlich ist anfangs die Fehlerquote höher als mit ausreichenden Vorkenntnissen, aber die höhere Fehlerquote führt zu schnelleren Lerneffekten. Ein Beispiel illustriert das deutlich: Ein Student reist in den Semesterferien durch Chile – auch um seine rudimentären Spanischkenntnisse aus der Schulzeit zu verbessern. Er fährt mit einem Bus durch das Land, schaut aus dem Fenster und wundert sich über ein Schild am Straßenrand, auf dem *Cambio de Aceite* steht. Er erinnert sich, dass *Aceitunas* Oliven und *Aceite* Olivenöl bedeutet – und dass *Cambio de Moneda* die Geldwechselstube ist. Im ersten Moment irritiert, warum die Chilenen Olivenöl wechseln, erkennt er auf den zweiten Blick die vielen Autos vor der Tür und versteht: *Aceite* bezeichnet nicht speziell Olivenöl, sondern steht für Öl im Allgemeinen. Diese Bedeutung vergisst er nie wieder.

Genau das macht Immersion aus: Die Verknüpfung von Erlebnissen, Situationen und Wortbedeutungen – und damit auch der Kultur

– ist viel nachhaltiger, als auswendig zu lernen und die anschließende Überprüfung im Vokabeltest. Die intrinsische Motivation, der Spaß sich in einer anderen Sprache erfolgreich zu unterhalten, wird im klassischen Sprachunterricht im Keim erstickt und demotiviert viele Menschen. Da wir jedoch in einer globalisierten Welt leben, in der die Kenntnisse in Fremdsprachen (noch) notwendig sind, müssen wir andere Wege finden. Und noch einmal: Es geht auch später im Berufsleben nicht darum, dass wir grammatikalisch korrekt formulieren, sondern dass wir Menschen in der Lage sind, zu kommunizieren. Denn gleichermaßen wie die Sprache sollten auch die Besonderheiten der anderen Kultur vermittelt werden. Der Mensch kann dann für sich entscheiden, welche Elemente er in seinen eigenen Alltag, der ursprünglich nur von der eigenen Kultur geprägt war, übernimmt. Für einen Nordeuropäer könnte zum Beispiel die west–afrikanische Gelassenheit sinnvoll sein, die latente Unpünktlichkeit aber nicht.

Daher muss im Bildungsideal des 21. Jahrhundert nicht die Fremdsprache an sich, sondern die Fremdkultur in Gesamtheit im Vordergrund stehen und auch fest im Bildungskanon verankert sein. Das klappt nicht in einem klassischen schulischen, sondern nur in innovativen und lebensnäheren Kontexten. Die Lösung ist relativ einfach und auch kurzfristig in unser Bildungssystem integrierbar: Auslandsaufenthalte mit internationalen Schülerinnen und angeleitet von Muttersprachlerinnen lassen sich oft recht unkompliziert zu organisieren. Die Unterbringung kann in internationalen Wohngemeinschaften oder alternativ in lokalen Familien erfolgen. Da viele Schulen Partnerschaften mit ausländischen Pendants haben, bestehen die erforderlichen Kontakte meist ohnehin. Die Mindestlaufzeit sollte drei Monate nicht unterschreiten und staatlich organisiert und gefördert werden, ohne dabei verpflichtend zu sein. Auch die Integration von Muttersprachlern und Sprachlernsystemen der Immersion in den Schulalltag dürften keine besondere Schwierigkeit darstellen – allein schon wegen der bestehenden Schulpartnerschaften. Statt also

unsere begrenzten Ressourcen – Zeit und Geld – in schulischen Englischunterricht zu investieren, sind Ausgaben für individuelle Auslandsaufenthalte viel sinnvoller.

Ein anderes Beispiel: Wir haben doch eins aus den Wirren der Coro-
na Pandemie gelernt, nämlich wie gut Videogespräche den persönlichen Kontakt an einigen Stellen ergänzen können. Spannend kann
es sein, diese Erkenntnis auch auf das Sprachen lernen zu übertragen,
wenn reale Auslandsaufenthalte an ihre Grenzen stoßen. Das könnten beispielsweise internationale Gruppenvideogespräche sein, bei
denen sich die Schülerinnen im Rahmen von globalem Lernen in der
Zielsprache in Kleingruppen – digital – austauschen. Oder man geht
noch einen Schritt weiter und richtet digitale Klassen ein, die mit
internationalen Schülerinnen besetzt und von internationalen Lehrerinnen geleitet werden. Das entscheidende Detail wäre hier, dass
keine Muttersprachlerinnen doppelt vertreten sind. Einziger gemeinsamer Nenner aller ist dann die Zielsprache, in der die Teilnehmer
kommunizieren.

Nicht nur für Schülerinnen, sondern auch während des späteren
Erwerbslebens ist eine Beschäftigung mit anderen Sprachen und Kulturen wichtig. Dazu kann es verschiedene Wege geben. So laden die
digitalen Möglichkeiten dazu ein, Serien, Filme, Podcasts, Fernsehen
oder Literatur in der Zielsprache zu konsumieren. Flankierend ist die
Förderung von Auslandaufenthalten sinnvoll. Viele Unternehmen
ermöglichen ihren Mitarbeiterinnen heute schon Auszeiten, um
mehrmonatige Auslandsreisen und -aufenthalte zu erleben, sogenannte Sabbaticals. Eine Intensivierung dieser Förderungsvehikel
auch für Menschen mit geringerem Einkommen ist wichtig, da so die
entsprechenden Kompetenzen ausgebildet werden können. Die Entscheidung, ob auch während des Erwerbslebens ein oder mehrere
Auslandsaufenthalte durchgeführt werden, liegt letztlich aber bei
jeder Einzelnen. Durch die Vielfalt der unterschiedlichen interkulturellen Erfahrungen wird schon sehr kurzfristig auch die Kreativität
ansteigen. Die interkulturellen Erfahrungen sind immer mit intensi-

ven Stimuli verbunden, weil es eben nicht nur um Sprache und Kultur geht, sondern um viel mehr. Auslandsaufenthalte während des Erwerbslebens werden dazu führen, dass sich die Menschen in regelmäßigen Abständen wieder selbst hinterfragen. Hat sich ein Mensch im Alltag vielleicht noch auf die Ansammlung von Besitz konzentriert, fällt ihm doch während einer Rucksackreise auf, dass er viel weniger braucht, um glücklich zu sein. So stellen gerade viele Millennials auf ihren Reisen fest, dass weniger Besitz zufriedener macht – und sie übertragen diese Lebensart auch immer häufiger auf ihren Alltag. Diese Entwicklung ist ein wichtiger Baustein der *Sharing Economy* und erfährt inzwischen einige Beachtung in diversen Bereichen des menschlichen Alltags. Außerdem steigt die Wertschätzung gegenüber Errungenschaften, die vorher als selbstverständlich angesehen wurden, vor allem wenn Low-Budget-Reisen durchgeführt werden: zum Beispiel wie toll eine warme Dusche plötzlich wieder sein kann. Es geht also bei den Auslandsaufenthalten während des Erwerbslebens auch immer wieder um die Möglichkeit einer Auszeit und der Justierung der eigenen Rolle in der Welt, der Wertschätzung gegenüber dem, was man hat und dem Loslassen von Dingen, die man nicht braucht. Spüren Sie, wie hier eine Schnittmenge zur Haltungsbildung entsteht?

Fazit: Es ist für uns alle notwendig, eine Fremdsprache und -kultur zu erlernen, jedoch die angewandte Methodologie ist stark veraltet. Daher sollten wir das Erlernen von Fremdsprachen radikal neu denken und in globale Strukturen platzieren. Nur so können wir Schülerinnen in einen Kontext versetzen, in dem einzig eine Kommunikation in der Zielsprache möglich ist. Die Kontextualisierung triggert die intrinsische Motivation, eine Möglichkeit zur Kommunikation zu finden. Der entscheidende Vorteil wird darin liegen, dass so die intrinsische Motivation stimuliert wird und das Erlernen der Fremdsprache mit einem höheren Interessens- und Spaßfaktor versehen wird. Wir verstehen dann endlich, warum wir über eine andere Sprache und Kultur Bescheid wissen sollten.

LEHRERIN: SPRUNGBRETT UND ZUSATZQUALIFIKATION

Sollten Sie im Lehramt arbeiten und vollends überzeugt von der Arbeits- und Leistungsethik des gesamten Kollegiums sein, dann überspringen Sie dieses Kapitel lieber – oder Sie sollten es vielleicht gerade deshalb lesen. Es ist merkwürdig, aber man hört besonders häufig von – im veralteten monetären Sinne – sehr erfolgreichen Menschen, dass sie schlecht in der Schule waren. Sie sagen, dass nicht *wegen* guter Lehrerinnen etwas aus ihnen geworden sei, sondern *trotz* der mangelnden Kompetenzen der Lehrkräfte. Wir alle kennen wahrscheinlich Lehrerinnen, die stets ein Interesse daran hatten, uns etwas beizubringen. Aber vermutlich erinnern wir uns auch an diejenigen, die in Lethargie verfallen waren. Das Problem: Unser momentanes System macht es nahezu unmöglich, engagierte und gute Lehrerinnen zu belohnen und die faulen und schlechten zu sanktionieren. Dieser Zustand ist in die Zukunft gedacht alles andere als zielführend: Denn wir brauchen Lehrerinnen, die mit Fachwissen und Enthusiasmus jene Kompetenzen vermitteln, mit denen wir das neue Bildungsideal sicherstellen, die Lebensressourcen.

Es ist ein unglaubliches Paradox, dass einige Lehrerinnen nicht zur Entwicklung der Schülerinnen beitragen – schaut man sich an, was die Gesellschaft jedes Jahr allein für Schulbildung ausgibt. Im Jahr 2017 kostete eine Schülerin in Deutschland durchschnittlich 7.300 Euro im Jahr. In diesen Kosten enthalten sind 400 Euro Investitionsausgaben, 900 Euro laufende Sachaufwände und 6.000 Euro Personalausgaben.[79] In Deutschland gingen im gleichen Jahr rund elf Millionen Schülerinnen zur Schule.[80] Vor dem Hintergrund dieser immensen Kosten bedarf es doch einer Legitimierung der fortwährenden Befähigung, quasi dem kontinuierlichen Leistungsnachweis der einzelnen Lehrerinnen. Kein Unternehmen würde diesen Kostenblock unhinterfragt, zulassen. Dies ist wichtig, um die Effizienz nicht aus den Augen zu verlieren und stets auch an den Kosten zu arbeiten, damit diese nicht aus dem Ruder laufen.

Der Beruf der Lehrerin befindet sich heute in einem Teufelskreis. Die statische Ausrichtung des Systems, verursacht durch Beamtentum und mangelnde Aufstiegschancen für die Masse, führt dazu, dass ab Beamtenstatus zu viele Lehrerinnen im Status quo verharren und sich und die Lernkonzepte nicht kontinuierlich weiterentwickeln. Weil dies allerdings ex-ante bekannt ist, werden viele Menschen, die Dynamik und Entwicklung suchen, vom Beruf der Lehrerin nicht angesprochen. Im Gegenteil: Bessere Aufstiegschancen, aber auch regelmäßige Erfolgsmessungen führen dazu, dass viele andere Berufsgattungen vor allem in der freien Wirtschaft interessanter sind – von den Gehältern ganz zu schweigen. Dadurch wird das Berufsbild noch weniger attraktiv, denn oft fühlen sich Menschen, die weniger Arbeitsaufwand wollen, eher angesprochen – ein Teufelskreis.

Es muss uns also gelingen, den Teufelskreis zu durchbrechen und die gebildetsten Leute – im Sinne unserer vier Lebensressourcen – für den Beruf der Lehrerin zu begeistern. Nur wie? Das ist nur durch eine radikale Veränderung des Systems möglich: Zunächst müssen wir die statischen Strukturen aufbrechen, um dann das Beamtentum in der heutigen Form abzuschaffen. Denn das System setzt immer noch zu starke Anreize zu verharren – ist es doch für das Individuum nicht mit negativen Konsequenzen behaftet, wenn die Entwicklung der Schülerinnen nicht optimal verläuft.

Es bedarf also zwingend einer neuen Methodik, um Erfolge der Lehrerinnen zu messen, um die schwarzen Schafe auszusortieren und um so die Motivation der Motivierten weiter hochzuhalten. Es wird wichtig sein, dass wir dazu ein System der gegenseitigen Kontrolle etablieren: Bei solchen *Checks-and-Balances* müssen sich Lehrerinnen immer wieder in den Dialog begeben, um durch Wettbewerb die höchste Qualität zu fördern. Gesucht ist eine Instanz, die Kontrolle auf die Qualität der Lehrerinnen und deren Kompetenzvermittlungsvehikel ausüben kann, ohne dabei – wie heute zu oft üblich – die Inhalte vorzuschreiben.

Dazu müssen wir aus anderen Berufsumfeldern lernen und wichtige Elemente adaptieren. Ein Beispiel verdeutlicht diese Forderung: Viele der jungen Absolventinnen der Betriebswirtschaftslehre streben einen Berufseinstieg in einer Unternehmensberatung an. Unternehmensberatung bedeutet viele verschiedene Eindrücke in kurzer Zeit – und gleichzeitig ein überdurchschnittliches Gehalt. Vor allem aber öffnet es die Türen für spätere Zielpositionen, weil es als Form der zusätzlichen Qualifikation gilt. Dabei ist die Art des Studiums für Unternehmensberatungen irrelevant, es wird Wert auf eine hohe Diversifizierung in den Projektteams gelegt. Wieso machen wir den Beruf der Lehrerin durch Anreize und Perspektiven nicht so attraktiv, dass Absolventinnen ihn präferiert ergreifen wollen? Warum werden junge Absolventinnen aller Studiengänge also nicht angesprochen, um zu Beginn ihres Berufsweges für einige Zeit zu Lehrerinnen in Schulen oder Kindertagesstätten zu werden? Die Dynamik, die von den jungen Menschen ausgeht, wäre sehr belebend für den statischen Schulalltag, verkrustete Strukturen würden durch diese hinterfragt werden. Kurzum: Wir brauchen mehr Wettbewerb und Konsequenzen, sodass wirklich nur die Kompetentesten in diesem äußerst wichtigen Job langfristig arbeiten können. Und: Wir sollten verstehen, dass Lehrerinnen nicht nur in der Schule, sondern in unserem gesamten Alltag gebraucht werden, Menschen, die anderen Menschen etwas vermitteln.

Es steht außer Frage: Wir müssen den Beruf der Lehrerin gesamtgesellschaftlich in seiner Wertschätzung heben. Erst dann wird aus Sicht der Absolventinnen ein Berufseinstieg in diesem Beruf sinnvoll erscheinen. Dafür müssen wir ein Einstiegspaket schnüren, das eine Fortbildung der eigenen Kompetenzen ermöglicht und nach Durchlaufen dieser Jahre ein besonders Prädikat verleiht. Denn wenn diese Station dazu führt, dass anschließend die Unternehmen und Organisationen genau diese Menschen suchen, dann ist der Beruf der Lehrerin plötzlich kein „Abstellgleis" mehr, sondern ein Karrieresprungbrett. Das kann kurzfristig durch eine Erhöhung der Gehälter und eine intensive Förderung der eigenen Kompetenzen, also Weiterbildungsangebote, gelingen. Die Funktion der Lehrerin könnte somit zu einer Verlängerung des eigenen Bildungswegs werden und für spätere Leitungsfunktionen qualifizieren. Sinnvoll erscheint eine Art Trainee für zwei bis drei Jahre, in denen unterschiedliche Bereiche und Stationen angesteuert werden. Im Übrigen erlernen die so weiter ausgebildeten, wie sie anderen besonders gut etwas beibringen und diese fördern können. Und das sind Kompetenzen, die nicht nur für Teamleiterinnen und Managerinnen, sondern auch für Ärztinnen und Pflegepersonal extrem wichtig sind.

Ergänzend dazu sollte eine Karriereleiter für Schullehrerinnen initiiert werden. Im Sinne des lebenslangen Lernens und der Motivation durch finanziellen und positionellen Aufstieg ist die Unterteilung in zahlreiche Hierarchiestufen sinnvoll. Dabei sollte zu Beginn ein Aufstieg alle zwei bis drei Jahre und später alle fünf bis sieben Jahre ausreichen. Aber auch Fast-Tracks, der beschleunigte Aufstieg durch besonderes Geschick, würden für zusätzliche Motivation sorgen.

Am wichtigsten wird aber die Umsetzung einer leistungsorientierten Vergütung sein. Wir wissen aus der Wirtschaft, das leistungsorientierte Vergütungsstrukturen Anreize setzen, um effizienter zu arbeiten oder bessere Resultate zu liefern. Die leistungsabhängige Vergütung ist eines der wichtigsten Elemente, um kurzfristig die Qualität der Bildung durch Wettbewerb zu erhöhen und damit langfristig die Attraktivität des Berufsbildes und das individuelle Bildungsniveau zu verbessern. Im Berufsbild der Lehrerin darf die leistungsorientierte Vergütung jedoch nicht von der Leistung der Schülerinnen abhängig gemacht werden, sondern muss andere Bemessungsparameter beinhalten. Sie dürfen die Autorität der Lehrerinnen nicht untergraben.

Ein Element zur Bemessung könnte die Fortbildungsquantität sein, ein anderes die bewertete Qualität des Unterrichts – und ein drittes Element die Relevanz der Funktionen, die die Schülerinnen später in der Gesellschaft einnehmen: also beispielsweise Aufgaben, die dem sozialen Frieden dienen, der Gemeinschaft oder auf Unterziele der SDG's einzahlt – und nicht unbedingt Aufgaben, in denen das Individuum viel Geld verdient. All das gelte es in einem komplexen Prozess festzulegen und kontinuierlich auf Aktualität hin zu evaluieren.

Wenn es uns langfristig gelingt, den Beruf der Lehrerinnen attraktiver zu machen und auch kürzere Intermezzi von wenigen Jahren Tätigkeit zu ermöglichen, dann wird sich eine höhere Zahl an Menschen dafür begeistern können. Und das ist das entscheidende Detail: Denn nur begeisterungsfähige Menschen werden es schaffen, die Negativspirale des Stillstands der vergangenen Jahrzehnte zu durchbrechen und für positive Disruption im Lehrkörper zu sorgen. Schließlich ist die Fokussierung auf ein einziges, lebenslanges Berufsbild auch nicht zukunftsweisend, sondern Flexibilität und kontinuierliche Weiterentwicklung.

Stellt sich also die Frage, ob die gute alte Lehrerin ausgedient hat? Natürlich hat sie das!

Heute beschränkt sich das Berufsbild der Lehrerin viel zu stark auf den schulischen Kontext. Wieso unterscheiden wir zwischen Lehrerinnen, Ausbilderinnen, Erzieherinnen, Dozentinnen und Professorinnen so stark? Tun sie doch letztlich alle Ähnliches: die Lebensressourcen des Menschen ausbilden. Hintergrund ist die unterschiedliche Hierarchie der Kompetenzen in unserer Gesellschaft: Die Professorin hat mehr Wissen als die Dozentin, die Dozentin mehr als die (Schul-)Lehrerin, die (Schul-) Lehrerin mehr als die Ausbilderin – und die Ausbilderin mehr als die Erzieherin. Dieses Gefüge spiegelt sich analog in der Wertschätzung der Gesellschaft und letztlich auch in den Gehältern wider. Aber warum limitieren wir unser Bild der Lehrerin auf die formale Bildung? Sind nicht letztlich alle Menschen, die etwas in anderen Menschen entwickeln, auch „Lehrerinnen"?

LEBENS–TRAINERIN

Ja, sie sind „Lehrerinnen". Deshalb müssen wir diese Bezeichnung mindestens erweitern auf Coaches, Trainerinnen, Betreuerinnen,

Seelsorgerinnen und (Groß-)eltern. Der Begriff der Lehrerin wird im Volksmund viel zu stark auf die Schule reduziert. Es ist also ratsam, eine neue Bezeichnung zu finden, um eine neue inhaltliche Prägung zu ermöglichen.

Eine *Trainerin* greift wahrscheinlich viel besser auf, um was es gehen muss: die Entwicklung von Kompetenzen in einem anderen Menschen, nicht von oben herab, sondern nahezu auf Augenhöhe. Damit einhergehend ist auch die Haltung der Trainerin gegenüber der Schülerin. Während die Lehrerin häufig eine Haltung vertritt, in der die Schülerin keine Kompetenzen hat, die sie nicht auch selbst besitzt, geht die Trainerin davon aus, dass sie den Schülerinnen in gewissen Kompetenzfeldern etwas beibringen kann, die Schülerinnen aber darüber hinaus Kompetenzen besitzt, die auch denen der Trainerin überlegen sind. Zumindest sollte Mauricio Pochettino nicht davon ausgehen, dass er besser mit dem Ball umgehen könnte als Neymar, dafür Neymar aber taktische Feinheiten mitgeben kann und er das Gesamtgefüge besser im Blick hat.[81] Wenn es uns gelingt, dieses Verständnis fest in unserem Mindset zu etablieren, dann lässt sich der Begriff der Trainerin auch auf viele andere Situationen übertragen.

Viele Studien zeigen, wie wichtig die frühkindliche Erziehung dafür ist, Kompetenzen zu erwerben. Daher ist es völlig unverständlich, warum wir den Beruf der Erzieherin nicht ausreichend wertschätzen – sowohl monetär, als auch in der Haltung der Gesellschaft gegenüber den Erzieherinnen. Würden wir die Erzieherinnen mindestens auf die Stufe der Lehrerinnen stellen, könnten wir einen entsprechenden Wettbewerb entfachen. Auch hier soll Wettbewerb die Qualität steigern. Schauen wir auf die finanzielle Situation: Im öffentlichen Dienst verdienen Erzieherinnen als Einstiegsgehalt in der Entgeltgruppe S8a exakt 2.685 Euro brutto im Monat. Finden Sie nicht auch, dass dieses Gehalt verglichen mit der Wichtigkeit dieser Aufgabe für unsere Gesellschaft unangemessen wenig ist?

Damit einhergehend ist die Berufsausbildung: Geht man davon aus, dass die Phase im Frühkindalter eine der wichtigsten zur Charakterbildung ist, so sollten wir alle nötigen Ressourcen in dieses Feld investieren, um eine optimale Förderung der vier Lebensressourcen zu ermöglichen. Bevor wir also jemanden für den Beruf der Lehrerin begeistern, sollten wir dies für den Beruf der Erzieherin tun. Denn nichts ist so komplex wie die Förderung der Kompetenzen von Kindern.

Um Missverständnisse zu vermeiden: Wir reden hier nicht von einer Akademisierung dieser Ausbildung, sondern um die ganzheitliche Erfassung des Bildungsbegriffes. Es macht Sinn, sich hier stärker auf die Felder der Herzens- und Haltungsbildung zu fokussieren. Denn der Vermittlung dieser Lebensressourcen sollte bereits sehr früh eine besondere Bedeutung zukommen. Einige Initiativen weisen schon in die richtige Richtung: Eine Kindertagesstätte in Münster lässt die Kinder beispielsweise morgens entscheiden, in welchem Raum sie in den nächsten zwei Stunden spielen wollen. Die Kinder können anschließend nicht mehr den Raum wechseln. So lernen sie schon früh, welche Konsequenzen ihre Entscheidung für sie selbst haben. Als nächster Schritt soll dann das Verständnis der Konsequenzen der Entscheidungen für andere gefördert werden.

Aus Professorinnen, Lehrerinnen, Ausbilderinnen und Erzieherinnen werden also Lebens-Trainerinnen, die Schülerinnen auf ihrem Entwicklungsweg begleiten und die individuellen Kompetenzen zu schatzen wissen. Wenn uns das gelingt, dann wird im Jahr 2030 der Beruf der *Lebens-Trainerin* – vielleicht finden wir noch einen dezidierteren Begriff – einer der am meisten gefragtesten sein – und gleichzeitig als Prädikat dienen, um für andere Aufgaben zu qualifizieren.

Kapitel 3

FERTIGKEITSBILDUNG

Im Unterschied zur Wissensbildung gilt es, die Lebensressource Fertigkeitsbildung kurzfristig hochzuregeln, zu intensivieren und mit Ressourcen, Zeit und Geld, auszustatten – von heute vielleicht knapp zehn auf etwa fünfundzwanzig Prozent. Oder um mit dem Bild der vier Gläser zu sprechen: Wir sollten einen Teil des Wassers aus dem zu vollen Wissensglas in das Glas der Fertigkeitsbildung umfüllen.

Auf die Lebensressource Fertigkeitsbildung zahlen alle die Kompetenzen ein, die praktische und lebensnahe Kompetenzen vermitteln, also Kompetenzen, die jeder Mensch im Alltag immer wieder einmal gut gebrauchen kann. Explizit nicht gemeint ist damit die häufig in der öffentlichen Diskussion exemplarisch herangezogene Steuererklärung. Fertigkeitsbildung ist viel mehr als zu erlernen, wie man mehr Netto vom Brutto bekommt. Fertigkeitsbildung hat ein schöpfendes Element und ist somit sehr eng mit der Selbstwirksamkeit verwoben. Daher geht es vor allem um das *Machen* und das *Selbermachen* der Menschen. Und es geht um den Raum, den wir als Gesellschaft für das Ausprobieren und Erleben ermöglichen. Darauf konzentrieren wir uns. Die drei hier vorgestellten Ansatzpunkte sind konkret umsetzbar und kurzfristig machbar.

WIE EINE PRAKTISCHE GRUNDBILDUNG DIE LEBENSFÄHIGKEIT SICHERT

Die schulische Bildung fokussiert heute einen Bildungskanon, durch den Menschen nur bedingt auf ihr späteres Leben vorbereitet werden. Viele Fertigkeiten, die Menschen höchstwahrscheinlich in ihrem Leben brauchen werden, fehlen. Sie sollten aber zumindest in Grundzügen vermittelt werden, um sich im späteren Leben der eigenen Stärken bewusst zu sein und richtige Entscheidungen treffen zu können.

Dazu zählt auch praktisches Wissen und Know-how. Denn die Wahrscheinlichkeit, dass jeder Mensch während seiner Lebenszeit ein Zimmer streichen, eine Lampe aufhängen oder ein Essen kochen wird, ist ziemlich hoch. Da dafür aber rudimentäres Methoden- und Fertigkeitswissen notwendig ist, sollte eine praktische Grundbildung dies in lebensnotwendigen Feldern und im Sinne der Allgemeinbildung auch vermitteln. Lebensnahe Fertigkeiten sind übrigens nicht auf handwerkliche Themen beschränkt, sondern sollten allgemein gefasst sein. Sinnvoll sind zum Beispiel Grundkenntnisse in Vermögensaufbau, Arbeitnehmerrechten oder der Programmierung einer Homepage. So wird aus der akademischen Allgemeinbildung eine deutlich praktischere und lebensnähere.

Dabei ist die Grundbildung zunächst vor allem in der Breite zu denken. Sie kann nur dann allgemeinbildend wirken, wenn sie einen Querschnitt über die benötigten Ressourcen für das menschliche Leben abbildet. Um also im Sinne der effizientesten Ressourcenverteilung zu agieren, müssen wir in einem ersten Schritt die derzeit übliche frühe Vertiefung von akademischen Inhalten durch eine praktische Grundbildung ersetzen. Denn bevor wir in der Mathematik die Diskussion von Kurven im Detail beherrschen, gilt es viel grundlegendere Kompetenzen zu erwerben, um Herausforderungen unseres Lebensweges zu meistern. Nur wie kann das konkret gelingen?

Eigentlich ist es doch ganz einfach: Neben der klassischen Berufsausbildung von etwa drei Jahren sollte es eine vorgezogene Fertigkeitsausbildung im Sinne einer Grundausbildung für alle geben. Beispielsweise können Handwerksbetriebe so in die Allgemeinbildung integriert werden, indem Grundlagen übermittelt werden. Dabei geht es auch darum, Interessen und Leidenschaften zu wecken. Und das funktioniert nur in der Praxis und nicht der Theorie.

Während eines Gartenkurses, bei dem praktische biologische Kenntnisse über die Anpflanzung von Bäumen vermittelt werden, verliebt sich möglicherweise eine Schülerin in die Gärtnerei. Ob sie tatsächlich später diesen Beruf mit Passion ergreifen wird oder lediglich eine ausgleichende Freizeitbeschäftigung voll Leidenschaft entdeckt hat, ist dabei nicht wichtig. Entscheidend ist die Vermittlung der Lebenspraxis, um Schülerinnen schon früh aus der Glocke der akademischen Bildung in die Lebensrealität zu führen.

Sinnvoll ist es auch, im Rahmen der praktischen Bildung die Fertigkeiten der Notfallrettung zu vermitteln. Dabei geht es weniger um theoretische Kenntnisse, als um praktische Anwendung. Eine Gesellschaft, in der jeder Einzelne über Grundkenntnisse in medizinischer Notfallrettung verfügt, kann beispielsweise die allgemeine Sicherheit – zumindest aber das Gefühl und die Selbstwirksamkeit – verbessern. Und dem Einzelnen gibt diese Grundausbildung Sicherheit, was in welcher Situation zu tun ist. Ganz nebenbei lernen alle so in sehr wirklichkeitsnahem Umfeld mehr über den eigenen Körper: Win-Win-Win.

Also ab sofort Sanitätskurse für alle in der Schule? Natürlich nicht. Denn solche Lerneinheiten sollten außerhalb der Schulgebäude stattfinden. Sieht man, wie sich Künstlerinnen durch Situationen, Orte und Begegnungen inspirieren lassen, stellt sich die berechtigte Frage, ob ein Klassenraum als Inspirationsquelle ausreichend ist. Denn nur auf der Rettungswache oder in der zentralen Notfallambulanz eines Krankenhauses erfahren die Schülerinnen mehr über den stressigen Alltag dieses Berufsbildes.

Nicht alle Schülerinnen brauchen dabei den gleichen Praxiseinsatz. Viel sinnvoller ist es, kleine Gruppen zu bilden, um so eine bessere Betreuung zu ermöglichen. Gleichzeitig wird so auch die Eigenverantwortlichkeit der Schülerinnen in der Gruppe gefördert, beispielsweise durch die selbstständige An- und Abreise zum Lernort oder die Dokumentation der Lernziele. Staatlichen Institutionen sollten in diesem Kontext die aktuell hohen Transaktionskosten reduzieren – also jene Kosten, die anfallen, um die Grundbildung zu ermöglichen. Vor einigen Jahren noch mussten sich die Schülerinnen im eigenen Bekanntenkreis und darüber hinaus um Praktikumsstellen bemühen. Besser wäre eine zentrale Peer-to-Peer-Verteilung, um hier Aufwände zu reduzieren. Denn idealerweise findet diese Grundausbildung nicht einmalig während der Schulzeit, sondern in regelmäßigen Abständen – zum Beispiel einmal im Quartal – statt. Dazu muss der Staat Hürden und Bürokratien abbauen, um die Vielfalt der Stimuli zu ermöglichen.

Die unterschiedlichen Eindrücke regen zudem das ganzheitliche Verständnis über die einzelnen Lebensbereiche an. Kreativität entsteht durch Konfrontation – und die Verbindung von theoretischem und praktischem Wissen führt zusätzlich zu einer besseren Speicherung der Lerninhalte im Langzeitgedächtnis. Außerdem bieten diese Arten von Mini-Praktika auch eine Inspirationsquelle und Abwechslung im schulischen Alltag.

Wir wissen aus der Sozialpsychologie, wie wichtig Vorbilder für die Entwicklung von Menschen sind. Auch hier kann die praktische Grundbildung hilfreich sein. Es braucht dazu allerdings praktische Vorbilder in der Gesellschaft, die diese Rollen auch authentisch ausfüllen können. Erfahrungen an der Seite von Vorbildern führen zu mehr Toleranz im späteren Leben – entsteht doch ein gewisser Respekt, wenn Schülerinnen etwa Führungskräfte während eines normalen Arbeitstages als Schatten begleiten. So erleben sie einen Arbeitstag mit Sechzehn-Stunden-Meeting-Marathons und hohem Stresslevel.

Im Rahmen des Bildungsökosystems bietet eine praktische Grundausbildung die große Möglichkeit, das ganzheitliche Verständnis theoretisch und praktisch zu vermitteln und über die Berufsgruppen hinweg ein möglichst holistisches Bild zu erhalten. Während in den Mini-Praktika konkretes Know-how ideal vermittelt werden kann, so kann dies für allgemeinere Themen auch in anderen Umfeldern gelingen. Der Vermögensaufbau könnte zu einem wiederkehrenden Lerninhalt einer Klasse werden, die zu Beginn der gemeinsamen Lernarbeit ein festes Budget zur Investition erhält, um mögliche Gewinne später ausschütten zu können.

Wer die schulische Lernglocke durch das Prinzip der allgemeinen, praktischen Grundbildung anhebt, sollte auch darauf achten, dass sich jede einzelne Schülerin oder Studentin aus ihrer Komfortzone herausbewegen muss. Dabei dürfen Extreme natürlich nicht gegen den Willen des Menschen verlangt werden, aber es sollten Anreize dazu gesetzt werden. Unsere Gesellschaft besteht eben nicht nur aus komfortablen Beschäftigungsfeldern, sondern auch aus anstrengenden, risikobehafteten und unangenehmen. So könnte ein Einsatz bei einem Kammerjäger oder der Abfallentsorgung dazu motivieren, die Grundlagen zu schaffen, um andere Kompetenzprofile als wichtige Basis zur Ausbildung in anderen Berufsgruppen zu ermöglichen – oder aber eben dazu, genau diesen Beruf zu ergreifen.

Im Ökosystem der Bildung muss es also auch darum gehen, welche Fertigkeiten ein Mensch braucht, um sinnerfüllt durchs Leben zu schreiten. Sicherlich ist in gewissem Maße Wissen über Naturwissenschaften, Künste, Geschichte und Grammatik sinnvoll, aber eben nicht alleine ausreichend.

MEHR KREATIVITÄT ZULASSEN UND FÖRDERN

Wenn wir die Frage stellen, was uns Menschen langfristig von der Maschine, also Robotern wie Algorithmen, differenziert, dann ist Empathie die eine Antwort – und Kreativität die andere. Denn Maschinen gehen immer regelbasiert vor. Kreativität hingegen bricht ganz bewusst Regeln, ist häufig unlogisch und ersetzt zu Erwartendes durch das Unerwartete. Kreativität ist nicht angeboren, sondern kann und sollte gezielt gefördert werden. Denn sie ist eine entscheidende Fertigkeit, die den Menschen von der Maschine unterscheidet – und dadurch ein wichtiger Zukunftsbaustein für die Gattung Mensch.

Die Wissenschaft widmet sich in der Psychologie erst seit den 1950er-Jahren dem Thema Kreativität. Joy Paul Guilford, ein Persönlichkeitspsychologe und damaliger Präsident der *American Psychological Association*, sorgte dafür, dass Kreativität als zentraler Bestandteil des menschlichen Geistes anerkannt wurde. Kreativität leitet sich von dem lateinischen Wort *creare* ab, was etwa so etwas bedeutet wie: „etwas Neues schaffen".

Wir können also in der Kreativität das schöpferische Element, das die Fertigkeitsbildung auszeichnet, wiederfinden. Die *Deutsche Gesellschaft für Kreativität* erwartet darüber hinaus, dass eine Idee nicht nur neu und originell ist, sondern auch sinnvoll und nützlich. Es geht also im Wesentlichen darum, die schöpferische Energie eines Menschen zu fördern und möglichst im Sinne der Gesellschaft einzusetzen.

Es gibt unterschiedliche Arten von Kreativität: die „expressive" Kreativität häufig bei Kindern und Künstlerinnen zu finden oder die „produktive" bzw. „Problemlösungs-Kreativität" beispielsweise bei Managerinnen in größeren Organisationen anzutreffen. Auch der Unterschied zwischen konvergentem und divergentem Denken illustriert die Kraft der Kreativität: Grübeln wir so lange, bis wir in einem analytischen Denkprozess zu einer Lösung kommen, nennt man dies konvergent. Im Gegenzug beschreibt das divergente Denken das unsystematische, offene und experimentierfreudige Auseinander-setzen mit Problemstellungen. Divergentes Denken versucht Denkblockaden und kritische Einwände auszuschalten, die beim konvergenten Denken zu Einengungen führen. Dieser „Alles-ist-möglich-Denkansatz" ist eine wichtige Alternative, um mehr, bessere oder völlig neue Antworten auf Fragen zu finden. Denn wir werden im Anthropozän zwangsläufig auf neue Herausforderungen treffen, für die unsere bisherigen Lösungsschemata nicht anwendbar sind.

Unsere Welt verändert sich in Art und Geschwindigkeit so, dass häufig klassische, analytische Lösungsmodelle nicht weiterhelfen. Dies gilt auch für viele Jobs, bei denen unter hohen Unsicherheiten und Unvorhersehbarkeiten nicht mehr allein Fachwissen zu Lösungsansätzen führt, sondern Ideenreichtum. Im Übrigen streben weltweit gesehen viele Unternehmen danach, ihre Arbeitnehmerschaft zu reduzieren. Einer Studie des World Economic Forums von 2020 zufolge wollen 43 Prozent der Unternehmen in Zukunft weniger Mitarbeiter haben als heute. Der Grund: die Automatisierung.[82]

Die meisten Menschen streben jedoch nach wie vor danach, möglichst effizient und fehlerfrei Aufgaben zu erfüllen. Das ist in letzter Konsequenz der Tod der Kreativität. Denn Kreativität ist in den seltensten Fällen im ursprünglichen Wortsinn effizient. Sie ist vor allen Dingen nicht planbar. Durch bestimmte Rahmensetzungen kann sie jedoch bewusst stimuliert werden. Verschiedene Workshop-Ansätze und Formate, wie *Design Thinking* oder *World Café*, werden heute von Unternehmen angewendet, um Innovationen zu entwickeln. Die wohl bekannteste Form, kreativ zu werden, ist die des *Brainstormings*. Beim *Brainstorming* werden spontane Einfälle gesammelt, zunächst nicht bewertet und anschließend strukturiert. All diese Methoden zielen jedoch darauf ab, ein Problem für ein Unternehmen zu lösen – und nicht darauf, den Menschen kreativer zu machen.

Wenn man Innovationen als Kunst bezeichnet, dann ist es eben nicht immer förderlich, erst den Rahmen zu haben und anschließend das Bild zu malen. Viel spannender, da ergebnisoffener, ist es los zu malen, ein Kunstwerk der Innovation zu schaffen und anschließend den dazu passenden Rahmen zu identifizieren. Der Rahmen kann hier auch als Einengung oder Begrenzung verstanden werden. Kurzum: Innovation is art.

Was brauchen wir also? Wie können wir die Kreativität der Menschen an sich ausbauen? Dazu ist die Grundhaltung in der Gesellschaft gegenüber neuen Ideen entscheidend: Denn der größte Gegner der Kreativität ist die gedankliche Repression. Hat der Mensch nicht das Gefühl, dass neue Ideen willkommen sind, dann besteht kein Anreiz dazu, überhaupt neue Ideen zu entwickeln. Denn Kreativität bedeutet Mut und Unbedarftheit, wie sie beispielsweise Kindern zu eigen ist. Es geht um explorative Ansätze ohne einengende Blockaden ohne Rahmen, um die Erweiterung des Möglichkeitenraumes, um Denkanstöße in alle Richtungen. Dazu muss sich die Haltung der Gesellschaft entscheidend verändern: hin zu einer Willkommenskultur für neue Ideen, ohne dass diese sofort bewertet, kritisiert oder gar heruntergemacht werden. Nur dann werden wir es schaffen, den Kreativitätsprozess an sich anzukurbeln. Und das ist extrem wichtig für uns, da sich Kreativität auf alle vier Bildungsdimensionen auswirkt. Denn die Fertigkeit, im künstlerischen Sinne Neues zu schaffen und innovative Wege zur Problemlösung zu entwickeln, brauchen wir in allen Lebensressourcen irgendwann. Und das hat Konsequenzen für die Wippe mit den vier Wassergläsern, die anfangs so unterschiedlich gefüllt sind.

DEBATTENKULTUR ERMÖGLICHT POLITISCHE TEILHABE

Bürger in einer Demokratie beteiligen sich am öffentlichen Leben und an der öffentlichen Debatte. Dabei geht es nicht nur darum, die Nachrichten zu verfolgen und alle paar Jahre wählen zu gehen, sondern um viel mehr: Wer eigene Meinungen entwickelt, sich für Themen begeistert und sie in die Gesellschaft einbringt, ist ein wertvoller Akteur für das politische und öffentliche System. Es geht um Balance. Der Weg dorthin führt über eine starke Debattenkultur, die erstens Themen auf die Agenda setzt und zweitens Gegenpole im öffentlichen Diskurs stärkt.

Man könnte sogar so weit gehen, dass die Fertigkeit des Debattierens, also der Vertretung einer Meinung in einem öffentlichen Raum, am Ende die Demokratie stärkt. Denn Demokratie ist nichts anderes als die Herrschaft des Volkes – und wird durch Partizipation der Bürger gelebt. Wenn wir also eine repräsentative Demokratie optimieren wollen, dann sollten wir bei der Fertigkeit „Partizipation" der Bürger ansetzen. Eine gelebte Demokratie wiederum führt langfristig auch zu einem vielfältigeren Blick auf die Realität und damit auch zu einem pluralen Bildungsideal – etwas, das heute mit Blick auf die Parlamente und den Bundestag nicht gelebt wird.

Ein Paradebeispiel, wie eine öffentliche Debatte ablaufen sollte, hat Bundesgesundheitsminister Jens Spahn zwischen 2018 und 2020 zum Thema „Organspendepflicht" geliefert. Jens Spahn hat erkannt, wie wichtig das Thema für das Gesundheitssystem in Deutschland ist, weil das Angebot unter der Nachfrage lag. Daraufhin hat er eine Debatte angestoßen, in der sich alle Akteure öffentlich äußern konnten. Extrempole der Meinungen wurden so gestärkt. Dazu zählte nicht nur die parlamentarische Debatte, sondern auch die mediale Debatte in TV, Print und Radio und die allgemeine Information der Öffentlichkeit mit Hintergründen. Spahn hat diese Debatte sehr gut moderiert und hat sie letztlich zu einer demokratischen Entscheidung im Bundestag geführt.

Für eine Demokratie ist nicht immer ausschlaggebend, *welche* Entscheidung getroffen wird, sondern *dass* eine getroffen wird. Bei der Debatte um die Organspende konnten die Akteure ihre Meinung öffentlich vortragen und so die jeweiligen Gegenpole durch Argumente stark machen. Dabei war es extrem wichtig, dass die unterschiedlichen Gegenpole, wie Freiheit und staatlicher Eingriff oder medizinischer Bedarf und ethische Zurückhaltung, öffentlich gemacht wurden und aus den jeweiligen Positionen diskutiert werden konnte. Am Ende hat Spahn auf eine Entscheidung gedrängt und vielleicht nicht sein Idealziel erreicht. Allerdings ist der Kompromiss in einer Demokratie ein hoher Wert an sich.

Diese idealtypische Debatte zeigt, wie wichtig eine öffentliche, umfassende und transparente Debattenkultur ist. Nehmen wir nur einmal die Alternative für Deutschland (AfD), eine Partei, die neben der anfangs kritischen Haltung gegenüber dem Euro heute vor allem als nicht-demokratisch gilt und dem rechts-konservativen Milieu mit starken Ressentiments gegenüber Nicht-Deutschen zugeordnet werden darf. Das Erstarken der AfD nach dem Flüchtlingsstrom im Jahr 2015 ist letztendlich auch eine Folge davon, dass national-konservative Meinungen aufgrund der Erinnerungskultur des Zweiten Weltkrieges in Deutschland kaum öffentlich geäußert werden. Denn es besteht immer auch die Gefahr, dabei als politisch rechtsnational abgestempelt zu werden, ohne tatsächlich einer Partei wie der AfD nahezustehen.

Unsere Debattenkultur hat sich in den vergangenen Jahren so emotional aufgeladen, dass kaum noch auf der Basis von Argumenten agiert wird, sondern immer vor dem Hintergrund von Wahlen, Wiederwahlen und medialer Positionierung. In einer Demokratie ist es jedoch wichtig, dass jeder seine Meinung zunächst frei und ohne dass er eine Strafe erwarten müsste, äußern kann. Was also können wir konkret tun? Offenbar müssen wir die Vorgänge bei Abstimmungen, Debatten und demokratischen Prozessen neu lernen und erleben, um uns wieder beteiligen zu können. Dazu gehört natürlich auch, dass wir unterschiedliche Positionen identifizieren, um sie in der Debatte richtig einzuordnen – und dass wir Perspektiven verstehen. Denn Motive und Beweggründe der Menschen, die zu einer Debatte beitragen, führen dazu, dass der Kern der Debatte verstanden werden kann. Daher ist guter Journalismus auch so entscheidend, um die Einordnung für die Zuschauerin nachvollziehbar vorzunehmen und Interessen offenzulegen. Auch deshalb ist die Verantwortungsübernahme der Medien als Vierte Gewalt des Staates so entscheidend.

Dieses Grundwissen einer Demokratie und damit die Kompetenz zur Partizipation sollten wir frühzeitig im Bildungsideal verankern.

Schaut man sich die Landschaft der meinungsbildenden Zeitungen an, dann muss man verstehen, dass *Die Welt* liberal, die *Frankfurter*

Allgemeine Zeitung konservativ, die *taz* linksalternativ und die deutsche Übersetzung der Monatszeitung *Le Monde Diplomatique* globalisierungs- und kapitalismuskritisch ist. Denn nur, wenn jeder Einzelne diese Hintergründe der politischen Debatte als Richtung der Argumentation nachvollziehen kann, dann wird sie transparent und partizipativ.

Edmund Burke, einer der Urväter des politischen Konservatismus, forderte in seinen Schriften im 18. Jahrhundert, dass nur diejenigen Politik machen sollten, die dazu in der Lage sind. Im damaligen System beschränkte Burke sich also vor allem auf die Aristokratie der ständischen Ordnung – und dort auch nur auf die, die Zeit, Interesse und ausreichend Geld dafür hatten.[83] Obwohl diese Perspektive völlig überholt scheint, kann man aus ihr doch eine wichtige Lehre für unsere Gesellschaft ziehen: Wenn wir in einer Demokratie leben möchten, in der jeder partizipieren kann, dann sollte die Gesellschaft die Menschen durch Bildung in die Lage versetzen, politisch zu partizipieren. Dazu ist die Schulung in einer modernen, effizienten, offenen und zielführenden Debattenkultur obligatorisch.

Langfristig wird so dem öffentlichen Streit die Elitenfärbung genommen – wir erinnern uns zurück an die Berufsgruppen im deutschen Bundestag – und zum Abbild der privaten Debatten gemacht. Wenn in privaten Debatten die Aufnahme von großen Zahlen von Geflüchteten im Jahr 2015 intensiv und kritisch diskutiert wurde, dann hätte dies unbedingt auch öffentlich passieren sollen. Wir sollten die Menschen also darin ausbilden, sich sachlich streiten zu können. Denn nur, wenn der Streit ordentlich geführt wird, dann bietet er eine Grundlage zum Konsens oder zum Kompromiss. Eine entsprechende Schulung führt zur Partizipation jedes Einzelnen am politischen System, der Demokratie und somit auch am bestehenden Machtsystem.

Ein Ansatzpunkt könnten die Debattierklubs sein, die im angelsächsischen Raum etabliert wurden. Bereits seit Jahrhunderten wird die Debatte in diesen Vereinen auch als Sport gepflegt. Schon im Jahr

1755 wurde die *Cogers Society* gegründet, der als erster Debattierklub der Welt gilt. Die ältesten studentischen Debattierklubs wurden in Cambridge (1814) und Oxford (1823) ins Leben gerufen. Sie alle hatten das Ziel, Menschen zu befähigen, öffentlich eine Meinung zu vertreten und sie zur Diskussion zu stellen. Wir können von diesen Debattierclubs viel für unser Bildungsökosystem lernen, denn hier wurden von Anfang an klare Regeln vorgegeben, in denen sich jeder einzelne Akteur bewegen darf. Entscheidend sind dabei die richtige Einstellung und Haltung – geht es doch nicht darum zu gewinnen, sondern die unterschiedlichen Positionen so stark zu machen, dass sich das beste Argument durchsetzt.

Die feste Verankerung der Debatte im Bildungsideal schafft die Grundlage zum politischen Kompromiss. Der politische Kompromiss wiederum ist für unsere westliche Form des Zusammenlebens essenziell.

Kapitel 4

HERZENSBILDUNG

Auf die Lebensressource Herzensbildung zahlen alle Maßnahmen ein, die der Entdeckung der eigenen Emotionen, Gefühle und Wünsche dienen. Herzensbildung ist in unserem heutigen Bildungssystem quasi nicht existent. Ungefähr fünfundzwanzig Prozent der Gesamtressourcen in Form von Zeit und Geld sollten von der Gesellschaft in Herzensbildung investiert werden. Das fast leere Glas auf der Wippe muss also gefüllt werden – mit einem ordentlichen Schuss Flüssigkeit aus dem immer noch zu vollen Glas der Wissensbildung. Schauen wir uns an, was wir konkret machen können.

BESTES FAMILIENKLIMA SICHERSTELLEN

Der Psychologe und Experte für Persönlichkeits- und Familienpsychologie Prof. Klaus A. Schneewind betonte kürzlich in einem Interview über die Rolle der Familie für das weitere Leben von Menschen: „Die Familie hat sehr viel Macht. Denn in ihr wachsen wir auf, sammeln die ersten Erfahrungen, erwerben grundlegende Fertigkeiten. Und niemand kann sich dem Einfluss seiner Herkunft entziehen."[84]

Die Gesellschaft, die Familie und insbesondere das Elternhaus prägen uns Menschen deutlich. Dabei gibt es viele unterschiedliche Definitionen von Familie: Von der Kernfamilie kann vereinfacht dann gesprochen werden, wenn Mutter, Vater und ihre leiblichen Kinder zusammenleben. Damit sind also die Eltern, aber auch die Geschwister im Sinne der Definition der Kernfamilie und dem intensiven Zusammenleben aufgrund von Häufigkeit und Intensität der Stimuli für die Entwicklung der Lebensressourcen des Menschen wichtig.

Darüber hinaus ist die Familie im weiteren Sinne aber von sehr individueller Ausprägung und nicht zu verallgemeinern. Was für die eine die Großeltern sein mögen, sind für die andere die Tante oder Cousinen. Der Familienbegriff hängt vor allem davon ab, wem wir uns besonders verbunden fühlen. Auch verschiebt sich der Familienbegriff über die Lebenszeit hinweg, insbesondere dann, wenn wir selbst eine neue Familie gründen.

Es macht für ein Kind häufig einen erheblichen Unterschied, ob es mit Mutter und Vater oder nur mit einem Elternteil aufwächst. Denn die Fürsorge in Form von Zeit und materiellen Ressourcen ist für ein Elternteil ungleich schwerer zu leisten, als für ein Paar. Nicht nur bei klassischen Familienkonstellationen, sondern auch bei sogenannten Patchwork-Familien kommt zusätzlich das Familienklima dazu – also der gegenseitige Umgang und das Auskommen sowie der Umgang mit Konflikten, denn Patchwork-Familien können häufiger konfliktträchtiger sein.

Das Familienklima ist besonders relevant im Bildungskontext und für die Ausbildung der Lebensressourcen. Es meint vor allem die Kommunikation und die Art des Umgangs miteinander, denn innerhalb der Familie wird ständig miteinander interagiert. Ein wichtiger Faktor kommt hier dem Willen zur Versöhnung zu – im Gegensatz zur persönlichen Durchsetzung, bei der Konflikte verbittert geführt werden und am Wohl des Familienmitglieds nichts gelegen ist. Der zweite relevante Faktor ist die Stimulierung: Werden Kinder häufig vor dem Fernseher ruhiggestellt oder regelmäßig im Restaurant mit Pommes versorgt, sind Stimuli, die auch als Impulse oder Förderung verstanden werden dürfen, nicht so intensiv, wie Stimuli durch gemeinsame Ausflüge oder das Ausprobieren von unterschiedlichen Speisen. Der dritte Faktor, der ein Familienklima definiert, umfasst Normen, Werte und Autoritäten. Sind die Familienmitglieder gleichberechtigt oder zählt das Wort der Eltern? Leben die Eltern vor, sich nichts gefallen zu lassen oder setzen sie ihre Ideale nicht durch? Ist der Respekt vor anderen Menschen ausgeprägt oder nicht? Auch Prof. Schneewind bestätigt dies: „Studien zeigen, dass vor allem jenes Familienklima hilfreich ist, das sich so beschreiben lässt: stark positiv emotional, sehr anregend, wenig normativ und autoritär. Dann haben alle Mitglieder die besten Chancen, ein glückliches und erfolgreiches Leben zu führen."

Entscheidend ist allerdings, dass diese drei Faktoren keiner Wertung unterliegen und beliebig miteinander kombinierbar sind. Gemeinsam ist ihnen nur eines: Je positiver die Faktoren ausgerichtet sind, desto förderlicher für die Entwicklung des Menschen.

Laut Schneewind nehmen wir das Familienklima mit in unser späteres, eigenständigeres Leben und es prägt so unsere Interaktionen mit anderen Menschen im Erwachsenenleben. Gleichzeitig wirkt es formend auf alle Lebensressourcen, beispielsweise auch auf politische, religiöse und weltanschauende Haltungen insgesamt. Insbesondere die Selbstwirksamkeit wird stark durch das Familienklima begünstigt, durch Motivation und Unterstützung statt durch Zwang oder Laissez-faire.[85]

Keine Frage: Die Kernfamilie hat auf die Bildung der Lebensressourcen einen sehr großen Einfluss. Wir sollten daher als Gesellschaft, aber auch als Individuen alles dafür tun, um an der Bedeutung, dem Verständnis und der Verbesserung des Familienklimas zu arbeiten.

Um nur zwei Beispiele zu nennen: Der Reisereporter Andreas Altmann berichtet in seinem Buch „Das Scheißleben meines Vaters, das Scheißleben meiner Mutter und meine eigene Scheißjugend."[86] über die Misshandlungen und Gewalterfahrungen in seiner Jugend im Elternhaus. Auch in anderen Werken verarbeitet er immer wieder das durch Gewalt geprägte Familienklima.

Ähnlich ergeht es dem Berliner Starkoch Tim Raue, der nicht nur auf der „50 Best"[87]-Liste als einziger deutscher Koch unter den 50 besten Restaurants der Welt ausgezeichnet wurde, sondern dem als einzigem Deutschen auch eine „Chefstable"[88] Folge gewidmet wurde. Raue beschreibt immer wieder die Gewalt durch seinen Vater und die vielen Jahre der therapeutischen Aufarbeitung, jedoch konnte er dieses Trauma bislang nicht gänzlich ablegen.

Ja, das sind Extrembeispiele von nicht förderlichen Familienklimas, die wir vermeiden sollten. Nur wie? Es geht darum, in allen drei Dimensionen ideal zu agieren. Konkret kann die Gesellschaft Hilfestellungen anbieten, um das Familienklima zu verbessern. Einerseits durch Seminare, andererseits durch Coaching und eine langjährige, vor allem emotionale Begleitung der Familien und insbesondere der Erziehungsberichtigten. Denn wenn beispielsweise eine Überforderung der Eltern rechtzeitig von den Parteien erkannt wird, dann kann man gemeinsam frühzeitig daran arbeiten, bevor es zum Eklat kommt. Und im Sinne der Herzensbildung ist es überhaupt nicht schlimm, eine Überforderung einzugestehen, denn es zeigt die individuelle Achtsamkeit und das Erkennen der eigenen Grenzen.

Die Grundlage hierfür kann ein Assessment-Test zu Bewertung der Ist-Situation sein. In nahezu allen beratenden Situationen ist zunächst die Ist-Analyse zu empfehlen. Diese kann im Kontext des Familienklimas auf Basis von Befragungen und einer Skalierung erfolgen. Nicht nur Prof. Schneewind[89], sondern auch Prof. Marcus Roth[90] von der Universität Duisburg-Essen haben hierzu Vorschläge für sogenannte Familienskalen erarbeitet. Mit ihnen können wir arbeiten: Geben Familienmitglieder zum Beispiel an, dass nur selten Freunde oder Besuch kommen, lässt sich das kurzfristig durch eine spontane Einladung ändern. Mittel- und langfristig hat dies dann wieder eine andere Bewertung innerhalb der Familie zur Folge und es verändert sich etwas. Zugegeben: Tieferliegende und schwerwiegende familiäre Probleme sind so nicht einfach aus der Welt zu schaffen, aber kleine Schritte werden schnell möglich: mehr kulturelle Teilhabe durch Theater- oder Museumsbesuche, Wochenplanung anstatt jeden Tag Organisationschaos oder fernsehfreie Zeiten, in denen miteinander gespielt wird, sind simple Beispiele; die Liste ließe sich unendlich fortführen. Am Ende geht es darum, ein Setting zu verbessern – und das funktioniert auch mit kleinen Schritten.

EMOTIONALE MENTORINNEN

Fragt man die bedeutendsten Lenkerinnen in Politik, Gesellschaft und Wirtschaft, was sie zu dem gemacht hat, was sie heute sind, so nennen nahezu ausnahmslos alle die Begleitung und Förderung durch Mentorinnen im beruflichen und privaten Umfeld. Ein prominentes Beispiel ist Dirk Nowitzki, der immer wieder betont, dass er nie zu dem Basketballstar geworden wäre, hätte ihn nicht Holger Geschwindner entdeckt, gefördert und während seiner gesamten Karriere begleitet. Holger Geschwindner hat Dirk Nowitzki als persönlicher Mentor in den schwierigsten Situationen begleitet und ihm ganzheitliche Kompetenzen vermittelt, weil er in die besondere Stärke Nowitzkis glaubte. Außerdem begleitete er den Basketballspieler auch auf der persönlichen Ebene, etwa bei der Einstellung zu harter Arbeit, der Wichtigkeit der Ernährung und der Relevanz von Musik und Literatur.

Viele Beispiele der besonderen bilateralen Beziehungen zwischen Lehrer und Schüler respektive Mentor und Protegé sind in Geschichte und Gegenwart bekannt: Sokrates und Platon, Freud und Jung, Ingmar Bergmann und Woody Allen, Steve Jobs und Mark Zuckerberg, Christian Dior und Yves Saint Laurent, Warren Buffett und Bill Gates, Tina Turner und Mick Jagger, Helmut Kohl und Angela Merkel, Bill Belichick und Tom Brady. Sie alle konnten ohne ihren Mentor oder ihre Mentorin nicht zu dem werden, der sie geworden sind.

Der Begriff des Mentors ist zum ersten Mal 1750 in englischer Sprache dokumentiert. Doch schon der griechische Schriftsteller und Philosoph Homer benutzte den Begriff in seiner „Odyssee". Seine Sage, die um 700 v. Chr. spielt, enthält einen Charakter mit dem Namen

Mentor in der Rolle eines Ithacan, was so viel wie Ältester bedeutet. Dabei ist *Mentor* die Inkarnation der griechischen Göttin der Weisheit, Athena. In der berühmten Sage belässt der im trojanischen Krieg kämpfende Odysseus seinen Sohn Telemachos in der Obhut von Mentor. Dessen Rolle war es, sich um Telemachos zu kümmern und ihn beim Heranwachsen zu begleiten.

1699 machte François Fénelon das Konzept des Mentorships in seinem Buch „Les Aventures de Telemaque" in der Neuzeit populär. François Fénelon war der Hauslehrer des Enkels von König Ludwig XIV. und mit der Aufgabe betreut, den Monarchen-Spross zu einem weisen Herrscher zu erziehen.

Auch in der in England aufblühenden Handwerkskunst zu Beginn des   18. Jahrhunderts wurde ein Mentorship etabliert: So gaben die Handwerker ihren Schülern nicht nur Berufswissen, sondern auch allgemeinbildende Erfahrungen mit. Dieser dem modernen Mentorship ähnliche Prozess dauerte in der Regel zwölf Jahre. Durch die industrielle Revolution und den Taylorismus wurde diese individuelle Lehrer-Schüler Beziehung in England abgelöst durch unpersönliche Trainingssysteme für die Fabrikarbeiter, die nicht der vormals ganzheitlichen Schulung gleichkam.

In den 1980er-Jahren erfuhr dann das Mentorship eine Renaissance in der Managementlehre und in kommerziell agierenden Unternehmen. Nahezu alle großen Organisationen entwickeln in ihrem Management Strukturen, in denen die neuen Kolleginnen eine Mentorin an die Seite gestellt bekommen. Dabei ist die Zielrichtung sehr stark an das Arbeitsumfeld des Unternehmens angelehnt und nicht ganzheitlich bildend wie in den aufgeführten klassischen Beziehungen.

Wir können also an zahllosen Belegen in der Geschichte der Menschheit die besondere Bedeutung und Effizienz des Mentorships belegen. Dieses Prinzip sollte viel umfänglicher und prominenter in das Bildungsökosystem des 21. Jahrhunderts implementiert werden. Durch ein Mentorship gelingt auch einfacher eine Emanzipation vom

Elternhaus. Dabei sollte das Mentorship nicht nur auf berufsspezifische Elemente abzielen, sondern eher der Ausbildung von Wissen und Fertigkeiten und noch viel wichtiger, den Einstellungen und Geisteshaltungen und der Herzensbildung dienen. In der heutigen formalen Bildung ist kein ähnliches Verhältnis zwischen Lehrerin und Schülerin respektive Studentin und Professorin zu erkennen – ist deren Verhältnis doch häufig geprägt von hoher emotionaler Distanz und ungleichen Verhältnissen. Sowohl Lehrerinnen als auch Professorinnen haben eine viel größere Anzahl an Schülerinnen unter ihrer Obhut, so dass gar keine besonders enge Bindung entstehen könnte. Diese enge emotionale Bindung ist aber notwendig, um nicht nur über fachliche Themen sprechen zu können, sondern auch an Fertigkeiten, Gefühlen und Haltungen zu arbeiten.

Im Leistungssport hat sich eine dem Mentorship ähnliche, aber informelle Struktur entwickelt – nehmen sich doch häufig Führungsspielerinnen einzelne Spielerinnen zur Seite, um sie in ihrer Entwicklung wohlwollend zu begleiten und mit Rat zur Seite zu stehen. Dennoch ist auch dieses Verhältnis zu häufig geprägt davon, Disziplin und sehr spezifische Fertigkeiten zu vermitteln, ohne der Entwicklung der gesamten Persönlichkeit zu dienen.

Wir sollten daher eine Struktur und Offenheit schaffen, die bereits sehr früh ergänzend zu den elterlichen Ratgebern auch nicht-familiäre Mentorinnen an die Seite von Schülerinnen stellt. Dabei halten diese engen emotionalen Beziehungen idealerweise langfristig, sollten aber zeitlebens von beiden Seiten einseitig aufkündbar sein, da sich die Interessen der Schülerinnen weiterentwickeln und Mentorinnen der frühen Lebensphasen häufig nicht in Spezialgebieten der späteren Lebensphasen firm sind.

Operationalisieren ließe sich ein bundesweites, idealerweise globales Mentorship über digitale Plattformen. Dabei sollte ein Suchprofil einerseits und ein Kompetenzprofil andererseits dazu führen, dass ideale Matches erzielt werden können. Beide Seiten legen vergleichbare Kriterien, wie Alter, Kompetenz und Suchfeld an und können sich gegenseitig gefallen oder nicht gefallen. Nach einem kurzen Austausch über einen Nachrichtendienst wären dann erste Treffen denkbar, um auszuloten, ob eine Mentorship-Beziehung für beide Seiten sinnvoll ist.

Außerdem sollte die besondere Bedeutung des Mentorships auch in der Gesamtgesellschaft intensiver diskutiert werden. Möglicherweise ergeben sich aus den persönlichen Umfeldern von Schülerinnen und Lehrerinnen auch Mentorship-Beziehungen, die im heutigen Bildungsideal nicht in besonderer Weise als förderungswürdig angesehen werden. Sind die eigenen Eltern zum Beispiel Mediziner, das Kind selbst interessiert sich aber für den Bereich der Musik, so wäre eine befreundete Konzertpianistin eine mögliche Mentorin der ersten Stunde.

Doch bisher wird die Wichtigkeit und damit auch der Aufbau einer solchen Beziehung als eher unnormal angesehen. Dieser fehlende Mentorship-Alltag kann zu Ressentiments führen, die sich aus der Brille Dritter auf eine solche sehr enge Beziehung richten. Warum sollte denn die Pianistin Interesse an der Entwicklung der Persönlichkeit des Kindes haben? Dabei ist diese Form der Wissensweitergabe längst in Unternehmen etabliert und auch in der Historie ein wichtiger Baustein im Ökosystem der Bildung gewesen. Daher muss sich die Haltung gegenüber solchen emotionalen Beziehungen fundamental verändern und es muss seitens aller Beteiligten alles dafür getan werden, um diese Kooperation im Leben der Schülerinnen zu etablieren. Dafür sollten die Mentorinnen nicht zwangsläufig älter oder erfahrener sein, sondern sie können sich auch besondere Lebensressourcen in einzelnen Themenfeldern angeeignet haben.

Eine gut funktionierende Mentorship-Struktur wird ein zentraler Baustein in der Entwicklung von Persönlichkeiten werden. Gerade auch die außerfamiliären Mentorinnen sind wichtig, um inhaltliche Kompetenzen zu entwickeln. Grundlage muss eine hohe emotionale Bindung sein, die einen offenen Austausch auf Augenhöhe ermöglicht.

DIE BEDEUTUNG EINES GESUNDEN GEISTES ERKENNEN

Nicht nur die Top-Managerinnen, Top-Politikerinnen oder Top-Juristinnen, die um 04:00 Uhr aufstehen, um noch eine Runde auf dem Laufband im Hotel zu absolvieren, sondern auch viele Otto-Normalos treiben regelmäßig Sport. Die Gründe sind verschieden: teils um sich auszupowern, teils um einen Ausgleich zur Büroarbeit zu haben und teilweise auch, weil es ihnen Spaß macht. Sport und Bewegung erhöhen die Durchblutung des Gehirns und steigern so auch die kognitive Leistungsfähigkeit. Im zukunftsfähigen Bildungsideal soll es aber nicht primär darum gehen, die Leistungsfähigkeit einer Gesellschaft zu erhöhen, sondern vor allem darum, das Glück und die Zufriedenheit zu verbessern. Auch dazu tragen Bewegung und Sport wesentlich bei.

Wir wissen inzwischen, wie wichtig die Gesundheit des Geistes für unser Wohlbefinden ist. Mittlerweile haben sich ganze Industriezweige rund um das Thema Meditation und Achtsamkeit gebildet. Während beiden Themen lange Zeit der Hang zum Esoterischen nachgesagt wurde, hat sich in den vergangenen knapp zwanzig Jahren auch die medizinische Forschung dem Thema vermehrt gewidmet. Im Jahr 2017 gab es bereits über 1.060 Studien über Achtsamkeit – im Vergleich zu nur zweiundvierzig im Jahr 2001. Auch die deutschen Krankenkassen bezuschussen Kurse zur *Stressreduktion durch Achtsamkeit* (MBSR – engl. Mindfulness-Based-Stress-Reduction). Die inhaltliche Nähe von Meditation, Achtsamkeit, Entspannungsübungen und Yoga ist offensichtlich – sie zielen darauf ab, den Geist und dadurch auch den Körper einerseits zu entspannen und andererseits richtig einzustellen. Sie alle geben dem Menschen Tools zur Selbstheilung mit.

Die Achtsamkeit kommt ursprünglich aus dem Buddhismus und hat erst sehr spät Einzug in die Gesundheits- und Managementforschung erhalten. Im Buddhismus wird Achtsamkeit in Verbindung mit Ethik, Moral und Weisheit verstanden. Der Dalai Lama beschreibt Achtsamkeit so: „Achtsamkeit ist die Fertigkeit eines Menschen, sich geistig zu sammeln und sich auf diese Weise auf seine zentralen Werte und seine innere Motivation zurückzubesinnen".[91]

Man kann sich Achtsamkeit anhand einer Alltagssituation gut vorstellen: Durch die ständige Verfügbarkeit von Zucker in unserer Ernährung wollen wir immer mehr davon. Wenn wir beispielsweise eine große, stark zuckerhaltige Limonade getrunken haben, dann steigt kurzfristig der Blutzuckerspiegel stark an und sinkt mittelfristig unter das vorherige Niveau. Unser Körper signalisiert uns: Gib mir mehr. Statt uns nun einfach diesem Impuls hinzugeben, nehmen wir das Signal unseres Körpers war, nehmen dieses als eben solches zur Kenntnis und entscheiden dann, ob wir noch eine Cola trinken wollen. Achtsamkeit heißt nicht, dies nicht zu tun, sondern sich dem Impuls bewusst zu werden und diesen auch kontrollieren zu können.

Die Kompetenz, achtsam zu sein, heißt also im Wesentlichen, sich bewusst über Zusammenhänge zu werden. Sie wird damit zu einer der zentralen menschlichen Ressource, die uns von Maschinen unterscheiden wird. Achtsamkeit bietet Orientierung. Wir haben viel über Technologie, die Rolle der Medien und die Fokussierung auf das wirklich Wichtige nachgedacht. Wenn es uns gelingen soll, Wichtiges von Unwichtigem zu unterscheiden und unser Leben in unserem eigenen Sinne und dem der Gesellschaft auszurichten, dann sollten wir lernen, achtsam zu sein.

Im klassischen Wortsinn bedeutet „achtsam" vor allem wach zu sein und ein Auge auf etwas zu haben. Auch darum geht es. Denn die technologischen Entwicklungen und die im Anthropozän ablaufenden Vorgänge dürfen wir nicht einfach sich selbst überlassen, sondern wir sollten sie *ständig im Auge haben,* damit sie uns dienen und nicht zu einem Selbstzweck verkommen.

Wir erinnern uns an das Gelassenheitsgebet von Niebuhr. Niebuhr beschreibt genau diese Kompetenz: Wenn wir gelassen sind, dann sind wir in der Lage, bessere Entscheidungen zu treffen. Das Stressniveau, das auch durch die mobilen Kommunikationsformen nahezu nie abnimmt, trägt nicht dazu bei, dass der Mensch bessere Entscheidungen treffen kann – im Gegenteil. Die Entspannung von Körper und Geist wiederum begünstigt die Entscheidungsfähigkeit. Wenn wir also über unser zukünftiges Bildungsideal Menschen in die Lage versetzen wollen, gute Entscheidungen für sich selbst und für die Gemeinschaft zu treffen, dann müssen wir sie dazu auch in den besten emotionalen Status zur Entscheidungsfindung versetzen können. Darüber hinaus verbessern sich dadurch auch die körperliche und geistige Gesundheit und die Zufriedenheit – und damit das allgemeine Wohlbefinden, das ja als eine Zielrichtung der Bildung gilt. In der Schnittmenge zur Herzens- und Haltungsbildung werden das Achtsamkeitstraining und die Meditation dazu führen, dass Menschen eine positivere Weltsicht entwickeln können. Oder anders gesagt: Wir können so die Entwicklung eines positiven Menschen- und Weltbilds begünstigen.

Konkret sollten wir also Menschen darin ausbilden, achtsam zu werden – und durch die Fertigkeit der Meditation diesen Status jederzeit selbstständig abrufen zu können. Dies könnte über ein zusätzliches Schulfach „Meditation, Achtsamkeit und Selbsterfahrung" genauso erreicht werden, wie über Angebote außerhalb der klassischen schulischen Strukturen. Das Erlernen von Entspannungstechniken sollte in unserer Welt, die immer schneller und komplexer wird, oberste Priorität haben, um psychischen Erkrankungen vorzubeugen.

Kapitel 5

HALTUNGSBILDUNG

Auch die Lebensressource Haltungsbildung sollte in Zukunft mit einem Viertel der finanziellen und zeitlichen Ressourcen ausgestattet werden – und etwa ein Viertel der Flüssigkeit aus dem ursprünglich vollen Glas der Wissensbildung erhalten. Schauen wir uns also an, wie die Gesellschaft eine neue Haltung gegenüber Mitmenschen, Natur und Glück entwickeln kann. Schauen wir uns an, wie sich Einstellungen verändern können, um auch neue Beschäftigungsarten, die der Gesellschaft und dem individuellen Ikigai dienen, attraktiver zu machen – und wie sich dadurch auch Normen und Werte verändern.

FALLHÖHE REDUZIEREN UND SCHEITERN POSITIVIEREN

Schick, charmant und abwaschbar – das ist das Motto von Oma Ruth. Sie begeisterte ihre Familie nicht nur mit tollem Essen und Geschichten aus einem durch den Krieg und den harten Alltag im Ruhrgebiet verkorksten Leben, sondern vor allem durch ihre einzigartige Herzlichkeit. Obwohl sie weder die weiterführende Schule absolvieren konnte, noch die Universität besuchte, ja nur einen Abschluss an der damaligen Volksschule machte, darf sie getrost als gebildete Frau bezeichnet werden. Denn sie war interessiert, ambitioniert und die

Familie zusammenhaltend. Eigenschaften, die wahrscheinlich nicht nur für Oma Ruth, sondern auch für viele andere Omas oder Mütter stehen; sie hat hier natürlich kein Alleinstellungsmerkmal. Oma Ruth aber hat sich darauf verstanden, den Horizont anderer zu erweitern, indem sie forderte und förderte, etwa gute Noten oder das Aufstehen nach einer Niederlage. Eigenschaften und Kompetenzen, die intrinsisch motiviert, von enormer Bedeutung nicht nur für den Einzelnen, sondern auch für den Zusammenhalt von Familien und Gesellschaften sind. Immer wieder gab sie ihr Motto „schick, charmant und abwaschbar" aus. Für Kinder klingt dies zunächst vielleicht nur unsinnig und lustig – doch bei intensiverer Betrachtung liegt das zentrale Element in der Relativierung der negativen Folgen. Denn „abwaschbar" als Synonym für „heilbar" oder „nicht so schlimm" motiviert nicht nur zum Aufstehen, sondern auch dazu, sich erneut in das Abenteuer des Matsches zu begeben und neue Dinge auszuprobieren.

Unbewusst hat Oma Ruth mit ihrer umsorgenden Grundhaltung damit ein wichtiges Leitmotiv für Bildung gesetzt, denn Horizonterweiterung ist allzu häufig auch mit Scheitern verbunden. Scheitern ist etwas Tolles, denn Scheitern lässt uns Menschen wachsen. Oma Ruth hat das verstanden, nicht *trotz* mangelnder Schulbildung und Wissensbildung, vielleicht sogar *gerade* deswegen. Denn die entbehrungsreiche Zeit hat sie in die Lage versetzt, Folgen von Entscheidungen zu relativieren und das Leben nicht allzu schwer zu nehmen.

Gute Bildung muss Horizonte erweitern und auch immer wieder Fallhöhen zulassen. Erziehung bedeutet demnach nicht, Menschen unter die Glasglocke zu stecken oder sie in Watte einzupacken. Nein, Erziehung beinhaltet das bewusste Heranführen an Herausforderungen. Dazu zählt auch, mögliches Scheitern in Kauf zu nehmen. Denn Erziehung ist dann zielführend, wenn sie die Fallhöhe soweit reduziert, dass die Erzogene zwar spürbar fällt, ohne dabei aber nachhaltigen und signifikanten Schaden zu nehmen.

Gleichzeitig ist es wichtig, zu verstehen, dass Scheitern für das Wachstum bedeutsam ist. Denn die Persönlichkeit wächst insbesondere bei Erfahrungen des Scheiterns. Kinder und Erwachsene lernen gleichermaßen durch Ausprobieren. Und ausprobieren sollten wir auch Dinge, die negative Auswirkungen auf uns selbst und andere haben können. Gute Erziehung und gute Führung managen dabei die Versuche in einer Form, die eine Fallhöhe beim Scheitern überschaubar machen.

Übertragen wir diese Perspektive auf die zunehmende Anzahl von Neu-Unternehmensgründungen in den vergangenen Jahren, dann hat die Gesellschaft hier bereits durch Gründungsstipendien und viele weitere Vehikel einen guten Schritt gemacht. So erhalten Menschen die Möglichkeit, sich auszuprobieren, sich zu bilden und gleichzeitig die Fallhöhe auf ein adäquates Maß zu reduzieren. Das Gründungsstipendium verringert die Fallhöhe, falls das eigene Unternehmen nicht erfolgreich wird. Es dient dazu, ein Minimum an Lebensstandard während dieser Zeit zu sichern – und gleichzeitig die Arbeit an Innovationen zu ermöglichen.

Die Idee des Gründerstipendiums sollte auf andere Professionen und Themenfelder ausgedehnt werden: Zum Beispiel auf Musikerinnen oder Künstlerinnen, die ihre Leidenschaft zum Beruf machen wollen und in hoher Unsicherheit über zukünftiges Einkommen leben müssen. Oder auf Jungautorinnen, die sich an ihr erstes Buch wagen wollen. Denn das Ergebnis wäre vermutlich eine Verbesserung des kulturellen Angebotes – und das wäre im Sinne der Gesamtgesellschaft optimal.

Entscheidend ist allerdings, dass die Stakeholder während des wachsenden Bildungshorizontes auch die zu erwartenden Fallhöhen entsprechend angleichen. Ein Kind, das sich für Spielzeug A oder B entscheiden soll, hat keine wirkliche Fallhöhe. Eine Top-Entscheiderin, die über eine Investition in Höhe von mehreren hundert Millionen Euro und über die Arbeitsplätze von Zigtausenden entscheiden muss, hingegen schon. Es geht also auch darum, mit zunehmender

Reife komplexere Folgebetrachtungen zu berücksichtigen. Während für das Kleinkind die Betrachtung der Auswirkungen auf die eigene Zufriedenheit ausreicht, muss bereits in der frühkindlichen Erziehung auch die Auswirkung auf Mitmenschen trainiert werden – und im Erwachsenenleben dann die größtmögliche Komplexität vermittelt werden. Mit Haltungsbildung können wir also bei der Fehlertoleranz und bei der Akzeptanz des Scheiterns beginnen.

BESCHÄFTIGUNGSPERSPEKTIVEN ERLEBBAR MACHEN

Wir verbinden Schule, Ausbildungsbetrieb und Universität unmittelbar mit Bildung – vor allem in der westlichen Welt. Diese enge Definition sollten wir aufbrechen und alle relevanten Stakeholder in das Bildungsökosystem einbinden. Angefangen bei Einzelpersonen wie Familienmitgliedern, vor allem Eltern, über Institutionen und Organisationen wie Sportvereine und Unternehmen sollten wir vielfältigere Bildungsstimuli setzen. Dabei können bereits Schülerinnen erste Erfahrungen in Wirtschaftsunternehmen sammeln, den Büroalltag erschnuppern oder eine spezielle Arbeitsatmosphäre auf einer Baustelle erfahren. Denn einmal ehrlich: Kennen Sie nicht auch jede Menge Menschen, die ihre Berufswahl ohne konkrete Erfahrungen in dem Bereich getroffen haben? Die über so banale Dinge stolpern wie: Wie viel frische Luft, die mir so wichtig ist, bekomme ich im Verlaufe des Tages in meinem Job?

Es muss uns gelingen, dass mehr Individualpersonen, aber auch gesellschaftliche Organisationen aktiv Bildungsangebote schaffen und Möglichkeiten entwickeln, damit auch schon jüngere Menschen ihren Horizont erweitern können. Denn wer Bildungs-Stakeholder auf Lehrende, Professorinnen und Auszubildende reduziert, ermöglicht nicht die ganzheitliche Lebensbildung. Die reine akademische Wissensbildung führt viel mehr zu einer isolierten Weltsicht. Hören Sie sich doch einmal um, wie viele ihrer Bekannten eine Berufswahl aus einer idealisierten Sicht heraus getroffen haben. Wie viele ihrer Bekannten haben BWL, Jura oder Ingenieurswesen studiert, ohne

jemals ein Büro von innen gesehen zu haben? Wie viele dieser Menschen hätten – mit ihren heutigen Erfahrungen – eine andere Wahl
getroffen, weil sie mehr in Bewegung und an der frischen Luft arbeiten wollen?

Wenn wir nun aber Möglichkeiten schaffen, schon früher Erfahrungen in möglichen Beschäftigungsformen zu sammeln, dann könnten
alle Menschen bessere Lebensentscheidungen treffen. Warum bezie-
hen wir nicht ganz konkret Handwerksbetriebe und Unternehmen
ein und bitten sie gegen eine kleine Aufwandsentschädigung, ihre
Tore zu öffnen und Schülerinnen, zum Beispiel vierteljährlich für
eine Woche während der Schulbildungszeit, Impressionen und Erfahrungen zu bieten, die sie im Klassenraum nicht gewinnen können?
Das wäre eine spannende Schnittmenge zur praktischen Grundausbildung innerhalb der Fertigkeitsbildung.

Eine andere Möglichkeit wäre, Sporttrainerinnen besser auszubilden und zu fördern, um ganzheitlichere Bildungsstimuli zu senden.
Diesen Menschen gelänge es dann, über ihre eigene Passion zur
Sportart auch andere zu begeistern – und neben den sehr konkreten
sportartbezogenen Kompetenzen auch allgemeine Haltungen, das
Leben betreffend, zu vermitteln. Denn Beispiele wie Teamfähigkeit,
Durchsetzungsvermögen und Ausdauer werden auch im Beruf bzw.
der späteren Beschäftigung gebraucht. Das sind Fertigkeiten, die
nicht per Geburt mitgegebene Eigenschaften sind, sondern im Laufe
des Lebens ausgebildet und vermittelt werden können.

Warum sollten wir nicht auch konkret daran denken, Mütter und
Väter besser zu schulen und in der Bildung ihrer Kinder zu begleiten?
Bildung sollte in dieser Phase synonym mit der Erziehung verstanden
werden. Die Erziehung in den frühesten Lebensjahren hat größten
Einfluss auf die Entwicklung der Persönlichkeit – und bildet natürlich
eine Schnittmenge zur Herzensbildung. Gerade in der Tiefenpsycho-
logie werden viele Ursachen für heutige Probleme in frühkindlichen
Erfahrungen, vor allem in der Beziehung zur Mutter, entdeckt. Es
wäre also nicht nur gesamtgesellschaftlich sinnvoll, sondern auch

ressourceneffizient, in die bessere Begleitung von Eltern zu investieren. Interessanterweise geschehen diese Dinge in Tiergesellschaften instinktiv: In Elefantenherden stehen neuen Müttern erfahrenere Tanten zur Seite, bei Bienenvölkern ist schon sehr früh klar, wer welche Aufgabe zum Wohle aller übernimmt. Erziehung erfolgt durch Anschauung und Begleitung – das ist effektiv und nachhaltig. Besonders interessant ist bei diesen Beispielen aus der Tierwelt, dass sie meist gleichzeitig auf mehrere Lebensressourcen einzahlen. Insbesondere bei der Haltungsbildung gibt es diese Überschneidungen, die tatsächlich sinnvoll, ökonomisch und gewollt sind.

WICHTIGES VON UNWICHTIGEM TRENNEN

Das Wichtigste zum Schluss dieses Buches: In der Corona-Pandemie haben wir festgestellt, welche Berufsgruppen systemrelevant sind und welche weniger. Über Jahre hinweg haben sich Wissensarbeiterinnen im Finanzwesen oder der Beratungswirtschaft zu bestbezahlten Berufsgruppen entwickelt. Gleichzeitig sind die Gehaltsentwicklungen in vielen Berufsgruppen, ohne die unsere Gesellschaft nicht funktionieren würde, bestenfalls als moderat zu bezeichnen. Dabei waren es gerade jene monetär benachteiligten Berufe, die während der Pandemie zu den wichtigsten Protagonistinnen der Krise wurden. Wie konnte es so weit kommen, dass Relevanz sich nicht auszahlt?

Die Steuerung der Märkte dürfte eine Ursache sein: Offensichtlich ist die Nachfrage nach Wissensarbeit sehr viel höher, als die nach händischer Arbeit. Außerdem sind die Abhängigkeiten der systemrelevanten Berufe vom staatlichen System sehr viel größer. Im Gesundheitssystem werden zum Beispiel sämtliche Einnahmen und Ausgaben durch die Krankenkassen unter hohem staatlichem Einfluss gesteuert. So können sich bei den Leistungen keine durch den Markt identifizierten Preise entwickeln. Deshalb ist es für die Unternehmen, die gesundheitswirtschaftliche Leistungen erbringen, schwierig, Gehälter zu bezahlen, die mit der freien Wirtschaft in Konkurrenz treten können.

Analog verhält es sich in vielen lehrenden Berufen. Auch die Gehälter von Professorinnen, Lehrerinnen und Erzieherinnen werden durch staatliche Systeme getragen und durch Umlagen auf die Gesellschaft finanziert. Im Sinne einer Versorgungssicherheit ist es wichtig, diese Systeme nicht vollständig zu privatisieren. Doch um attraktivere Einkommen zu ermöglichen, müssen wir es schaffen, hier die Einnahmenseite zu stärken. Oder anders ausgedrückt: Wir müssen uns als Gesamtgesellschaft nicht nur die sozialen Systeme leisten, sondern auch die Menschen vernünftig entlohnen, die in diesen Systemen arbeiten. Dabei sollten wir neue Finanzierungsvehikel genauso erschließen, wie die bekannten intensiver nutzen: Denn unsere Bildungssysteme sind unterfinanziert.

Auch viele andere Berufsgruppen müssten besser entlohnt werden, um ihrer Wichtigkeit für die Gesellschaft gerecht werden zu können. Dazu hat Erich Fromm in seinem berühmten Buch von 1976 *Haben oder Sein*[92] erläutert, dass eine Gesellschaft in ihrer Ausrichtung immer einen besonderen Fokus auf die Produkte und Dienstleistungen legen sollte, die sie wirklich braucht. Denn wenn sich die Gesellschaft auf die existenziellen menschlichen Bedürfnisse konzentriert und die Wirtschaft als ausführendes Element versteht, das diese Bedürfnisse befriedigen soll, dann kann das Glück der Menschen wachsen.

Es ist leider wahr: Wir Menschen haben die Wirtschaft und das Bildungssystem zu lange sich selbst überlassen. Wir haben Strukturen toleriert, die für unsere Gesamtgesellschaft nicht optimal sind. Dabei haben wir unbewusst gelernt, dass „Haben", also Besitz, uns glücklicher machen wird. Fromm hingegen argumentiert, dass weniger Besitz und mehr Sinn auch zu mehr „Sein" und damit Glück führen wird: Das klingt vernünftig.

Entwickelt man diesen Gedankengang weiter, dann erscheint es schizophren, dass die Gehälter in den Werbe- und Beratungsberufen, also Branchen ohne reale Wertschöpfung, verglichen mit Gehältern in höchstrelevanten Branchen so viel höher sind. Erinnern wir uns zurück an die Marketingprofessorin, die wir ganz am Anfang kennengelernt haben. Es muss also im langfristigen Interesse aller liegen, dass wir die Branchen fördern, die unsere wirklichen menschlichen Bedürfnisse in den Fokus stellen. Dazu sollten wir uns an die Bedürfnispyramide von Maslow zurückerinnern und hinterfragen, welche Ziele wir als Gesellschaft erreichen wollen. Um diese Ziele dann zu fördern, können wir die Quantität und Qualität von Studien- und Ausbildungsplätzen in diesen Segmenten verbessern – und so langfristig gezielt die systemrelevanten Kompetenzen fördern.

In der Konsequenz bedeutet das zum Beispiel: mehr Medizin- und weniger Marketingstudienplätze. Dabei geht es weniger um die Beschneidung der Wirtschaftszweige, als vielmehr um die Ausrichtung und den damit zusammenhängenden Rattenschwanz. Denn natürlich stellen sich auch die Universitäten und Schulen auf die Gehaltserwartungen in den Wirtschaftszweigen ein. Die Hörsäle der Marketingvorlesungen sind voll, während für die dringend benötigten Ärzte nicht ausreichend Studienplätze – trotz hoher Nachfrage – zur Verfügung stehen. Wollen wir uns diese Fehlallokation im Bildungssystem wirklich leisten?

Wir wissen doch, dass Werbung und Marketing – außer für die Unternehmen selbst – höchst negative Auswirkungen auf die Menschen haben. Denn allzu häufig werden Kaufentscheidungen durch Werbung hervorgerufen, die vielleicht kurzfristig glücklich machen aber langfristig wenig sinnvoll sind, ja manchmal sogar zur Verschuldung führen. Man kann sich das vorstellen wie beim Konsum von Softdrinks, die den Blutzuckerspiegel kurzfristig in die Höhe schießen lassen, aber langfristig unter Normalniveau fallen lassen. Der Kauf ist wie der Zucker – und Werbung stimuliert eben diesen Konsum. Achtsamkeit würde helfen.

Warum fördern wir als Gemeinschaft diese Profession in der heutigen Intensität also derart? Sicher ist, dass ein Marketingstudienplatz günstiger ist, als einer der Humanmedizin, zumindest kurzfristig und ohne Nutzenbetrachtung. Aber was kosten und bringen uns diese

Anfangsinvestitionen aus gesamtgesellschaftlicher und langfristiger Perspektive? Während der Marketingstudienplatz dazu führt, dass Menschen Dinge kaufen, die sie nicht brauchen, die sie nicht wirklich glücklich machen und die Ressourcen der Erde aufbrauchen, würde der Humanmedizinstudienplatz zu einer besseren Gesundheitsversorgung beitragen. Analoges gilt für Ausbildungsplätze, die reale Wertschöpfung schaffen oder den globalen Ressourcenverbrauch reduzieren.

Ein Eingriff des Staates ist eine Möglichkeit, um diesen Idealzustand zu fördern. Dabei sollte der Staat seine Rolle der „unsichtbaren Hand" nicht verlassen, sondern vielmehr ordoliberal agieren, also einen Ordnungsrahmen schaffen, der gut für die gesamte Gesellschaft ist. In die Entscheidungen der einzelnen Akteure hingegen darf er dabei nicht eingreifen. Ein Beispiel macht klar, wie das konkret gemeint ist: Um die CO_2-Emissionen zu senken, könnte der Staat ordoliberal die Kerosinsteuer erhöhen. Dadurch würden innerdeutsche Flugtickets vermutlich mindestens doppelt so teuer wie bislang werden. Die Entscheidung, fliegen und gleichzeitig diesen Preis zu zahlen oder doch lieber auf andere Verkehrsmittel umzusteigen, ist und bleibt jedoch eine individuelle.

Die andere Möglichkeit liegt in der konsequenten Ausrichtung des Bildungsideals anhand einer sinnvollen Maxime, damit auch auf der Mikroebene jede Einzelne evaluieren kann, welche Tätigkeiten den wirklichen menschlichen Bedürfnissen entsprechen und welche nicht. Denn wir wissen, dass sinnstiftende Beschäftigung den Menschen langfristig glücklicher machen wird. Deswegen sollte genau das unser Ziel sein.

Ein kurzer Business-Exkurs erklärt, was gemeint ist: Wenn Sie ein neues Geschäftsmodell entwickeln wollen, beginnen sie doch einfach einmal bei den größten Herausforderungen der Weltgemeinschaft oder den SDG's. Nutzen Sie also Nachhaltigkeit nicht mehr als grünen Verkaufsstimulus, sondern seien sie wirklich nachhaltig und entwickeln sie Produkte und Dienstleistungen, die nicht mehr entnehmen, als natürlich reproduziert wird. Oder schaffen Sie Angebote, um den Zugang zu Bildung weltweit zu ermöglichen. Vielleicht entwickeln Sie aber auch ein Produkt, mit dem sauberes Wasser aus der Luft gewonnen werden kann. Nutzen sie ihre Kreativität und entwickeln Sie Produkte oder Dienstleistungen, die die Welt wirklich braucht.

Prozessual sollten wir uns also zunächst darüber im Klaren sein und ausdebattieren, welche Tätigkeiten für die Gesellschaft einen Mehrwert, einen Nutzen stiften und welche weniger. Darauf aufbauend sollten wir die Ausbildungs- und Studienplätze in ihrem quantitativen Angebot anpassen und die nötigen Qualifikationen justieren. Zuletzt sollten wir auf die Gehaltsstrukturen in diesen Beschäftigungsfeldern einwirken. Im Resultat werden Jobs, die weniger gut für die Gesamtgesellschaft sind, erstens schlechter entlohnt und zweitens in Zukunft seltener ausgebildet. Dies soll nicht als Eingriff des Staates in die Wirtschaft verstanden werden, sondern als achtsamer Moment der Gesamtgesellschaft, die definiert, was für sie relevanter ist und was nicht.

Wir sollten uns also die Frage stellen, welche einzelnen Professionen und Kompetenzen wir fördern und ausbilden wollen, um eine sinnvolle und gemeinsinnorientierte Beschäftigung zu haben. Denn wenn wir den Interessen der freien Wirtschaft folgend weiter die Kompetenzen ausbilden, die den häufig sinnlosen Konsum der Menschen stimulieren, dann kann dies nicht zielführend sein. Stattdessen müssten wir konsequenterweise die Quantität der Studien- und Ausbildungsplätze an die Soll-Situation anpassen. Gleichzeitig sollten wir einfach in den systemrelevanten Berufsgruppen die Gehälter erhöhen und die Ausbildung von Kompetenzen in diesen Bereichen ermöglichen. Parallel zu diesen beiden Maßnahmen würde die externe Wertschätzung steigen und so der negative Kreislauf durch einen positiven ersetzt werden. Denn die Wirtschaft darf kein Selbstzweck sein, sondern muss immer den Menschen dienen und nicht umgekehrt.

META-LOG

Im Jahr 2030.
Ein Großteil der Produktion im Industriestandort Deutschland ist inzwischen auf Maschinen umgestellt. Im Management sind nun allerdings wieder mehr Menschen beschäftigt. Sie machen sich darüber Gedanken, welche Produkte und Dienstleistungen wirklich gebraucht werden. Sie entwickeln Antworten auf die großen Fragen der Weltgemeinschaft. Und sie liefern wieder Argumente, warum Menschen besser sind als Maschinen. Das haben sie einem grundlegenden Perspektivenwechsel in der Bildung zu verdanken. Sämtliche Mitarbeiterinnen sind deutlich selbstständigere Persönlichkeiten mit vielfältigen Lebensressourcen und Charaktereigenschaften, die es mit keiner Maschine zu kaufen gibt. Die Kreativität und die Empathie, die sie an den Tag legen, ermöglichen es dem Unternehmen, seine Kundinnen, andere als noch vor zehn Jahren, und die Gesellschaft besser zu verstehen – und Produkte zu entwickeln, die wirklich nutzenstiftend sind. Alle sind entsprechend zufrieden.

Es wäre viel erreicht, wenn wir verstehen, dass *jeder Mensch wertvolle Kompetenzen besitzt*. Dass wir diese nur höchst individuell fördern müssen, statt alle über einen Bildungskamm zu scheren. Wenn wir also der Assistentin die gleiche Wertschätzung entgegenbringen, wie der Chefin. Nicht nur, weil das höflich ist und sich so gehört, sondern weil die Kompetenz, die sie mit an den Tisch bringt, ebenso wichtig für das Unternehmen ist.

Es wäre viel erreicht, wenn wir verstehen, dass *ganzheitliche Bildung und Kompetenzen* in allen vier Lebensressourcen den Menschen von der Maschine unterscheiden. Oder, um ein letztes Mal unser Bild mit den vier Gläsern auf der Wippe aufzugreifen: wenn wir verstehen, dass es vier annähernd gleich volle Gläser braucht, um die Wippe auszubalancieren. Denn die reine Fokussierung auf Wissensbildung ist überholt. Das ständig zur Verfügung stehende Wissen ist per Mausklick abrufbar, Fertigkeiten und emotionale Kompetenzen sind es hingegen nicht.

Es wäre viel erreicht, wenn wir den *eigenen Bildungsweg genauso wertschätzen wie den anderer.* Denn durch die allgemeine Wertschätzung von unterschiedlichen Wegen kann eine neue Breite und Vielfalt entstehen. So kommen wir aus der Monokultur der Bildung heraus und bauen eine resiliente Gesellschaft durch Vielfalt auf.

Es wäre viel erreicht, wenn wir verstehen, dass *Bildung kein Selbstzweck* mehr ist, sondern den Menschen dienen muss. Wenn wir also wieder damit beginnen, aktiv unsere Gemeinschaft zu gestalten, statt den Bedürfnissen der Unternehmen den Vorrang zu lassen.

Es wäre viel erreicht, wenn es uns gelingt, die *Perspektiven auf vermeintliche feste Elemente in der Gesellschaft zu ändern.* Indem wir Dinge immer wieder neu wie durch die Brille eines Kindes sehen und erleben. Indem wir uns selbst und unsere Rolle in der Welt immer wieder hinterfragen. Denn um Resilienz in der Gesellschaft aufzubauen, müssen wir das Hinterfragen von Prämissen und Grundkonzepten nicht als Spinnerei abtun, sondern aktiv fördern.

Es wäre viel erreicht, wenn es uns gelingt, *Bildung wieder sinnstiftend* zu gestalten. Dazu müssen wir verstehen, dass Menschen keine Maschinen sind, die nach möglichst hohem Einkommen streben, sondern lebendige Wesen, die vielfältige *Kompetenzen und Selbstwirksamkeit* brauchen, um zufrieden und glücklich leben zu können. Jeder einzelne Mensch hat dabei einen eigenen Charakter, eine selbstständige Persönlichkeit und eine hohe Selbstwirksamkeit. Es wäre viel erreicht, wenn es uns gelingt, unsere *eigene Rolle in der Welt* besser auszufüllen, und eine neue Demut zu entwickeln. Eine Demut, die uns nie als fertigen Menschen versteht, sondern in einem ständig währenden Prozess der Transformation. Die Bildung als Ursprung allen menschlichen Handelns ist geprägt von multilateralen Beziehungen und prägenden Stimuli. Im Anthropozän muss der Mensch seinen Einfluss auf die Welt zu deren Erhalt nutzen.

Es wäre viel erreicht, wenn wir unsere *Bildungsvision ständig auf Zukunftsrelevanz prüfen*. Denn die Veränderung der Welt wird nicht aufhören – und Prämissen die heute richtig sind, mögen es schon bald nicht mehr sein.

Kurz: Unser Bildungsideal wird dann zukunftsfähig sein, wenn es allen Menschen dient und an die Entwicklungen der Gesellschaft angepasst wird.

Persönliches Nachwort

WAS MEIN (NEUES) BILDUNGSVER-STÄNDNIS NACHHALTIG GEPRÄGT HAT

Im Vorwort habe ich von meinem besten Freund Katsche erzählt. In diesem kurzen Nachwort möchte ich von einigen wenigen Erfahrungen berichten, die mich auf meinen Reisen durch die Welt nachhaltig geprägt haben. Erfahrungen, für die ich sehr dankbar bin. Erfahrungen, die meinen Blick auf meine eigene Bildung und unser gesellschaftliches Bildungsideal fundamental verändert haben. Aber wie gesagt: dies soll nur ein Auszug sein.

Hierzu nehme ich Sie auf meine Reise mit:

Wir fahren nach Kamerun, genau genommen dem nordwestlichsten mit dem Auto zu erreichenden Punkt Kameruns, danach kommt nur noch Regenwald. Es ist Ende September 2016. Ich bin nur Gast, die Hauptakteure sind für die chinesische Firma *Tiens* aktiv. Die Tiens-Gruppe hat sich laut ihrer Homepage der Philosophie verschrieben „Diene der Gesellschaft durch Gesundheit für die Menschheit". Hochtrabende Worte für alternative chinesische Medizin, Nahrungsergänzung, Kosmetik und Wellness-Geräte.

Es regnet in Strömen, die Halle wird vorbereitet, der Projektor installiert, Stühle platziert und ein Banner aufgehängt. Nachdem alles vorbereitet ist, wird es noch Stunden dauern, bis die ersten Interessierten vereinzelt die Stühle besetzen. Das ist normal in Kamerun, keine Veranstaltung fängt pünktlich an. Im Volksmund wird dies als *„black-men-time"* bezeichnet. In der anderen Zeitdefinition *„white-men-time"* finden Meetings mit besonders hochrangingen Persönlichkeiten statt, dann gilt das Prinzip der Pünktlichkeit, aber auch nur für die Untergeordneten. Das System ist noch sehr hierarchisch organisiert.

Tiens-Produkte suggerieren dem Zuhörer eine medizinische Wertigkeit. Traditionelle Medizin soll nicht nur helfen, Krankheiten zu behandeln, sondern die konstante Konsumierung von Tiens-Produkten soll dafür sorgen, dass Menschen gar nicht erst krank werden. Soweit zur Theorie. An keiner Stelle wird gesagt, dass Tiens-Produkte Medikamente ergänzen, sondern es wird von den Zuhörern verstanden, dass Tiens-Produkte Medikamente substituieren. Die Botschaft ist klar: „Better Tiens, Better life" (engl. nutze Tiens und dein Leben wird besser). Immer wieder wiederholen die Promoter diese Phrase. Sie animieren die Gäste einzustimmen, bis irgendwann alle verstanden haben, dass das Leben mit Tiens besser wird.

Was hier wie eine Ideologie, wie eine Sekte aufgezogen wird, hat zwei Dimensionen, die ich in Kamerun beobachten durfte. Zwei Dimensionen, die mit dafür verantwortlich sind, dass Kamerun immer noch an prominenter Position der fragilen Staaten geführt wird. Höher angesiedelt sind nur Staaten, in denen Krieg oder Bürgerkrieg herrschen, oder Staaten, die durch islamischen Terrorismus gefährdet sind. Kamerun befindet sich knapp vor Nordkorea und in guter Gesellschaft mit Myanmar. In dieser Liste werden zwölf Punkte, wie demokratische Entwicklung, ein Sicherheitsapparat oder die wirtschaftliche Rezession bewertet. Ausdrücklich darauf hinweisen möchte ich an dieser Stelle, dass die Liste von einem amerikanischen Think-Tank erhoben wird.

Zurück zu Tiens, zurück nach Kamerun. Die erste Dimension, die ich erläutern möchte, ist von historischer Dimension. Es geht um Bildung, Kreativität und die Repression von aufklärerischen Idealen wie etwa der Mündigkeit des Einzelnen. Am 10. Juni 1845 beginnt für die westliche Geschichtsschreibung das Schulsystem in Kamerun. Alfred Saker, ein englischer Baptisten-Missionar, beginnt mit der Missionierung und der Errichtung erster Schulen in Kamerun. Kinder lernen lesen, schreiben und rechnen. Mit der Eroberung Kameruns durch die Deutschen wurde die englische Sprache abgesetzt und fortan die einheimische Sprache Duala als Unterrichtssprache und Deutsch als einzige Fremdsprache gelehrt.

Ich möchte nicht in die Details der Geschichte des Bildungssystems in Kamerun abschweifen, sondern den Fokus auf den Zweck der Schulbildung legen, das Warum. Die Schüler wurden dazu ausgebildet, koloniale Berufe, beispielsweise bei der Post, dem Zoll, der Eisenbahn, kaufmännischen Firmen oder Pflanzungsgesellschaften ergreifen zu können. Noch heute finden sich Relikte des kolonialen Bildungssystems in den Schulen Kameruns. Kinder werden nicht zu selbstständigem Denken, Kreativität und Reflexion erzogen, sondern dazu, Mantras zu wiederholen und diese zu glauben und nicht zu hinterfragen. Das kritische Hinterfragen ist ein Konzept, das überwiegend in demokratischen Staaten gefördert wird. In nicht-demokratischen Staaten erzeugt kritisches Fragen auch die Frage nach der Legitimität der Regierenden und ist somit nicht beabsichtigt.

Dies zeigt sich in Kamerun noch heute in der Schule und in den Kirchen. Auch dort werden Menschen nicht erzogen, den Glauben immer wieder neu zu erforschen, sondern dazu, die ihnen vorgestellten Argumentationen zu akzeptieren. Zwar sagen die Priester sinngemäß, dass Gott helfen wird, Probleme zu lösen. Aber verstanden wird, dass Gott die Probleme für einen löst. Der Mensch übersetzt das Gesagte innerhalb seiner Möglichkeiten und der Fatalismus wird zur dominierenden Weltanschauung. Der Fahrer eines Taxis überprüft also nicht die Qualität seiner Reifen, sondern setzt seine Hoffnung in

Gott. Gott wird für ihn diesen mühseligen Prozess übernehmen. Unfälle sind eben auch von Gott gewollt. Auch ich war Leidtragender eines solchen Versäumnisses. Bei rund einhundert Stundenkilometern platzte der linke Vorderreifen und nachdem der mit zweiundzwanzig Menschen besetzte Neunzehn-Sitzer in den Straßengraben schlitterte, brachte uns nur ein Baum zum Stehen. Einige Schürfwunden, Schnitte, blaue Flecken und Knochenödeme sind schnell vergessen. Wir genießen in unserer westlichen Gesellschaft das Privileg, krankenversichert zu sein und bei schwereren Schäden gute medizinische Betreuung in Deutschland zu erhalten. Die schwerer verletzten Einheimischen genossen dieses Privileg nicht. Sie können nur hoffen, dass ihre Familie gemeinsam die Kosten für den Arzt aufbringen kann. Wenn denn ein Arzt verfügbar ist. Dieser Arzt kann aber auch nur im Rahmen des Machbaren agieren. Man muss also beten, dass ein Röntgengerät und Medikamente verfügbar und erschwinglich sind. Aber Gott wird es ja schon richten, so er denn will – so ihr Glaube.

Ein anderes Beispiel kommt aus dem Entwicklungshilfe-Alltag. Im Rahmen eines Mikrofinanzierungsprojektes haben wir die Frage gestellt: Was für ein Geschäftsmodell möchtest du gerne realisieren? Die Antworten waren sehr verschieden, doch eines hatten alle gemeinsam: die *Reproduktion* eines bestehenden und bewährten Modells. Menschen, die Innovationsgeist besitzen, werden von der Gesellschaft belächelt. Anstatt Kreativität in der Schule zu fördern, verkümmert sie durch Nachplappern von Mantras. Daraufhin haben wir ein Pilotprojekt durchgeführt, die „Innovation Challenge", bei der die besten und innovativsten Geschäftsmodelle prämiert wurden. Während des Kreativitätstrainings haben wir einen Raum geschaffen, indem frei gedacht werden durfte, jede Schnapsidee geäußert werden sollte und keine Idee zu blöd war, um darüber nachzudenken. Erstaunlich war die Resonanz: Männer und Frauen, Alte und Junge, Farmer und Studenten, alle diskutierten miteinander über neue Geschäftsmodelle, insbesondere über Modelle, mit denen man lokale

Probleme wie Sicherheit, Transport und Unterhaltung lösen und verbessern kann.

Diese Eindrücke verleiten mich dazu zu glauben, dass die Eingangsthese, dass Schule Gedankenfreiheit unterdrückt, in diesem Fall bestätigt wurde.

Ich möchte zurück zu Tiens kommen und auf das Engagement Chinas in Afrika näher eingehen. In einer herausragenden Analyse der Deutschen Gesellschaft für Auswärtige Politik (DGAP) *Diplomatie mit neuen Mitteln*[93], stellen die Autoren einige Hypothesen zum außenpolitischen Auftreten Chinas auf. Chinas neue Seidenstraße soll erstens helfen, die sinkenden Wachstumsraten der chinesischen Binnenwirtschaft durch die Erschließung neuer Absatzmärkte anzukurbeln. Zweitens soll die maritime Seidenstraße den Bedarf der chinesischen Wirtschaft an Ressourcen stillen. Häfen in Südostasien und Afrika werden unter der Federführung Chinas ausgebaut. Vor allem da, wo der Zugang zu Ressourcen wie Öl oder seltenen Erden erhofft wird. Drittens soll die neue Seidenstraße die außenpolitischen Ambitionen der aufstrebenden wirtschaftlichen Großmacht unterstreichen. Im Gegensatz zu den Amerikanern und Europäern setzt China dabei nicht auf militärisches Vorgehen, sondern auf wirtschaftliches. Abhängigkeiten werden geschaffen, Kredite vergeben und die Infrastruktur gefördert. Der Präsident Kameruns versorgt 500.000 Studenten mit einem Laptop. Finanziert wird der Kauf von chinesischen Laptops durch einen chinesischen Kredit.

Wo findet die Produktion statt? In China. Wo werden die Gewinne erzielt? In China. Wo werden die Kredite abbezahlt? In Kamerun.

Anhand dieses simplen Beispiels lässt sich das Vorgehen der Chinesen in Afrika und anderen Teilen der Welt veranschaulichen. Sie sind auf der Suche nach Ressourcen und nach Absatzmärkten; die Produktion und somit auch die Arbeitsplätze sind in China. Ähnlich geht auch Tiens vor. Es werden kamerunische Handelsvertreter bezahlt, um chinesische Produkte an Kameruner zu verkaufen. Chinesische Produkte, deren Rohstoffe vielleicht sogar aus Kamerun kommen, deren Herstellung allerdings in China erfolgt. Ähnlich verhält es sich mit Penja-Pfeffer. Dieser qualitativ außergewöhnliche Pfeffer wird in Kamerun, in Penja, angebaut, dann nach Frankreich geschickt, um dort verpackt zu werden – und gelangt anschließend wieder zu Teilen in den Einzelhandel in Douala, der Wirtschaftshochburg Kameruns. Ein Ziel müsste also sein, in Zukunft wieder mehr Wert auf eine sinnvolle Verteilung von lokalen und globalen Tätigkeiten zu legen und diese in Schritten auszubalancieren.

Eine allgemeine Lehre aus der internationalen Entwicklungshilfe lautet Hilfe zur Selbsthilfe bzw. gib niemandem Fisch, sondern zeige ihm, wie man fischt. Doch das Beispiel vom Fisch zeigt, dass auch heutzutage Entwicklungshilfe noch geprägt ist von Bevormundung und post-kolonialen Denkstrukturen. Diese Form der Unterdrückung geht sogar noch weiter in verkrusteten Denkstrukturen und weißem Überlegenheitsdenken: So beschäftigen sich die im Rahmen der postkolonialen Theorie entstandenen *„Critical Whiteness Studies"* mit eben diesem Phänomen, bei dem immer noch von Weißen definierte Normen als überlegen angesehen werden. Hier entstehen Schnittstellen zum vorherrschenden Alltagsrassismus. Übertragen wir die Perspektive der Kritik gegenüber der vorherrschenden Dominanz der Weißen nicht nur auf die Bereiche der Wissensbildung, sondern auch auf die Fertigkeits-, Herzens-, und Haltungsbildung, stellt man fest, dass man nur Fertigkeiten vermitteln kann, die man auch selbst gelernt hat. Dabei sind viele andere Kulturen besonders reich an Kenntnissen, die dem Westen verschlossen blieben.

In der Entwicklungshilfe hat man längst erkannt, dass eine einmalige Hilfe in den meisten Fällen nicht zu einer langfristigen Verbesserung der Situation führt. Wenn man nun aber Hilfe zur Selbsthilfe anbietet, wie aktuell praktiziert, dann unterstützt man die intellektuelle und inhaltliche Abhängigkeit den Helfenden gegenüber.

In meiner Zeit als Entwicklungshelfer in Buea, einer Stadt im Süd-Westen Kameruns habe ich genau diese Erfahrung gemacht: Hier hat sich ein künstlicher Wirtschaftszweig im Bereich der Entwicklungs-

zusammenarbeit aufgebaut. Die absolute Anzahl an Nichtregierungs-
organisationen erschien mir im Vergleich zu europäischen Staaten
sehr hoch, ebenso wie die Anzahl der Studierenden in Fächern wie
„Gender Studies" und „Public Health". Deren spätere Jobs werden in
hohem Maße abhängig sein von Geldflüssen und Fokusfeldern inter-
nationaler Geberorganisationen und Charities wie der Bill und Melinda Gates Foundation und der Weltgesundheitsorganisation. Wenn
Bill und Melinda Gates morgen entscheiden, dass ihre Stiftung statt in
Gesundheit, Armutsbekämpfung, Bildung und Zugang zu Informa-
tionstechnologie exemplarisch in die Sicherheit von Motorradfah-
rern, einem der Hauptverkehrsmittel in Westafrika, investiert, so
verschieben sich auch die Schwerpunkte der ausführenden Organisationen in diese Richtung.

Die Macht und Verantwortung ist offensichtlich – ebenso wie die
Abhängigkeit auch gebildeter junger Menschen in empfangenden
Staaten von den internationalen Kapitalflüssen.

Es ist also wichtig, eine Sensibilität zu entwickeln, die die lokalen
wie kulturellen Hintergründe gleichermaßen in Betracht zieht: Kompetenzen, das Wissen und die Fertigkeiten der lokalen Ethnien.

Es kann vorkommen, dass Essens- und Marktstände, die über
Wochen und Monate aufgebaut wurden und hervorragende Produkte
verkaufen, von einem auf den anderen Tag – ohne Hinweise oder
Informationen – geschlossen wurden, weil Verwandte im Herkunfts-
dorf verstorben sind und Geld für die Beerdigung gebraucht wurde
oder andere Schicksalsschlage ein Weiterfuhren der Geschafte ver-
hinderten. Die Rolle der Familie und der Gemeinschaft ist in Westafrika sehr viel wichtiger, als in vielen westlichen Gesellschaften. Es
sollte jedoch einem demütigen Menschen fernliegen, diese Strukturen zu verurteilen. Im Gegenteil: Ein Respekt vor den Werten führt zu
anderen Perspektiven auf entwicklungspolitische Zusammenarbeit.

Demütig zu sein, bedeutet bescheidener und anspruchsloser in der
Haltung und dabei voll Respekt anderen Menschen gegenüber zu
sein. Diese Demut ist dem gesättigten Westen verloren gegangen,

ebenso wie die Kenntnis über die Herkunft des Wohlstandes. Dieser wurde und wird häufig immer noch unter Ausbeutung von Natur und Menschen verdient. Ein Blick in die Kobaltminen im Kongo oder die Produktion von Energie durch Kohleverstromung im Rheinland reichen. Diese Demut hilft, um die Ressourcen, die in entwicklungspolitische Zusammenarbeit gesteckt werden, im Sinne einer langfristigen Verbesserung der Lebensumstände – hier denke ich vor allem an Sicherungssysteme und Bildung – bestmöglich einzusetzen. Denn auch die Bildungssysteme sind geprägt von post-kolonialen Strukturen. Kamerunische Kinder werden nicht ausreichend geschult in freiem, kritischem Denken und in Kreativität, sondern insbesondere in Disziplin und Repetition.

Wenn ein deutscher Lehrender die Kinder fragt, wie die Zahlenreihe 1,2,3 weiterzuentwickeln wäre und als Antwort 4,5,6, oder 3,2,1 oder 1,2,3 bekommt, wiederholen kamerunische Schülerinnen vergleichsweise die Vorgabe des Lehrenden mit 1,2,3. Damit will ich nicht das deutsche Schulsystem glorifizieren, sondern vielmehr illustrieren, welche Macht in der Ausbildung von charakterlichen und selbstbewussten Denkstrukturen auch schon bei Kindern besteht. Und das gilt nicht nur für Westafrika.

„Por la Pachamama", (spanisch: für die Muttererde), sagen die Quechua und verschütten etwas von ihrem Bier auf den Boden, bevor sie es selbst trinken. Schon den alten Inka ist es zwischen 1450 und 1540 gelungen – ohne akademische Bildung – auf einem Bergkamm in den peruanischen Anden in 2.430 Metern Höhe, die Mauern des legendären *Machu Picchu* zu errichten. Dabei wussten sie um die hohe Erdbebenwahrscheinlichkeit in der Region und nutzen daher eine Bauweise ohne Mörtel, um den Steinen Bewegungsfreiheit zu geben und die Gesamtstruktur so vor dem Einstürzen zu schützen. Daran zeigt sich der große Respekt und die intensive Befassung der indigenen Andenvölker mit Erde und Natur. Die respektvolle Haltung der Natur gegenüber führte zu Wissen und Fertigkeiten, die eine symbiotische Lebensbestreitung ermöglichten. Wir sehen hier Denkmuster, die nicht zu High-Tech-Innovationen und Hoch-Spezialisierung führten, sondern zu Low-Tech-Innovationen, die zweckdienlich und ressourcenschonend waren. Sicherlich haben die spanischen Kolonialherren bei der rudimentären Errichtung von Schulen nicht darauf geachtet, dieses Wissen zu konservieren und weiterzuentwickeln.

Analog zu Südamerika wurden auch in Afrika Schulsysteme errichtet, die den Kindern nicht Kenntnisse über die eigenen kulturellen Hintergründe vermittelt haben, sondern über die europäische „Hochkultur". Zwar ist der Kolonialismus offiziell abgeschafft, doch haben viele Afrikaner auch in der Schule noch den ehrfürchtigen Blick nach Europa gelernt, weil die eigenen Fertigkeiten und Errungenschaften nicht voller Stolz in der Lehre weitergegeben werden. Es muss also in der Entwicklungshilfe immer darum gehen, die Menschen zu ermutigen, sich Bildung anzueignen respektive dieses in funktionierenden Strukturen weiterzugeben. Dabei sollte die Bildung quasi ein Best-of aus Globalem und Lokalem sein. Oder anders ausgedrückt, so lokal wie möglich und so global wie nötig.

Ich möchte hier nicht das globale Lernen verteufeln, sondern bin im Gegenteil ein großer Verfechter von globalem Kompetenztransfer, aber nicht in Einbahnstraßen und auf Kosten des Verlustes der kulturellen Besonderheiten. Daher empfehle ich der Entwicklungshilfe, weder mit Fisch, noch mit Angeln zu helfen, sondern in Bildung zu investieren und in das *Warum*. Dann können die lokalen Gesellschaften selbst entscheiden, ob Fisch auf dem Speiseplan stehen sollte oder nicht und anschließend eigene Wege der Zucht und des Fangs entwickeln.

Wer bin ich, dass ich entscheiden kann, welches Bildungsideal das zukunftsfähigste ist? Wer bin ich, dass ich für jeden beantworten kann, was das Warum des Bildungsideals sein könnte?

Und wer entscheidet, dass Angeln und Schleppnetze die besten Methoden des Fischfangs sind?

DANKSAGUNG

Ich möchte mich bedanken bei allen, die mich auf meinem Weg unterstützt haben: für ihre Perspektiven auf die Realitäten der Welt, die Erklärungen der Dinge, die ich nicht verstanden habe und die Geduld mit mir. Mein Dank gilt Lena, Martina, Wolfgang, Christian und Jenny von Schreitter, Ute, David, Theo und Stephanie Schindler, Bernd und Simone Thomsen sowie Buu Cao und Carsten Merge.

Besonders bedanken möchte ich mich bei meiner Redakteurin und Beraterin Carola Kupfer, die für mich zu einer verlässlichen Partnerin geworden ist und unzählige spannende Aspekte eingebracht hat. Sie hat einen wichtigen Beitrag zu diesem Buch geleistet.

WEITERFÜHRENDE LEKTÜRE

WISSENS- UND FERTIGKEITSBILDUNG
Humboldt, Wilhelm von (2017): Schriften zur Bildung. Reclams Universal-Bibliothek. Stuttgart (Reclam Verlag).

Hüther, Gerald / Heinrich, Marcell / Senf, Mitch (2020): #Education For Future. Bildung für ein gelingendes Leben. München (Goldmann Verlag).

HERZENSBILDUNG
Goleman, Daniel (2015): Dalai Lama – Die Macht des Guten (DAISY Edition). Seine Vision für die Menschheit. (Argon Balance ein Imprint v. Argon Verlag).

Gunaratana, Henepola (2000): Die Praxis der Achtsamkeit. Eine Einführung in die Vipassana-Meditation. Berlin (Kristkeitz).

Strelecky, John P. (2009): The big five for life. Was wirklich zählt im Leben. Stuttgart (Dt. Taschenbuch-Verlag).

HALTUNGSBILDUNG
Göpel, Maja (2020): Unsere Welt neu denken. Eine Einladung. Berlin (Ullstein Buchverlage).

Galeano, Eduardo (1980): Die offenen Adern Lateinamerikas. Die Geschichte eines Kontinents von der Entdeckung bis zur Gegenwart. Berlin (Verlag Neues Leben).

Seitz, Volker (2014): Afrika wird armregiert oder Wie man Afrika wirklich helfen kann. München (Deutscher Taschenbuch Verlag).

Ziegler, Jean (2017): Der schmale Grat der Hoffnung. Meine gewonnenen und verlorenen Kämpfe und die, die wir gemeinsam gewinnen werden. München (C. Bertelsmann Verlag).

Harari, Yuval Noah (2017): Homo Deus. Eine Geschichte von Morgen. München (C.H.Beck).

Harari, Yuval Noah (2018): 21 Lektionen für das 21. Jahrhundert. München (C.H.Beck).

Collier, Paul (2017): Die unterste Milliarde. Warum die ärmsten Länder scheitern und was man dagegen tun kann. Bonn (Pantheon Verlag)

ANMERKUNGEN

[1] Eigene Berechnung von 42 Wochen Schulunterricht pro Jahr multipliziert mit 265 Jahreswochenstunden bis zum Abitur (https://www.le-gymnasien-nrw.de/fileadmin/user_upload/Elterninformation_zur_Umfrage_G8_G9_10_2_2016_15.00.pdf).

[2] https://www.destatis.de/DE/Presse/Pressemitteilungen/2021/03/PD21_105_217.html

[3] Das Bruttoinlandsprodukt (BIP) gibt den Gesamtwert aller Güter, d.h. Waren und Dienstleistungen an, die während eines Kalenderjahres in einer Volkswirtschaft als Endprodukte, nach Abzug aller Vorleistungen, produziert werden.

[4] Arendt, Hannah (1964): Eichmann in Jerusalem. Ein Bericht von der Banalität des Bösen. München (Piper).

[5] Die Publikation „Die Grenzen des Wachstums" wurde 1972 veröffentlicht und erlangte weltweite Aufmerksamkeit. Sitz der Organisation ist Winterthur in der Schweiz.

[6] https://www.focus.de/wissen/mensch/tid-33228/titel-gebildet-statt-gegoogelt-im-menschlichen-gehirn-ist-platz-fuer-eine-ganze-bibliothek_aid_1085234.html

[7] https://www.welt.de/wirtschaft/webwelt/article118099520/Datenvolumen-verdoppelt-sich-alle-zwei-Jahre.html

[8] https://blog.wiwo.de/look-at-it/2018/11/27/weltweite-datenmengen-sollen-bis-2025-auf-175-zetabyte-wachsen-8-mal-so-viel-wie-2017/

[9] https://idc-cio.de

[10] https://www.overshootday.org

[11] https://sustainabledevelopment.un.org/

[12] Higgins kämpft in ihrem Buch „Eradicating Ecocide" dafür, dass ein Ökozid als internationales Verbrechen anerkannt wird. Sie wurde von der Zeitschrift The Ecologist als „einer der zehn visionärsten Denker der Welt" bezeichnet.

[13] https://www.holland.com/de/tourist/informationen/allgemein.htm

[14] Hofstede, Geert (1984): Culture's Consequences. International Differences in Work-Related Values. London (SAGE).

[15] https://www.unhcr.org/dach/de/services/statistiken

[16] https://de.statista.com/statistik/daten/studie/467043/umfrage/urbanisierung-in-europa-1800-1890/

[17] https://de.statista.com/statistik/daten/studie/662560/umfrage/urbanisierung-in-deutschland/

[18] https://de.statista.com/statistik/daten/studie/1176738/umfrage/grad-der-urbanisierung-in-europa/

[19] https://www.destatis.de/DE/Themen/Laender-Regionen/Internationales/Thema/bevoelkerung-arbeit-soziales/bevoelkerung/Stadtbevoelkerung.html

[20] https://www.auswaertiges-amt.de/blob/1676974/cc0797ca3ddb2de462f7ef11efcfb784/kommunikationsarbeit-data.pdf

[21] https://www.spiegel.de/auto/aktuell/co2-suv-haben-zweitgroessten-anteil-am-weltweiten-anstieg-a-1291825.html

[22] https://www.dak.de/dak/bundesthemen/dak-psychoreport-2019-dreimal-mehr-fehltage-als-1997-2125486.html#/

[23] https://www.destatis.de/DE/Themen/Gesellschaft-Umwelt/Bildung-Forschung-Kultur/Bildungsfinanzen-Ausbildungsfoerderung/Publikationen/Downloads-Bildungsfinanzen/bildungsfinanzbericht-1023206207004.pdf?__blob=publicationFile

[24] https://www.purdue.edu/newsroom/releases/2018/Q1/money-only-buys-happiness-for-a-certain-amount.html

[25] Maslow, Abraham Harold (1987): Motivation and Personality. New York (Harper and Row).

[26] Maslow, Abraham H. (2018): A Theory of Human Motivation. (Wilder Publications).

[27] Marx, Karl (2019): Ökonomisch-philosophische Manuskripte aus dem Jahre 1844 (Großdruck). Berlin (Henricus).

[28] https://www.eco.de/presse/in-welchen-jobs-arbeiten-wir-2035/

[29] 2.000 Teilnehmer wurden von Microsoft, in einer quantitativen Analyse, im Hinblick auf ihre Aufmerksamkeitsspanne bei der Ausführung einer Aufgabe untersucht, bevor die Aufmerksamkeit zu einer anderen Aktivität wechselte. (https://dl.motamem.org/microsoft-attention-spans-research-report.pdf)

[30] Kotter, John P. (2012): Leading Change. Boston, Massachusetts (Harvard Business Press).

[30] Laut dem renommierten Professor Robert Kaplan der Harvard Business School kennen in Firmen bis zu 90% der Mitarbeiter die eigene Strategie nicht, insbesondere die Bedeutung der Worte. (https://www.handelsblatt.com/unternehmen/management/sechs-fragen-an-robert-kaplan-viele-kennen-die-strategie-nichtmal/2767574.html?ticket=ST-246256-ybMP01NTboKJA9O4PFZE-ap1)

[32] Konfuzius war ein chinesischer Philosoph, der ca. 500 Jahre v.Chr. lebte. Konfuzius hat die Rolle eines Universalgelehrten, konzentrierte sich in seiner Lehre insbesondere auf die menschliche Ordnung, als Resultat aus der Achtung vor anderen Menschen und den eigenen Ahnen. Für Konfuzius galt das Ideal des moralisch guten Menschen –

ein zu diskutierendes Ideal. Zu Harmonie, Mitte und Gleichgewicht kommt der Mensch, in der Philosophie des Konfuzius durch die Bildung. Dabei ist das Verständnis vom Inhalt und dem Weg der Bildung sehr viel traditionalistischer und ideeller geprägt, als wir das wollen. Bei uns spielt auch das Glück des Individuums eine viel stärkere Rolle.

[33] https://www.un.org/sustainabledevelopment/sustainable-development-goals/

[34] „Education enables upward socioeconomic mobility and is a key to escaping poverty. Over the past decade, major progress was made towards increasing access to education and school enrollment rates at all levels, particularly for girls. Nevertheless, about 260 million children were still out of school in 2018 – nearly one fifth of the global population in that age group. And more than half of all children and adolescents worldwide are not meeting minimum proficiency standards in reading and mathematics." (https://www.un.org/sustainabledevelopment/education/)

[35] Freud, Sigmund (2010): Die Traumdeutung. Hamburg (Nikol).

[36] Fromm, Erich (2006): Die Bedeutung von Marx und Freud. Jenseits der Illusionen. Stuttgart (Dt. Taschenbuch-Verlag).

[37] Kellogg, Ronald T. (2011): Fundamentals of Cognitive Psychology. London (SAGE).

[38] Broadbent, Donald Eric (1958): Perception and Communication. (Scientific Book Guild).

[39] Kahneman, D., & Tversky, A. (1973). On the psychology of prediction. Psychological Review, 80(4), 237-251.

[40] au, Thomas / Oberhuber, Sabine (2018): Material Matters. wie wir es schaffen, die Ressourcenverschwendung zu beenden, die Wirtschaft zu motivieren, bessere Produkte zu erzeugen und wie Unternehmen, Verbraucher und die Umwelt davon profitieren. München (Econ).

[41] Márquez, Gabriel García (2004): Hundert Jahre Einsamkeit. Roman. Frankfurt am Main (Fischer Taschenbuch Verlag).

[42] Neruda, Pablo (2009): 20 Liebesgedichte und ein Lied der Verzweiflung. spanisch-deutsch. München/Unterschleißheim (Luchterhand).

[43] Galeano, Eduardo (2009): Die offenen Adern Lateinamerikas. Osnabr (Hammer).

[44] https://www.weforum.org/agenda/2018/03/autonomous-robot-bees-are-being-patented-by-walmart

[45] https://monde-diplomatique.de/artikel/!5790577

[46] https://www.destatis.de/DE/Themen/Gesellschaft-Umwelt/Bildung-Forschung-Kultur/Hochschulen/Publikationen/Downloads-Hochschulen/schnellmeldung-ws-vorl-5213103208004.pdf?__blob=publicationFi

[47] https://www.gesis.org/fileadmin/upload/dienstleistung/daten/soz_indikatoren/Schluesselindikatoren/B004.pdf

[48] https://www.destatis.de/DE/Themen/Gesellschaft-Umwelt/Bildung-Forschung-Kultur/Bildungsfinanzen-Ausbildungsfoerderung/Publikationen/Downloads-Bildungsfinanzen/bildungsfinanzbericht-1023206207004.pdf?__blob=publicationFile

[49] Hall, Edward Twitchell (1989): Beyond Culture. New York (Anchor Books).

[50] Descartes, René (2009): Meditationen. Hamburg (Felix Meiner Verlag).

[51] https://www.dwds.de/wb/Herzensbildung

[52] https://www.duden.de/rechtschreibung/Herzensbildung

[53] XIV, Dalaï Lama / Alt, Franz (2015): Der Appell des Dalai Lama an die Welt. Ethik ist wichtiger als Religion. Wals bei Salzburg (Benevento).

[54] https://utopia.de/interview-dalai-lama-wir-brauchen-mehr-herzensbildung-76109/

[55] https://www.who.int/en/news-room/fact-sheets/detail/mental-disorders

[56] https://www.psyga.info/psychische-gesundheit/daten-fakten

[57] https://www.bkk-dachverband.de/fileadmin/Artikelsystem/Publikationen/2020/Gesundheitsreport_2020/BKK_Gesundheitsreport_2020_web.pdf

[58] file:///Users/Buch/Downloads/rv_in_zeitreihen.pdf

[59] Betsch T., Funke J., Plessner H. (2011) Zur Rolle von Gefühlen bei Entscheidungen. In: Denken – Urteilen, Entscheiden, Problemlösen. Springer-Lehrbuch. Springer, Berlin, Heidelberg.

[60] Betsch T., Funke J., Plessner H. (2011) Zur Rolle von Gefühlen bei Entscheidungen. In: Denken – Urteilen, Entscheiden, Problemlösen. Springer-Lehrbuch. Springer, Berlin, Heidelberg.

[61] Zajonc, R. B. (1980). Feeling and thinking: Preferences need no inferences. American Psychologist, 35(2), 151-175.

[62] Thorndike, Edward Lee (1921): Educational Psychology. (Teachers college, Columbia university).

[63] Thaler, Richard H. / Sunstein, Cass R. (2009): Nudge. Improving Decisions About Health, Wealth, and Happiness. New York (Penguin).

[64] https://dorsch.hogrefe.com/stichwort/emotionen-primaere

[65] https://www.unicef.de/mitmachen/ehrenamtlich-aktiv/-/arbeitsgruppe-frankfurt-main/alle-10-sekunden-stirbt-ein-kind-an-hunger-/161058

[66] https://www.tagesanzeiger.ch/wissen/medizin-und-psychologie/aegypter-sind-die-dicksten/story/22350985

[67] Bandura, A. (1977). Self-efficacy: Toward a unifying theory of behavioral change. Psychological Review, 84, 191-215. | Bandura, A. (1993). Perceived self-efficacy in cognitive development and functioning. Eudcational Psychologist. 28(2), 117-148. | Bandura, Albert (1997). Self-efficacy: The exercise of control. New York: W. H. Freeman.

[68] https://www.opportunityatlas.org

[69] Malala Yousafzai wurde 2014 der Friedensnobelpreis verliehen. Sie engagiert sich für Bildung für Frauen in Pakistan und wurde bei einem Angriff durch die Taliban schwer verletzt.

[70] Kant, Immanuel (1984): Gesammelte Schriften. Frankfurt am Main (G. Reimer).

[71] Göpel, Maja (2020): Unsere Welt neu denken. Eine Einladung. Berlin (Ullstein Buchverlage).

[72] Meadows, Dennis L. / Meadows, Donella H. (1972): Die Grenzen des Wachstums. Bericht des Club of Rome zur Lage der Menschheit. Stuttgart (Deutsche Verlags-Anstalt).

[73] Sifton, Elisabeth (2001): Das Gelassenheits-Gebet. München (Hanser).

[74] https://www.sueddeutsche.de/politik/neuseeland-glueckshaushalt-1.4469428

[75] https://www.neues-deutschland.de/artikel/1119931.neuseeland-das-wohlergehen-wird-zum-regierungsziel.html

[76] https://www.fnp.de/lokales/wetteraukreis/bad-vilbel-ort112595/glueck-staatsziel-10821095.html

[77] Montesquieu, Charles Louis de Secondat de / Weigand, Kurt (1994): Vom Geist der Gesetze. Stuttgart (Reclam).

[78] https://www.presserat.de/pressekodex.html

[79] https://www.destatis.de/DE/Themen/Gesellschaft-Umwelt/Bildung-Forschung-Kultur/Bildungsfinanzen-Ausbildungsfoerderung/Publikationen/Downloads-Bildungsfinanzen/ausgaben-schueler-5217109177004.pdf?__blob=publicationFile

[80] https://www.destatis.de/DE/Presse/Pressemitteilungen/2018/03/PD18_089_211.html

[81] Mauricio Pochettino ist der Trainer von Paris Saint Germain und Neymar einer der teuersten Fußballspieler aller Zeiten, der insbesondere auf technischem Niveau als hochveranlagt gilt.

[82] http://www3.weforum.org/docs/WEF_Future_of_Jobs_2020.pdf

[83] Zimmer, Robert (1995): Burke zur Einführung. Hamburg (Junius).

[84] https://www.geo.de/magazine/geo-wissen/523-rtkl-praegung-das-erbe-der-eltern-wie-die-familie-unsere-persoenlichkeit

[85] https://www.geo.de/magazine/geo-wissen/523-rtkl-praegung-das-erbe-der-eltern-wie-die-familie-unsere-persoenlichkeit

[86] Altmann, Andreas (2011): Das Scheißleben meines Vaters, das Scheißleben meiner Mutter und meine eigene Scheißjugend. München (Piper).

[87] https://www.theworlds50best.com/list/1-50

[88] https://www.netflix.com/de/title/80007945

[89] Schneewind, K. A., Beckmann, M., & Hecht-Jackl, A. (1985). Das FK-Testsystem. Das Familienklima aus der Sichtweise der Eltern und der Kinder. Forschungsberichte aus dem Institutsbereich Persönlichkeitspsychologie und Psychodiagnostik, Nr. 8.1. München: Ludwig-Maximilians-Universität.

[90] Roth, M. (2002). Entwicklung und Überprüfung einer Kurzform der Familienklimaskalen für Jugendliche (K-FKS-J). Zeitschrift für Differentielle und Diagnostische Psychologie, 23, 47-58.

[91] Lama, Dalai (2011): Rückkehr zur Menschlichkeit. Neue Werte in einer globalisierten Welt. Bergisch Gladbach (Bastei Lübbe).

[92] Fromm, Erich (2014): Haben oder Sein. Die seelischen Grundlagen einer neuen Gesellschaft. To Have Or to Be?. Hamburg (Open Publishing Rights GmbH).

[93] https://internationalepolitik.de/de/diplomatie-mit-neuen-mitteln